NOMADEN VON GHARJISTĀN

BEITRÄGE ZUR SÜDASIENFORSCHUNG
SÜDASIEN - INSTITUT
UNIVERSITÄT HEIDELBERG

BAND 22

FRANZ STEINER VERLAG · WIESBADEN
1977

NOMADEN VON GHARJISTĀN

ASPEKTE DER WIRTSCHAFTLICHEN, SOZIALEN UND
POLITISCHEN ORGANISATION NOMADISCHER
DURRĀNĪ-PASCHTUNEN IN NORDWESTAFGHANISTAN

VON

BERNT GLATZER

FRANZ STEINER VERLAG · WIESBADEN
1977

CIP-Kurztitelaufnahme der Deutschen Bibliothek

Glatzer, Bernt
Nomaden von Gharjistān: Aspekte d. wirtschaftl., sozialen u. polit. Organisation nomad. Durrānī-Paschtunen in Nordwestafghanistan. – 1. Aufl. – Wiesbaden: Steiner, 1977.

(Beiträge zur Südasienforschung; Bd. 22)
ISBN 3-515-02137-X

Alle Rechte vorbehalten

Ohne ausdrückliche Genehmigung des Verlages ist es auch nicht gestattet, einzelne Teile des Werkes auf photomechanischem Wege (Photokopie, Mikrokopie usw.) zu vervielfältigen. · Gedruckt mit Unterstützung der Gesellschaft von Freunden und Förderern der Universität München (Münchner Universitätsgesellschaft) e. V. · © 1977 by Franz Steiner Verlag GmbH, Wiesbaden · Druck: Offsetdruckerei Wolf, Heppenheim

Printed in Germany

INHALT

		Seite
INHALTSVERZEICHNIS		V
Wiedergabe paschtunischer und persischer Namen und Termini im Text		IX
VORWORT		XI
1.	EINLEITUNG	1
2.	GEOGRAPHISCHER UND HISTORISCHER HINTERGRUND	7
2.1	Geographie	7
2.1.1	Oberflächengestalt	7
2.1.2	Klima	9
2.2	Geschichte	11
2.2.1	Bis Ende 19. Jahrhundert	12
2.2.2	Der Aufbau eines paschtunisch-nomadischen Grenzkordons in Nord- und Nordwestafghanistan unter Amīr ʿAbdurrahmān	14
2.2.3	Die ethnische und politische Situation von Gharjistān um 1900	17
2.2.4	Die Einwanderung der paschtunischen Nomaden in Gharjistān	26
3.	WIRTSCHAFT	30
3.1.	Vieheigentum und Haushalt	32
3.1.1	Eigentumsbegriff	32
3.1.2	Privat- und Haushaltseigentum an Vieh	33
3.1.3	Haushaltsteilung	35
3.1.4	Existenzminimum	38
3.1.5	Vieh als "Kapital"	39
3.2	Herden und Herdengemeinschaften	40
3.2.1	Herdenzusammensetzung	40
3.2.2	Gründe für das Primat der Schafzucht	40
3.2.3	Ziegen	41
3.2.4	Kamele	41
3.2.5	Zuchtwahl bei Schafen	42
3.2.6	Herdengröße	42
3.2.7	Herdengemeinschaften	43
3.2.8	Beispiel: Viehbesitz und Herdengemeinschaften in einem Lager	46
3.3	Hirten	49
3.3.1	Leitende Hirten	49
3.3.2	Hilfshirten	52
3.3.3	Turnusmäßige Hirten	52

		Seite:
3.3.4	Lämmerhirten	53
3.3.5	Hirtendienst als Möglichkeit, sich eine selbständige nomadische Existenz zu schaffen	53
3.4	Wirtschaftlicher Jahreszyklus	56
3.4.1	Frühjahr	56
3.4.1.1	Frühjahrslager	56
3.4.1.2	Lammen	56
3.4.1.3	Milchwirtschaft im Frühjahr	57
3.4.1.4	Frühjahrsschur	58
3.4.1.5	Feldbau im Frühjahr	58
3.4.2	Frühjahrswanderung	59
3.4.3	Sommer	62
3.4.3.1	Herden- und Milchwirtschaft im Sommer	62
3.4.3.2	Schur	65
3.4.3.3	Viehverkauf und Nomadenbazare	65
3.4.3.4	Handel mit Bauern und Bedarf an Zerealien	69
3.4.4	Herbstwanderung	70
3.4.4.1	Aufbruch und Ziel	70
3.4.4.2	Wanderroute	71
3.4.4.3	Tagesetappen	71
3.4.4.4	Tagesablauf während der Wanderung	73
3.4.4.5	Die Herbstwanderung der Herden	74
3.4.5	Getreide- und Melonenernte	75
3.4.6	Herbst	75
3.4.7	Winter	76
3.5	Viehwachstum	77
3.6	Arbeit und Grenzen des Viehbesitzes	79
3.6.1	Haushalt und Arbeitsteilung	79
3.6.2	Arbeit als knappe Ressource und die obere Grenze des ökonomisch sinnvollen Viehbesitzes	81
3.6.3	Arbeitsorganisation über die Haushaltsebene hinaus	83
4.	WEIDE-, BODEN- UND WASSERRECHT	87
4.1	Im Jawand-Gebiet (Nordwest-Gharjistān)	88
4.1.1	Allgemeine Regeln	88
4.1.2	Einschränkungen des freien Weiderechts	89
4.1.3	Winterhöhlen	90
4.1.4	Ein Konfliktfall um Weiderecht	91
4.1.5	Zusammenfassung zum Weiderecht im Jawand-Gebiet	95
4.1.6	Bodenrecht für kultiviertes Land	95
4.2	Weiderecht in Nord-Ghōr (Süd-Gharjistān)	97
4.2.1	Allgemeine Regeln	97
4.2.2	Das Sommerlager Pombakar als Beispiel	100
4.2.3	Das *grawī*-System	102

		Seite
4.3	Zusammenfassende Bemerkungen zum Weiderecht	103
5.	VERWANDTSCHAFT	105
5.1	Unilineare Deszendenz, das Clan-System und die nationale Genealogie der Paschtunen	105
5.1.1	Die Begriffe Clan, konischer Clan und Obok	105
5.1.2	Die nationale Genealogie der Paschtunen	107
5.1.3	Die paschtunischen Termini für Deszendenzeinheiten	119
5.1.4	Beschreibung und Charakterisierung des paschtunischen genealogischen Clan-Systems	120
5.1.5	Zur Rigidität von genealogischen Modellen bei Nomaden (Kritik an SPOONER)	126
5.1.6	Die Bedeutung des genealogischen Clan-Modells für die soziale Organisation der untersuchten Nomaden	127
5.2	Die minimalen Lineages	130
5.3	Verwandtschaftsterminologie	132
5.4	Heirat und Ehe	139
5.4.1	Eheschließung	139
5.4.2	Heiratsbeziehungen	145
5.4.3	Frauentausch und Brautpreis	155
5.4.4	Scheidung und Ehebruch	157
5.4.5	Witwen und Levirat	158
5.5	Die verwandtschaftliche Zusammensetzung und die verwandtschaftlichen Verbindungen der paschtunischen Haushalte des Lagers Qala-i Khambar	159
6.	POLITISCHE ORGANISATION	162
6.1	Gruppenentscheidungen und Ratsversammlungen	165
6.2	Politische Positionen und Klientelwesen	170
6.2.1	*spinǵīrey* und *sarkhēl*	171
6.2.2	*malik* und seine Klientel	171
6.2.3	*khān* und seine Klientel	173
6.2.4	*khānadānī khān*	178
6.3	Emische Konzeption zur Institution des *khān*	180
6.4	Unterschiede zu anderen egalitären dezentralisierten Systemen	184
6.5	Nomaden und Staat	185
6.6	Krieg und Raub	196
6.7	Die egalitäre und dezentralisierte politische Organisation der Nomaden von Gharjistān, Zusammenfassung und Gründe	203

	Seite
ANHANG	
Das afghanische Weidegesetz vom 1o.März 197o	2o7
BIBLIOGRAPHIE	21o
ENGLISH SUMMARY	224
REGISTER	228
Lageskizzen von Pombakar und Qala-i Khambar	234
Karte: Gharjistān	235

Wiedergabe paschtunischer und persischer Namen und Termini im Text:

Die paschtunischen und persischen Namen und Termini werden vereinfacht phonetisch wiedergegeben nach dem lokalen Dialekt der Bevölkerung.

Die verwendeten lateinischen Buchstaben können wie im Deutschen ausgesprochen werden, mit folgenden Abweichungen:

č	wie deutsch "tsch"
ə	wie englisch "the"
gh	gutturaler Reibelaut, ähnlich wie im Berliner Dialekt "sagen"
j	wie englisch "journal"
kh	wie deutsch "Bach"
q	gutturaler, leicht reibender k-Laut
r	Zungen-r
r̥l	retroflexer rl-Laut, ähnlich wie amerikanisch "darling" (ړ)
s	stimmlos
sh	stimmloses sch
w	wie englisch "water"
y	deutsches j oder langes i in Diphtongen
z	stimmhaftes s
ž	wie französisch "jour"
'	Glottalstopp

Ein Kreis unter Konsonanten bedeutet deren retroflexe Aussprache, z.B. ḍōḍéy (دوډۍ = Brot).

Ein Strich auf Vokalen bedeutet deren Längung.

Bei den meisten Wörtern liegt die Betonung auf der letzten Silbe, wenn die Betonung auf einer anderen liegt, wird dies durch Akzent (´) auf dem betonten Vokal angezeigt.

Getrennt ausgesprochene Konsonanten, die mit den genannten Buchstabenpaaren gh, kh und sh verwechselt werden können, werden durch Apostroph (') getrennt, z.B. Es'hāqzay.

Persische oder paschtunische Substantive werden je nach Zusammenhang entweder im Nominativ Singular oder Nominativ Plural der betreffenden Sprache wiedergegeben, in Klammern stehende Substantive dagegen stets im Nominativ Singular. Verben stehen im Infinitiv.

Wenn zur Bezeichnung von Individuen oder Clans mehrere Clannamen nebeneinader stehen, bezeichnet der jeweils folgende Name eine dem vorhergehenden übergeordnete Clanebene, z.B. Sangin Ardózay Atsékzay Durrānī.

Wenn Ortsnamen zusätzliche Namen in Klammern beigegeben sind, bedeutet dies alternative Namen, die z.B. von Angehörigen anderer Ethnien oder auf älteren Landkarten verwendet werden, z.B. Jawand (Čahārtāq).

VORWORT

Vor allem danke ich meinem Doktorvater, Herrn Professor Dr. Karl Jettmar, der mir während meines Studiums und besonders zu diesem Thema wesentliche wissenschaftliche Anregungen gab und die Arbeit betreute. Ihm verdanke ich auch die Finanzierung meiner Feldaufenthalte 1970 und 1971 in Afghanistan: Er beantragte für mich Forschungs- und Reisebeihilfen beim Südasien-Institut in Heidelberg und bei der Deutschen Forschungsgemeinschaft und ermöglichte mir, im Rahmen des Südasien-Instituts in Afghanistan zu arbeiten. In diesem Zusammenhang danke ich auch dem Direktorium des Südasien-Instituts in Heidelberg und der Deutschen Forschungsgemeinschaft für die großzügige finanzielle Unterstützung meiner Feldarbeit.

Weiterhin danke ich Herrn Haji Muhammad Asif, Gouverneur von Ghor für seine aktive Hilfe bei der Kontaktnahme mit Nomaden und sein offen bekundetes Interesse an meiner Arbeit; meinem counterpart, Reisebegleiter (oft auch -Führer) und Dolmetscher, Herrn Bayazid Atsak, Universität Kabul, für seine ständige und aufopfernde Mitarbeit während meines ganzen Aufenthaltes in Afghanistan 1970, seiner langjährigen Expeditionserfahrung in allen Teilen Afghanistans und seiner Kontaktfähigkeit verdanke ich zum großen Teil den Erfolg der Feldforschung; Herrn Jeffrey Evans, Berlin, der bei seßhaften Safi-Paschtunen in Ostafghanistan arbeitete, für wissenschaftliche Anregungen und Informationen; Herrn Dr. Ravan Farhadi, Kabul, seinerzeit erster Staatssekretär im afghanischen Außenministerium für sein Verständnis und seine administrative Unterstützung meiner Arbeit; Herrn Professor Klaus Ferdinand, Aarhus, für wichtige Informationen und Ratschläge; Herrn Muhammad Gul Ibrahimkhel, Gouverneur von Badghis für seine unbürokratische und verständnisvolle Hilfe; den Bibliothekaren der India Office Library and Records in London für die Erlaubnis, auch unveröffentlichte Papiere einzusehen, und ihre Hilfe beim Auffinden seltener Schriften; Herrn Dr. Alfred Janata, Wien, für informative und anregende Gespräche über paschtunische Nomaden; den Dekanen der Literaturfakultät der Universität Kabul, Herrn Professor Sayd B. Majroo und Herrn Professor Mir Husain Shah sowie dem Leiter des Sprachwissenschaftlichen Instituts der gleichen Fakultät, Herrn Professor Nur Ahmad Shaker für die Unterstützung meines Projekts; Fräulein Ursel Siebert in Heidelberg für ihre Hilfe bei der Ausarbeitung, für konstruktive Kritik und Anregungen besonders auf theoretischem und verwandtschaftsethnologischem Gebiet; Herrn Professor Dr. Christian Sigrist, Münster, für Hinweise auf wichtige Untersuchungsthemen bei der wissenschaftlichen Vorbereitung auf die Feldforschung; Herrn Dr. Peter und Frau Wilfride Snoy, Heidelberg, für ihre Gastfreundschaft während unseres Aufenthaltes in Kabul und für die technische und administrative Betreuung der Feldforschung in Afghanistan; Herrn Dr. Richard L. und Frau Nancy S. Tapper, London, für viele wertvolle Angaben über Durrani-Paschtunen in Nordwestafghanistan; Frau Ute Glatzer, Frankfurt, für das große Opfer an Zeit und an physischen und psychischen Strapazen, das sie während unseres gemeinsamen Aufenthaltes im Feld brachte; Frau Stephanie Zingel, Südasien-Institut Heidelberg, für ihre Hilfe bei der Drucklegung der Arbeit.

Ganz besonders und nicht zuletzt danke ich den Nomaden von Qala-i Khambar, Brədž, Pombakar und Shah-i Mashhad (Qala-i Niyaz Khan, Dahan-e Kočа) für ihre große Gastfreundschaft, die Offenheit uns Fremden gegenüber, ihre ständige Hilfsbereitschaft und die Unermüdlichkeit, mit der sie mir auch auf die ausgefallensten Fragen geduldig antworteten. Ohne ihr persönliches Interesse, mir ein möglichst vollständiges, wirklichkeitsnahes und oft auch kritisches Bild ihrer Kultur, Gesellschaft, Wirtschaft und Lebensweise zu geben, hätte die relativ kurze Feldforschung von sieben Monaten kaum ausreichende Ergebnisse gebracht.

1. EINLEITUNG

In den letzten 2o Jahren ist eine Fülle sozial-ethnologischer Arbeiten über Nomaden und Nomadismus erschienen, so daß dieser Bereich der Ethnologie als relativ gut erforscht gelten kann, doch sind auf einigen regionalen und thematischen Gebieten noch Lücken zu schließen.

In der vorliegenden Arbeit lege ich ethnographisches Material über die bisher weitgehend unerforschten westpaschtunischen (oder Durrānī-) Nomaden vor und möchte einige Bereiche ihrer wirtschaftlichen und sozialen Organisation in ihrem Wirkungszusammenhang darstellen.

Bevor ich auf die Problemstellung weiter eingehe, halte ich es für sinnvoll, den Begriff "Nomade" zu definieren:

Eingeführte wissenschaftliche Termini sollte man prinzipiell nicht ohne begründete Notwendigkeit anders als in der allgemein üblichen und definierten Bedeutung gebrauchen; aber der Terminus "Nomade" bzw. "Nomadismus", sooft er auch angewendet wird, bezeichnet keinen einheitlichen Begriff mit einer allgemein akzeptierten Definition; deshalb kommt man in Arbeiten, die Nomaden oder Nomadismus zum Gegenstand haben, nicht umhin, den Begriff erneut zu definieren.

Ich möchte eine Nomadendefinition vorschlagen, die sich, so weit es geht, auf bekannte Definitionen in der ethnologischen und geographischen Literatur stützt und die Kriterien enthält, die zwar eine klare und operationalisierbare Abgrenzung des Begriffs gegenüber benachbarten Phänomenen ermöglichen, jedoch den Begriff nicht so sehr einengen, daß er seine Anwendbarkeit für komparative Untersuchungen verliert.

In zahlreichen neueren Publikationen über Nomaden, z.B. bei HÜTTEROTH (1959), HERZOG (1963), SALZMAN (1967), JENTSCH (1973) etc. finden sich ausführliche Diskussionen der Etymologie der Termini "Nomade" und "Nomadismus" und ihrer unterschiedlichen Definitionen in der sozialwissenschaftlichen und geographischen Literatur, so daß ich mich hier zusammenfassend auf die Feststellung beschränken kann, daß heute in der Nomadismusliteratur nur in den beiden folgenden Punkten Einigkeit besteht: Unter Nomaden sind (a) Viehzüchter zu verstehen, die (b) nicht an feste Wohnorte gebunden sind.

Zu den frühen Autoren, die sich mit diesem Problem auseinandergesetzt haben, gehört Ferdinand von RICHTHOFEN, dessen Nomadismusdefinition als Grundlage für die folgenden Erörterungen geeignet ist:

> "Das Nomadentum beruht in der Beweglichkeit des aus Herden bestehenden Eigentums und der an dasselbe gebundenen Wohnhäuser, daher in der oftmaligen Veränderung des Wohnsitzes als Eigenschaft eines ganzen Volksstammes." (RICHTHOFEN 19o8: 134).

Diese Definition enthält bereits die genannten Kriterien der Viehzucht und der Mobilität und fügt ein drittes, nämlich das soziale Kriterium hinzu, wonach Nomadismus eine Eigenschaft g a n z e r sozialer Gruppen ist.

Diese drei Kriterien hält auch HÜTTEROTH für die Definition und die Typisierung der verschiedenen Formen der Wanderviehzucht wesentlich:

"a) g e o g r a p h i s c h: physische Bedingungen der Wanderungen, Charakter der gewechselten Landschaftszonen, Dauer und Erstreckung der Wanderungen u.a.;
b) w i r t s c h a f t l i c h: Anteil nicht-viehzüchterischer Wirtschaftsformen, marktwirtschaftliche oder hauswirtschaftliche Nutzung, eventuell Futterversorgung und Einstallung;
c) e t h n o l o g i s c h - s o z i o l o g i s c h: Beteiligung ganzer ethnischer Gruppen oder nur einzelner Hirten an der Wanderung." (1959: 42).

Nach meiner Definition sind Nomaden:

a) Menschen, deren Wirtschaftsweise p r i m ä r Viehzucht ist, d.h. deren Subsistenz zu über 50% aus viehzüchterischen Erträgen stammt, sei es, daß Fleisch und tierische Produkte unmittelbar konsumiert werden, oder daß durch die Vermarktung der viehzüchterischen Produkte andere Konsumgüter erworben werden;

b) Menschen, die aus viehzuchttechnischen Gründen mindestens einmal pro Jahr ihre Wohnsitze verlegen und ihren gesamten mobilen Besitz mit sich führen, die im Jahr an mindestens zwei verschiedenen Orten siedeln, welche so weit von einander entfernt sind, daß keine regelmäßige Kommunikation zwischen diesen Orten möglich ist[1], und mindestens einen Teil des Jahres in transportablen Behausungen leben;

c) Menschen, die in ganzen sozialen Gruppen, zumindest in vollständigen Familien- und Haushaltseinheiten, wandern[2] und bei denen nicht etwa nur einzelne Dorf- oder Haushaltsmitglieder - wie bei Transhumanz - mit den Herden auf Wanderschaft gehen.

Dieser Begriff umfaßt auch solche Wanderviehzüchter, die in der Literatur üblicherweise als "Voll-", "Halb-" oder "Seminomaden" bezeichnet werden.

"Vollnomaden" oder "eigentliche Nomaden" werden meist so definiert:

---

1) Dieses Entfernungskriterium halte ich für notwendig, um die Nomaden deutlich von solchen Bauern und Viehzüchtern abzugrenzen, die - wie häufig in Afghanistan - im Sommer in leic htgebauten Hütten, z.T. auch Zelten, auf den Feldern oder Weiden in der Nähe ihrer Dörfer campieren, dabei aber ständig mit ihren festen Dörfern in Berührung bleiben.

2) Damit schwäche ich RICHTHOFENs und HÜTTEROTHs Bedingung ab, daß Nomadismus die Eigenschaft eines ganzen "Volksstammes" oder einer ganzen "ethnischen Gruppe" (s.o.) sein müsse; ich halte aber an RICHTHOFENs (und HÜTTEROTHs) Gedanken fest, daß am Nomadismus nicht nur Individuen, sondern ganze soziale Einheiten beteiligt sein müssen, nur scheinen mir RICHTHOFENs und HÜTTEROTHs Formulierungen zu rigide, denn so würden z.B. auch die sicher von diesen Autoren als Nomaden anerkannten Beduinen nicht mehr in die Definition passen, da sie ja "Volksstämmen" bzw. "ethnischen Gruppen" angehören, die zu einem großen Teil auch seßhaft sind.

> "...true pastoral nomads... [are] peoples making their living
> wholly off their flocks without settling down to plant." (KROEBER
> 1948: 277, zit.nach SALZMAN 1967: 115)

oder:

> "...'true' or full nomads are people who dwell the year round
> in portable dwellings and who practice no agriculture." (BACON
> 1954: 54).

Auch nach HÜTTEROTH sind bei den "Hirtennomaden" oder "Nomaden im eigentlichen Sinn" "... keine Arbeitskräfte für Landbau frei. Viehzucht ist ihre einzige Wirtschaftsgrundlage." (1959: 39).

"Halb-" oder "Seminomaden" sind dagegen:

> "'Seminomads' plant a few crops at their base camp before moving
> out on the seasonal migration, but they normally live in portable
> or temporary dwellings the year round.
> 'Semisedentary' has the connotation of people who dwell in perma-
> nent villages during a part of the year where they plant crops
> and move out in tents only during one season of the year."
> (BACON a.a.O.).

Die meisten Autoren bezeichnen BACONs "semisedentary" auch als "Halb-" oder "Seminomaden".

Diese Unterscheidungen möchte ich in meiner Arbeit nicht verwenden, denn es sind kaum Nomaden bekannt, die a u s s c h l i e ß l i c h Viehzucht betreiben und die nicht doch irgendeiner nicht-viehzüchterischen Nebenbeschäftigung - meist Ackerbau - zuweilen nachgehen[1]. Die Termini "Halb-" oder "Seminomadismus" träfen also auf fast alle Nomaden zu und erscheinen daher wenig zu deren Kategorisierung geeignet. Deshalb scheint mir SALZMANs Vorschlag sinnvoll, Nomaden nicht nach dem Vorhanden- oder Nichtvorhandensein von Bodenbau (oder anderem Nebenerwerb), sondern nach dem G r a d ihrer Abhängigkeit von der Viehzucht zu bestimmen (1967: 117). Doch ergeben sich auch dabei operationale Schwierigkeiten: bei den von mir untersuchten Nomaden z.B. ist der Anteil der Viehzucht an der Wirtschaft bei jedem einzelnen Haushalt auch innerhalb eines Lagers oder einer Herdengemeinschaft verschieden und schwankt ausserdem jährlich. Es ließen sich zwar Durchschnittswerte ermitteln, dazu müßten aber breit angelegte und sich auf mehrere Jahre erstreckende empirische Erhebungen durchgeführt werden.

Häufig wird der Nomadismus noch in "Flächen-" oder "Horizontalnomadismus" und "Berg-" oder "Vertikalnomadismus" untergliedert:

> "Beim B e r g n o m a d i s m u s werden
> a) die jahreszeitlich optimalen Weiden durch Wechsel der Höhen
>   zone erreicht, also durch vertikale Verschiebung.
> b) Durch die enge Verzahnung von Weideland und Ackerland sowie
>   die relativ kurzen Wanderentfernungen in den infrage kommenden
>   Gebieten ergeben sich sekundär bei dieser Variante des Noma-

---

[1] "It is very doubtful whether any of the higher pastoralists of Asia, from the Badawin to the Mongols of the Gobi, are completely non-agricultural..." (FORDE 1953: 4o4, zit. nach SALZMAN 1967: 117).

dismus häufig Mischformen, bei denen agrarischer Zusatzerwerb eine gewisse, aber meist untergeordnete Rolle spielt.
[Beim] F l ä c h e n n o m a d i s m u s ... werden die jahreszeitlich optimalen Weiden durch horizontale Wanderungen erreicht..."
(HÜTTEROTH 1959: 39f.).

Nach dieser Definition sind die paschtunischen Nomaden "Berg-" oder "Vertikalnomaden".

Die vorliegende Arbeit ist keine Stammesmonographie, sondern ein Versuch, Zusammenhänge von Wirtschaft einerseits und sozialer und politischer Organisation andererseits bei einer nomadischen Bevölkerung in einem begrenzten geographischen Raum[1] zu untersuchen.

Die paschtunischen Nomaden bilden k e i n e e i g e n s t ä n d i g e Ethnie, sondern sind ein w i r t s c h a f t l i c h spezialisierter Teil der in ihrer Mehrheit seßhaften Paschtunen. Deshalb halte ich es für sinnvoll, nach einer kurzen Einführung in Geographie, Ökologie und Geschichte dieses Raumes zunächst die Wirtschaft der Nomaden zu beschreiben, was vielleicht ausführlicher geschieht, als zur Erklärung sozialer und politischer Phänomene notwendig wäre.

Die Art der Verwandtschaftsbeziehungen und besonders des paschtunischen Clansystems und des Modells der nationalen Genealogie (Kapitel 5) sind im Prinzip allen Paschtunen gemeinsam und dürfen daher nicht aus der besonderen Wirtschaft der untersuchten Nomaden erklärt werden. Ich will jedoch untersuchen, was das durch ihre Zugehörigkeit zu den Paschtunen g e g e b e n e genealogische Clanmodell für die untersuchten Nomaden bedeutet und wie sie es ihren besonderen Bedürfnissen anpassen.

Auf dem Gebiet der politischen Organisation, die ich als einen Teilbereich der sozialen Organisation auffasse, beschreibe ich zunächst phänomenologisch, wie Gruppenentscheidungen gefällt werden, welche politischen Positionen vorhanden sind, welche emischen Konzeptionen davon bestehen und welchen Einfluß der afghanische Staat auf die politische Organisation der untersuchten Nomaden ausübt.

Ich gehe dabei von folgender Hypothese aus:
Die Tatsache, daß sich die sozial und wirtschaftlich weitgehend auf sich gestellten einzelnen Haushalte zu extrem instabilen sozialen Einheiten zusammenschließen, und die dementsprechend egalitäte, dezentralisierte politische Organisation erlauben es den untersuchten Nomaden im Rahmen eines relativen "Freiraumes", den ihnen der afghanische Staat gewährt, sich rasch und optimal an die wechselhaften ökologischen Bedingungen und Wirtschaftssituationen anzupassen (s. ausführlicher S. 162, 185 ff).

Dabei berücksichtige ich auch andere Faktoren, wie den Einfluß von Nachbargruppen, die demographischen Verhältnisse in diesem Gebiet und

---

1) Nämlich Gharjistān, ein in Nordwestafghanistan zwischen den Oberläufen des Murghāb und Harī-Rūd gelegenes Gebiet (ausführlicher s. Abschn. 2.1 und 2.2.1).

z.T. historische Entwicklungen. Ich versuche aber nicht, die E n t -
s t e h u n g der sozialen und politischen Organisation oder deren Teilbereiche zu rekonstruieren[1] sondern verstehe meine Arbeit eher als den Versuch einer synchronen sozialethnologischen Analyse.

Die Feldforschung:

Eine Reisebeihilfe des Südasien-Instituts Heidelberg, die ich der Initiative von Herrn Professor Dr. Karl Jettmar verdanke, und ein Zuschuß aus Mitteln des von Herrn Dr. Peter Snoy geleiteten und von der Deutschen Forschungsgemeinschaft finanzierten Projekts "Ethnographischer Atlas von Afghanistan" ermöglichten mir im Jahre 1970 einen zehnmonatigen Aufenthalt in Afghanistan.

Von Mitte März bis Mitte Juni 1970 bereitete ich mich in Kabul auf die Forschung vor; ich lernte Paschtu und führte einen kurzen ethnographischen Survey bei vorwiegend paschtunischen Nomaden durch, die im April und Mai im Kabul-Tal lagerten. Themen dieser Befragung waren: Wanderwege und Aufenthaltsorte, Wirtschaftsweise, Clanzugehörigkeit und politische Organisation. Diese Untersuchung diente mir dazu, Erfahrungen im Interviewen paschtunischer Nomaden zu gewinnen und gleichzeitig Vergleichsmaterial für meine spätere Arbeit zu sammeln.

Von Mitte Juni bis Mitte Dezember 1970 hielt ich mich zusammen mit Ute Glatzer und meinem Dolmetscher, Paschtulehrer und Assistenten Herrn Bayazid Atsak in den Provinzen Ghōr und Bādghis bei einer Nomadengruppe auf, die dem Durrānī- (oder westlichen) Zweig der Paschtunen angehört.

Wir führten einen selbständigen Haushalt in europäischen Zelten und später in einer gemieteten Lehmhütte innerhalb der Nomadenlager und nahmen mit eigenen Transporttieren an einer Herbstwanderung teil (s. Abschnitt 3.4.4). Wir bemühten uns, soweit es möglich war, uns dem Lebensstil der Nomaden anzupassen, um so wenig wie möglich von dem zu verändern, was ich durch teilnehmende Forschung untersuchen wollte.

Es gehört zu den Merkmalen der paschtunischen nomadischen Gesellschaft, clanmäßig und sogar ethnisch fremde Individuen und Haushalte rasch und ohne Komplikationen sozial zu integrieren; deshalb war es auch für uns recht leicht, in den Lagern sozial akzeptiert und teilweise integriert zu werden.

Ich bemühte mich, möglichst viele Daten durch eigene Beobachtungen zu gewinnen, außerdem versuchte ich, für die meisten beobachteten Phänomene und Ereignisse die Interpretation von Einheimischen zu erhalten. Alle übrigen Informationen bekam ich durch Interviews, vorwiegend durch Einzelbefragungen und z.T. auch durch Gruppeninterviews.

---

1) "The social anthropologist cannot be sociologist, economist, psychologist, historian, ethnographer, and what have you all at once; he must decide where his interest lie and adjust his methods of research and description accordingly." (LEACH 1966: XIV).

Ich befragte die Informanten sowohl zu aktuellen Ereignissen als auch nach einem vorbereiteten Fragenkatalog, den ich im Feld ständig revidierte und erweiterte. Aussagen einzelner Gewährsleute kontrollierte ich, soweit es möglich war, durch die Befragung weiterer Informanten.

Es erwies sich als zweckmäßig, eine flexible und aufgelockerte Interviewtechnik zu wählen: Für jeden Tag bereitete ich mehrere Fragelisten zu verschiedenen Problembereichen vor und suchte dann nach Informanten, die bereit waren, mir zu antworten. Dabei mußte ich selbstverständlich auf den Arbeitsrhythmus der Leute Rücksicht nehmen. Je nach den Informanten, die mir gerade zur Verfügung standen, wählte ich die Fragenkomplexe und wechselte sie, wenn das Interesse der Befragten nachließ.

Gruppeninterviews hatten zwar den Nachteil, daß sie oft nach kurzer Zeit thematisch meiner Kontrolle entglitten, weil die Informanten bald nur noch die Probleme diskutierten, die sie selbst am meisten interessierten; aber gerade dadurch erhielt ich viele Hinweise, die mir evtl. bei systematischer Befragung entgangen wären, und ich erfuhr so, welche Bedeutung die Informanten selbst den diskutierten Problemen beimaßen.

Aus vielen Antworten ergaben sich neue Probleme, die zusammen mit dem vorbereiteten Fragenkatalog die Grundlage für weitere Fragen bildeten.

Mein Dolmetscher und Assistent Bayazid Atsak erleichterte mir in sprachlich schwierigen Situationen die Verständigung und half mir bei der Korrektur paschtunischer Begriffe in meinen Protokollen.

Im Herbst 1971 hatte ich dank einer von Herrn Professor Dr. Jettmar beantragten Reisebeihilfe der Deutschen Forschungsgemeinschaft eine zweite Gelegenheit, Gharjistān zu besuchen. Zwar galt dieser etwa einmonatige Aufenthalt - gemeinsam mit Herrn G. Elwert - in erster Linie der photographischen und vermessungstechnischen Aufnahme der von M.J. Casimir, B. Atsak und mir im Jahr zuvor entdeckten Ruine der ghoridischen Madrasah Shāh-i Mashhad[1], doch benutzten wir diese Gelegenheit, auch die Nomaden, bei denen ich im Jahr vorher gewesen war, zu besuchen. Bei kurzen Befragungen konnte ich so noch einige Lücken in meinem Material schließen.

---

1) CASIMIR und GLATZER 1971; GLATZER 1973; 1974.

2. GEOGRAPHISCHER UND HISTORISCHER HINTERGRUND

"Is there one cruel turn of Fortune's wheel unseen of me?
Is there a pang, a grief my wounded heart has missed?"
(Klage BABURs über die Beschwernisse seiner Reise durch das
winterlich unwirtliche Gharjistān[1].

2.1 Geographie (siehe auch Karte im Anhang)

Der geographische Raum der hier beschriebenen Nomaden liegt zwischen den Oberläufen von Murghāb und Harī Rūd im nordwestlichen Zentralafghanistan zwischen 34° 2o' und 35° 1o' n.B. und zwischen 63° 4o' und 65° 3o' ö.L. Das Gebiet entspricht etwa der Lage des mittelalterlichen Königreiches Gharjistān (s. Abschn. 2.2).

Der Südosten dieses Gebietes gehört heute zur Provinz Ghōr und untersteht dort unmittelbar dem Gouverneur von Ghōr in Čaghčarān, der Nordwesten zur Provinz Bādghis, Subprovinz Jawand (*woleswalī* vierten Grades).

2.1.1 Oberflächengestaltung

Die quantitativen Angaben dieses Abschnitts sind größtenteils dem Kartenwerk "Afghānestān 1 : 25o ooo" (s. Bibliographie) entnommen, die übrigen Angaben entstammen eigenen Beobachtungen und Auskünften Einheimischer.

Parallel zwischen den Oberläufen von Harī Rūd und Murghāb läuft die nördliche Hauptkette des Paropamisus (Safēd Kōh, Fīrōzkōh), ein Sandstein- und Kalkgebirge mit Höhen bis zu 35oo m ü.M. Dieses Gebirge bietet keine Barriere für Nomadenwanderungen, die Pässe sind von April bis November für Karawanen, Reiter und Fußgänger begehbar, über für Fahrzeuge jeder Art absolut unpassierbar.

Flachere Berghänge in Luv werden häufig für Trockenfeldbau (*lalmī*) genutzt.

Zwischen den Höhenzügen des Safēd Kōh, bis zum Harī Rūd liegen teils fruchtbare Flußtäler (*tagaw*) mit bewässertem Feldbau, teils Flußtäler, deren Flüsse nur im Frühjahr Wasser führen, in denen aber der Grundwasserspiegel so hoch liegt, daß sie den ganzen Sommer über frisches Gras liefern, teils wasserlose Hochebenen (*dasht*), die mit niedriger Hartlaub- und Dornenpolsterflur spärlich bedeckt sind. Diese Hochebenen liegen auf 2ooo bis 25oo m ü.M. Die grasbewachsenen nichtwasserführenden Täler werden im Sommer sowohl von Seßhaften als auch von Nomaden als Viehweiden bevorzugt; die Hochebenen dienen vor allem den Nomaden als Weiden für Schafe, Ziegen und Kamele.

Pombakār, das Sommerlager der hier beschriebenen Nomaden, liegt in

---

1) Babur-name (Übersetzung A.S.Beveridge), 1969: 3o9.

einem flußlosen grasbewachsenen Tal auf einer Höhe von 2500 - 2600 m ü.M. Der Grundwasserspiegel liegt 1,50 m unter der Talsohle, und das für Menschen und Vieh benötigte Wasser wird durch Brunnen in Form einfacher Erdlöcher gefördert.

Die Ebenen nördlich des Safēd Kōh-Gebirges im Jawand-Gebiet (Süd-Bādghis) sind großräumiger und gehören bereits zum turkestanischen Steppenraum. Sie sind von der für Nordafghanistan charakteristischen Lößschicht mit dünenförmiger Oberfläche bedeckt und liegen auf einer Höhe um 1200 $\pm$ 200 m ü.M. Trotz der extremen Wasserarmut und großen Sonnenhitze (s.u.) sind sie im Gegensatz zu den afghanischen Trockensteppen mit einer artenreichen und dichten Grasnarbe bedeckt und bieten ideale Weiden für nomadische Viehzucht, allerdings eingeschränkt durch die für Viehzüchter großen Entfernungen zwischen den Wasserstellen bzw. perennierenden Flüssen. Z.B. vom Zentrum der Ebene Kawrēj bis zur nächsten Wasserstelle, bzw. Fluß liegen ca. 20 km Wegstrecke, Schafe können sich aber nur maximal 10 km von Wasserstellen entfernen, da sie spätestens alle 48 Stunden getränkt werden müssen und pro Tag nicht mehr als 10 km zurücklegen können, wenn sie während dieser 48 Stunden auch geweidet werden sollen.

Diese Ebenen bieten außerdem Möglichkeiten zu Regenfeldbau *(lalmī)*, der aber durch geringe und unregelmäßige Jahresniederschläge sehr beeinträchtigt wird (s.u.).

Die Namen der vier großen Ebenen dieses Gebietes sind Kawrēj, Gāzestān, Nakhčirestān und Dasht-i Lālābāy (s.Karte).

Charakteristisch für das nördliche Gharjistān (Jawand-Gebiet) sind die canyonartigen Schluchten der perennierenden und auch sporadisch fließenden Flüsse, besonders des Murghāb und seiner Nebenflüsse. Die Canyons sind bis zu 600 m tief in die Ebenen eingeschnitten, mit senkrechten Felswänden aus Kalk und Sandstein.

In den Talböden dieser 50 - 250 m breiten Schluchten haben die Flüsse an vielen Stellen Lößbänke aufgeschüttet, auf denen mit künstlicher Bewässerung vor allem Mais und im Murghāb-Tal auch Reis angebaut wird. Dieser ansonsten ertragreiche Bewässerungsfeldbau in den Schluchten wird durch die alljährlichen Frühjahrshochwasser beeinträchtigt, die häufig ganze Lößbänke fortreißen und an anderen Stellen wieder anschwemmen. Z.B. hatte mein Informant Abdurrahmān Atsəkzay auf diese Weise 1969 im Kōča-Tal bei Darzak ein Maisfeld von ca. 20 a (= 1 *jerīb*) verloren. Auch durch ihren reichen Baumbewuchs (Walnuß, Maulbeer, Weide, Pappel u.a.) bilden die Canyons einen eindrucksvollen Kontrast zu den Steppen der Hochebenen.

Diese Schluchten bieten dem Verkehr in Nordgharjistān (Jawand) sehr schwer zu überwindende Barrieren, die selbst Čingiz Khān auf seinem Zug nach Ghōr stark behinderten[1]. Die Talsohlen der Canyons sind ausschließ-

---

1) Minhāj ud-Dīn al-Jūzjānī, selbst ein Kenner des Landes und Zeitgenosse

lich auf schmalen steilen Saumpfaden *(pula)* zu erreichen, die von Menschenhand in die senkrechten Felswände gehauen wurden, allerdings unter Ausnützung natürlicher Furchen und Rinnen in den Felsen. Ich habe nur 1o solcher Steige im gesamten Jawand-Gebiet feststellen können, die auch für beladene Kamele passierbar sind, die übrigen können nur von Fußgängern, Schaf- und Ziegenherden und unbeladenen Saumtieren begangen werden. Verkehr auf Rädern ist im gesamten Jawand-Gebiet nicht möglich, auch der Hauptort der Subprovinz, Jawand (Čahārtāq) ist nicht für Fahrzeuge erreichbar. Die afghanische Regierung plant, den Steig *(pula)* von Darzak (s.Karte) für geländegängige Fahrzeuge befahrbar zu machen.

Sämtliche Herden der Nomaden dieses Gebietes werden im 48-Stundenturnus über die Steige von den Steppen hinab in die wasserführenden Canyons zur Tränke getrieben (s. auch S. 89).

Die Schluchten von Jawand mit ihren zahlreichen Höhlen *(gắra)* bieten im Winter den Herden der Nomaden Schutz vor Kälte und Raubtieren, anders wäre das relativ hoch gelegene Gebiet von Jawand (800-13oo m ü.M.) als Wintergebiet für Nomaden nicht geeignet.

Das Winterlager Qala-i Khambar, in dem ich die längste Zeit meines Feldaufenthaltes verbrachte, liegt in der genannten Ebene Kawrēj, 12oo m ü.M. Das Trinkwasser für die Menschen mußte auf Eseln aus dem vier km entfernten Canyon Kŏča herbeigeschafft werden.

2.1.2 Klima

Afghanistan liegt im altweltlichen Trockengürtel und hat ein ausgeprägtes Kontinentalklima mit starken Tag- Nacht- und jahreszeitlichen Temperaturschwankungen und geringer und unregelmäßiger Niederschlagstätigkeit.

a) Nordghōr:

In Lāl-e Sarjangal, im nordöstlichen Ghōr, dessen Meereshöhe und Klima denen des Sommerlagers Pombakār, nördlich von Čaghčarān, entspricht, wurden Januarmittel von -14° C, Extreme von -35° und Juli-Mittel (wärmster Monat des Jahres) von 15,8° C gemessen (RATHJENS, 1972: 34; 41). Nach meiner Erfahrung überschreitet das Temperaturmaximum im Sommer im Gebiet nördlich von Čaghčarān nicht 25° C. Nachts sinkt die Temperatur auch im Sommer bis nahe null Grad.

Die jährliche Niederschlagsmenge liegt in Lāl-e Sarjangal bei 289 mm (RATHJENS, 1972: 41).

Diese Niederschläge fallen vor allem in den Wintermonaten von November bis Anfang April und vor allem als Schnee, der in dieser Zeit über

---

... Čingiz Khāns, berichtet im "Tabaqāt-i Nāzarī" (1881: 1o72), daß der Eroberer bei seiner Durchquerung von Gharjistān seinen gesamten Troß in oder vor den Schluchten des Jawand-Gebietes zurücklassen mußte und nur noch mit leichter Infanterie vorrücken konnte. Während seiner Abwesenheit wurde der Troß zur Beute örtlicher Fürsten.

Ghōr eine zusammenhängende Decke bildet und die Bewegungsfreiheit der Menschen und Haustiere auf die Dörfer beschränkt.

Für nomadische Viehwirtschaft ohne Stallhaltung und ohne Futtervorratswirtschaft ist deshalb das Gebiet nur von April bis September geeignet.

b) Jawand-Gebiet (Nordwest-Gharjistān):

Über Bādghis und das Jawand-Gebiet liegen keine genauen klimatischen Daten vor, weil dort (zumindest bis 1971) noch keine meteorologische Station errichtet wurde, die Daten veröffentlicht hätte[1].

Die folgenden Angaben wurden von der meteorologischen Station in Maymana in der klimatisch vergleichbaren Nachbarprovinz Faryāb gemacht und im "Kabul Times Annual", 1970, Kap. 'Geography', veröffentlicht.

Die mittlere Jahrestemperatur ist 14,3° C, das Jahresmaximum 42° C. Das Januarmittel (kältester Monat) liegt bei + 3,2° C, das Julimittel (wärmster Monat) bei 27° C. Wegen seiner geschützten Lage zwischen Band-e Turkistān und Safēd Kōh (Paropamisus) dürften die Wintertemperaturen im Jawand-Gebiet etwas über denen von Maymana liegen, besonders das Jahresminimum von -18,5° C in Maymana wird in Jawand wohl nicht erreicht.

Tabelle der durchschnittlichen Lufttemperaturen in Maymana, aus acht Jahren berechnet, in Grad Celsius:

	absolute Monatsmaxima	durchschnittl. monatl. Tagesmaxima	mittlere Monatstemperaturen	durchschnittl. monatl. Tagesminima	absolute Monatsminima
J.	25,3	12,7	3,2	- 1,4	- 18,1
F.	27,3	11,2	5,7	1,0	- 15,3
M.	29,3	13,7	8,4	3,7	- 12,7
A.	35,3	20	14,2	8,5	- 3,1
M.	38,3	26,7	19,3	12,4	3,8
J.	40,6	33,7	24,8	15,3	7,3
J.	42,5	35,6	27	17,6	11,3
A.	40,5	33,9	25	16,5	9,4
S.	38,3	29,4	19,7	11,9	1,6
O.	33,5	21,6	13,7	6,4	- 5,6
N.	30	14,8	7,5	2,1	- 8,6
D.	22,7	10,1	3,4	- 1,4	- 15,5

Quelle: "Kabul Times Annual", 1970, Kap. 'Geography'.

---

1) In Qala-i Niyāz Khān (Dahan-e Kōča) steht eine sovietische hydrologische und meteorologische Station, die ihre Daten m.W. nicht veröffentlicht.

2) Um welche acht Jahre es sich handelt, ist in der Quelle nicht angegeben, vermutlich die von 1961-1969.

Die durchschnittliche jährliche Niederschlagsmenge, gemittelt aus acht
Jahren vor 1970^2, liegt in Maymana nach dem KABUL TIMES ANNUAL 1970
(a.a.O.) bei 370 mm; nach RATHJENS (1972: 41) bei 408 mm^1. Der nieder-
schlagsreichste Monat ist März mit 87,1 mm, gefolgt von April mit 71,6
mm (KABUL TIMES ANNUAL 1970, a.a.O.).

Die durchschnittlichen monatlichen Niederschlagsmengen in Maymana
aus acht Jahren vor 1970 in mm:

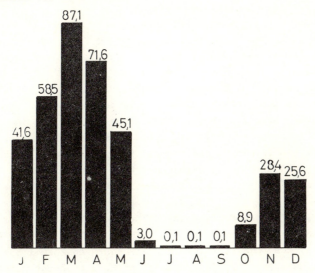

Quelle: "Kabul Times Annual" 1970, Kap. 'Geography'.

Die Niederschläge im Jawand-Gebiet fallen, im Gegensatz zu Ghōr,
vor allem als Regen. Schnee bleibt nur selten länger liegen, es kommt
in durchschnittlichen Wintern höchstens für wenige Tage zu einer zu-
samennhängenden Schneedecke.

Im Monat März sind die Ebenen von Jawand so ausreichend bewässert,
daß die Nomaden die Nähe der perennierenden Flüsse verlassen können,
um ihre Frühjahrslager (*də psarlē mе́na*) im Inneren der Ebenen aufzu-
schlagen.

2.2 Geschichte

Der folgende, sehr knappe und unvollständige Überblick über die Geschichte Gharjistāns vom Mittelalter bis heute soll dem Verständnis
der heutigen ethnischen Situation in diesem Gebiet dienen. Die Erfor-
schung und Darstellung der Geschichte der Paschtunen selbst ist nicht
die Aufgabe dieser Arbeit, es sei hier auf die zahlreich vorhandene
Literatur hingewiesen, z.B. ELPHINSTONE (1839), REISNER (1954), NI'MAT
ULLAH (1962), CAROE (1958) etc.

---
1) RATHJENS gibt nicht an, über welche und wieviele Jahre seine Zahl
gemittelt wurde.

2.2.1 Bis Ende des 19. Jahrhunderts

Das Gebiet zwischen Harī Rūd und Oberlauf des Murghāb wurde im Mittelalter und zumindest bis 1900[1] Gharjistān ("Bergland")[2] genannt.

Es gibt nur wenige historische Quellen über dieses Land, davon sind zu nennen: Hudūd al-'Ālam, IBN AL-ATĪR, IBN ḤAWQAL, IṢṬAKHRĪ, MUQADDASĪ, MINHĀJ UD-DĪN (Ṭabaqāṭ-i Nāṣirī), YĀQŪT, SEYF B. MUḤAMMAD AL-HARAWĪ, BUKHARY (s. Bibliographie).

Nach diesen Quellen wird Gharjistān bereits im 10. Jahrhundert nach Christus als prosperierendes Fürstentum mit 10 Freitagsmoscheen genannt (LE STRANGE 1905: 416). Die Fürsten von Gharjistān bezeichneten sich mit dem Titel *shār* (s.u.) und waren bis zur Eroberung des Landes durch die Ghoriden um 1153 n. Chr. nacheinander Vasallen des samanidischen, ghaznavidischen und großseljukischen Reiches. Die beiden Hauptstädte von Gharjistān waren bis in die ghoridische Zeit Ābshīn (Āfshīn, Bāshīn) und Shurmīn[3], deren Lokalität bis jetzt nicht gesichert ist. Aus Gründen, die ich in einer späteren Arbeit genauer ausführen möchte, halte ich es für wahrscheinlich, daß Shurmīn mit dem heutigen Shāhr-e Arman am Oberlauf des Kōča und Ābshīn mit Shāh-i Mashhad am Murghāb identisch sind.

Um die Mitte und in der zweiten Hälfte des 12. Jahrhunderts bauten die Ghoriden verschiedene Festungen (MINHĀJ UD-DĪN 1881: 341f.) und Sakralbauten, z.B. die Koranschule *(madrasah)* von Shāh-i Mashhad, die kürzlich am Murghāb, nahe der Mündung des Kōča entdeckt wurde[4].

Nach der Eroberung Ghors durch die Khwarezm-Shāh um 1210 n.Chr. blieb Gharjistān bis zur mongolischen Eroberung 1221 Rückzugsgebiet für die ghoridischen Herrscher. Nach der mongolischen Invasion verlor Gharjistān seine historische Bedeutung, die bekannten Reisenden des 13. und 14. Jahrhunderts wie Yāqūt, Ibn Battuta und Marco Polo, die auf der "Seidenstraße" nördlich von Gharjistān über Marw ar-Rūd (Bālā Murghāb) reisten, erwähnen es nicht mehr oder nur noch als bedeutungsloses unzugängliches Gebiet. Nur einmal erfahren wir noch von einem vergeblichen Widerstand eines Fürsten von Gharjistān gegen den kartischen König von Harāt Shams ud-Dīn und der endgültigen Unterwerfung und Plünderung des Landes durch die Karter von Harāt[5] um die Mitte des 13. Jahr-

---

1) Während MAITLANDs Untersuchung um 1885 wurde dieser Name noch von Einheimischen gebraucht (Gazetteer of Afghanistan III, 1910: 60). Ich selbst habe diesen Namen am Ort nicht mehr gehört, es ist aber möglich, daß er im Osten des Gebietes noch verwendet wird.
2) Zur Etymologie des Namens s. LE STRANGE (1905) und JANATA (1971: 62).
3) Vgl. YĀQŪT (1866-70 III: 785f.); JUSTI (1895: 253); MARQUART (1901: 79); LE STRANGE (1905: 416).
4) Vgl. CASIMIR & GLATZER (1971) und GLATZER (1973).
5) Nach JANATA (1962/63 b: 129) stammten die Karter selbst aus Gharjistān.

hunderts (SEYF B. MUHAMMAD AL-HARAWĪ 1944: 186ff, 322). BABUR durchquerte um 15oo Gharjistān, berichtet aber außer den Beschwernissen dieser Reise nichts Bemerkenswertes über das Land (BABUR 1969: 3o9).

1818 erwähnt BUKHARY (1876: 5) Gharjistān unter den Provinzen Khorasans, aber in den 8oer Jahren des 19. Jahrhunderts wird das Gebiet durch die anglo-russisch-afghanische Grenzkommission, die die Grenze Afghanistans zu Rußland zu ziehen hatte und in deren Verlauf geographische und auch ethnographische Untersuchungen in Ghōr und Bādghis unternommen wurden, wieder bekannt. Die Ergebnisse dieser Forschungen, die zunächst für den internen politischen und militärischen Gebrauch der damaligen Großmächte bestimmt waren, sind vor allem in folgenden Werken zugänglich: YATE (1888, 19oo); Routes in Afghanistan III, North West (1941) und Gazetteer of Afghanistan III, Herat (191o) (s. Bibliographie).

Das Gebiet von Gharjistān selbst war für diese Untersuchungen eher von peripherem Interesse, da es nicht mehr unmittelbar zum afghanischen Grenzgebiet gehört, dennoch fertigte der britische Offizier P.J.MAITLAND von Ghōr und Bādghis aus eine zuverlässige ethnographische und demographische Kurzmonographie über die Fīrūzkūhī-Aymāq von Gharjistān an (in: Gazetteer of Afghanistan III, Herat, 191o: 59-8o).

Die älteren historischen Quellen geben keinen sicheren Aufschluß über die demographischen und ethnischen Verhältnisse im Gharjistān des Mittelalters. Indirekt, z.B. aus Personennamen, Herrschertiteln[1] und Ortsnamen, die in den Quellen erwähnt werden, kann aber geschlossen werden, daß die Bevölkerung eine iranische Sprache gesprochen hat[2] und ein Teil der iranischen oder aryanischen[3] Bevölkerung des vormongolischen Zentralafghanistan war, das Substrat für die später so genannten Fīrūzkūhī-Aymāq und Tājik von Gharjistān[4]. Im Verlauf der türkischen und mongolischen Invasionen bis hin zu den turkmenischen Raubzügen des 19. Jahrhunderts (s.u.) war die Bevölkerung immer wieder turkmongolischen Einflüssen ausgesetzt, die sich z.B. in der materiellen Kultur (Jurten) und in leicht mongoliden Physiognomien niedergeschlagen haben, nicht aber auf die Sprache, die - außer bei den seit Ende des 19. Jahrhunderts eingewanderten Paschtunen - dem Harātī - Dialekt des Persischen angehört (vgl. JANATA 1962/63 b: 8o, 111ff., 151).

Besonders im 19. Jahrhundert litt die Bevölkerung nördlich des Safēd Kōh unter häufigen Raubzügen und Sklavenjagden der Turkmenen und des

---

1) Z.B. der Titel *shār* der Fürsten von Gharjistān ist nach MARQUART (19o1: 79 und 92) von altpersisch *khshadriya* abzuleiten; JUSTI (1895: 287f) führt *shār* auf persisch *shēr* ("Löwe") zurück. Der Name Gharjistān kommt nach JUSTI (a.a.O.) von avestisch Gairistāna.
2) Vgl. SCHURMANN (1962: 77) und JANATA (1962/63 b: 112,14o).
3) Heute wird in Afghanistan der Terminus "aryanisch" bevorzugt.
4) Vgl. JANATA 1962/63 b: 127f und 139f.

Khanats von Khiwa[1], was dazu führte, daß um 1880 dieses Gebiet weitgehend entvölkert war. 1884 meldete der britische Botschafter in Kābul nach London:

> "9. (b) The country between Heri-Rud and Murghab is, we understand, almost uninhabited, except on the banks of the Kushk and Murghab." (Afghan Frontier Demarcation... Correspondence... 1884-1886: 5)

Im weiteren Verlauf dieses Berichts spricht der Botschafter die Befürchtung aus, daß rußlandloyale Turkmenen aus dem Norden dieses Vakuum auffüllen könnten; eine britische Intervention in Nordafghanistan sei deshalb notwendig (a.a.O.). Ebenso berichtet YATE:

> "... the country [of Badghis in 1885] was mostly a waste, the hunting ground of Turkoman raiders." (YATE 1900: 22).

Diese politische Unsicherheit in Nordafghanistan in den 80er Jahren des 19. Jahrhunderts veranlaßte die Großmächte und die afghanische Regierung zur Fixierung der afghanischen Nordgrenze durch die britisch-russisch-afghanische Grenzkommission von 1884-1888 und darüber hinaus die afghanische Regierung zur Ansiedlung von Čahār-Aymāq-Gruppen und später besonders von paschtunischen Nomaden entlang der afghanischen Nordgrenze.

2.2.2 Der Aufbau eines paschtunisch-nomadischen Grenzkordons in Nord- und Nordwestafghanistan unter Amīr 'Abdurrahmān

Bis zur Durchführung der "waste-lands"[2] - und Paschtunisierungspolitik des Amīr 'Abdurrahmān um 1885 waren in Nordwestafghanistan, einschließlich Gharjistān kaum Paschtunen bekannt, außer einigen Ghilzay am mittleren Murghāb. In der Korrespondenz der britischen Botschaft in Kābul von 1884, in der ausführlich die ethnischen Verhältnisse zwischen Harāt und Bālā-Murghāb geschildert werden, fehlt jeder Hinweis auf Paschtunen (Afghan Front. Dem ... Corr. ... 1884-86), ebenso bei FERRIER (1857) und den übrigen Reisenden vor 1884 (z.B. VAMBERY, 1864).

Über die Einwanderung paschtunischer Nomaden in Nordafghanistan ist soeben eine ausführliche und auf bisher unbekannten und unzugänglichen Quellen beruhende Arbeit von Nancy TAPPER (1973) erschienen. Es erübrigt sich deshalb, dieses Ereignis hier noch einmal detailliert zu schildern. Im folgenden Abschnitt sollen nur einige besonders wichtige Punkte herausgegriffen und erläutert werden.

Nach mißglückten Versuchen, Čahār-Aymāq-Gruppen an der afghanischen Nordgrenze anzusiedeln und sie dann durch vorwiegend bäuerliche Ghilzay-

---

1) FERRIER 1857: 83ff, 194; VAMBERY 1873: 225-243; YATE 1888: 4, 134f.; W.KÖNIG 1962: 144; IRONS 1972: 102f.
2) TAPPER, N. 1973: 60.

Paschtunen zu ersetzen, wanderten von 1885 bis 1886 mehrere 10 000 weitere Familien paschtunischer Bauern nach Nordafghanistan ein. Sie waren teils motiviert durch Hungersnöte in anderen Teilen Afghanistans, teils kamen sie als politisch Exilierte unter Zwang der afghanischen Regierung. Nomaden waren zunächst noch kaum darunter (N.TAPPER, 1973: 58ff).

Erst ab 1886 wurden Nomaden, vor allem Durrānī-Paschtunen aus Süd- und Südwestafghanistan von der Regierung aufgefordert, die sonst ungenutzten Weiden Nordafghanistans zu bewirtschaften. Einige Gruppen, besonders Es'hāqzay und Nūrzay, hatten bereits zuvor in Ghōr, z.T. auch im Gebiet von Čaghčarān ihre Sommerlager und waren im Winter in die Umgebung von Harāt gezogen, nun wanderte ein Teil dieser paschtunischen Nomaden nach Bādghis, andere folgten aus Südwestafghanistan nach. Teils geschah dies freiwillig, teils auf ausdrücklichen Erlaß und unter Druck der afghanischen Regierung. Die stärksten Gruppen der Neueinwanderer waren Es'hāqzay und Nūrzay, außerdem werden Atsəkzay genannt. (N.TAPPER, 1973: 62ff).

Die paschtunischen Nomaden sollten eine Art Grenzkordon[1] zwischen Rußland und Afghanistan bilden und eine Klammer[2] um die noch nicht voll unter Regierungskontrolle gebrachten Minderheiten Zentralafghanistans, wie Hazārah, Aymāq etc. legen.

Abdurrahmān erkannte schließlich, daß die Nomaden zunächst nur unzureichend als Grenzkordon und Klammer funktionierten, weil sie sich aus viehzuchttechnischen Gründen nur im Herbst und Winter in Nordafghanistan aufhalten konnten, also einen Teil des Jahres von ihren Grenzposten abwesend waren. In Nordafghanistan, bei über $40°$ C Jahresmaxima (s.S. 10), ist die ganzjährige Zucht der von den paschtunischen Nomaden bevorzugten Fettschwanzschafe nicht möglich. Außerdem waren sie wirtschaftlich nicht autark, sondern mußten mit vorwiegend nichtpaschtunischen Bauern in Nord- und Zentralafghanistan kooperieren oder waren von Getreidelagern der Regierung abhängig. Grundnahrungsmittel der Nomaden sind nämlich nicht tierische Produkte, sondern Zerealien (s.u.).

Um die Nomaden also ganzjährig an den Grenzen zu halten und um sie wirtschaftlich autark zu machen, versuchte die Regierung, sie mit Landzuteilungen zum Ackerbau zu bewegen, jedoch zunächst mit geringem Erfolg. (N.TAPPER, 1973: 66ff).

Mit Unterbrechungen und Rückschlägen, z.B. durch die Dürre und Hungersnot von 1887, wurde die forcierte Einwanderung paschtunischer Nomaden bis zum Tod des Amīr Abdurrahmān fortgesetzt.

---

1) Als erster spricht in diesem Zusammenhang YATE von einem *"cordon* of Pushtu-speaking races." (1900: 23) (Hervorhebung durch mich).
   Vgl. auch MÜHLMANN 1964: 276ff.
2) Nach JETTMAR wurden diese Nomaden so ".. zur massivsten Klammer des neuen Einheitsstaates." (1969: 87).

Damit hat nach JETTMAR "... das Nomadentum in Afghanistan noch gegen Ende des 19. Jahrhunderts eine grandiose Erweiterung seiner Existenzbasis erfahren..." (1969: 88).

Mit der Rekrutierung der Neueinwanderer aus ihren früheren Gebieten, mit der Organisation der Einwanderung und mit der Verteilung von Ackerland und Weiden betraute 'Abdurrahmān prominente Angehörige der beteiligten nomadischen Clans selbst, und zwar in der Regel solche, die sich bereits als Offiziere in der königlichen Armee hervorgetan hatten. Der bedeutendste unter ihnen war Tājū Khān Khānīkhēl Es'hāqzay. (N.TAPPER, a.a.O.: 58, 64ff).

Der Nachfolger 'Abdurrahmāns, Amīr Habībullāh (1901-1919), setzte nicht die forcierte Ansiedlung der Paschtunen in Nordafghanistan fort, sondern sah seine Aufgabe eher in der Konsolidierung dieses neuen nomadischen Grenzkordons und versuchte, dessen Administration effektiver zu organisieren.

1903 sandte Habībullāh Erlasse an Nomaden Nordafghanistans, einen eigenen Census zu erstellen und Führer zu wählen. Gleichzeitig wurden sie ermuntert, für sich selbst Waffen zu kaufen (N.TAPPER, a.a.O.: 73).

Offensichtlich sollten die Nomaden eine effizientere Militärorganisation erhalten, die auch dann in der Lage sein sollte, einen äußeren oder inneren Feind zu bekämpfen, wenn die Kommunikation zur Zentrale in Kābul noch nicht hergestellt oder unterbrochen sein sollte.

Folgende Selbstverwaltungshierarchie wurde eingeführt: a) ein Obmann *(hākim)* für alle Nomaden von Nord- und Nordwestafghanistan, b) ein Vertreter des Obmanns auf engerer regionaler Ebene *(sarrishtadār)*, c) Distriktsverwalter *(tahsildār)*, die dem *sarrishtadār* unterstanden (N.TAPPER, 1973: 76).

Im Kabul Diary vom 22.1.1908 wird die Aufgabe des Obmanns *(hākim)* der Nomaden so beschrieben:

> "... look after the welfare of his subjects and enquire into their grievances against the local Hakims ['l o c a l Hakims' sind im Gegensatz zum *hākim* der Nomaden Subgouverneure auf lokaler Verwaltungsebene]. He will also make enquiries as to the amount of money realized from them as fines in recent years, and whether it was credited to the state treasury, or not." (zit. nach N.TAPPER, a.a.O.: 76).

Diese Führer und Funktionäre scheinen versucht zu haben, ihre Ämter innerhalb ihrer Familien zu halten und wurden darin z.T. auch von der Zentralregierung unterstützt. So wurde z.B. Tājū Khāns Sohn Jamāl Khān 1908 *hākim* der Nomaden (N.TAPPER, a.a.O.: 76), dessen Familie heute noch in Gulrān prominent ist (a.a.O.: 77). Nachkommen anderer Führer gehören heute noch zur lokalen Nobilität in verschiedenen Regionen Nordafghanistans, jedoch auffälligerweise bei der s e ß h a f t e n oder s e d e n t a r i s i e r t e n Bevölkerung (N.TAPPER, a.a.O.: 78). Bei ihrer Aufgabe, Land an paschtunische Neusiedler zu verteilen, hatten sie sich selbst nicht vergessen und legten außerdem die Einkünfte aus ihren Pfründen eher in Land als in Vieh oder Weiden an, aus Gründen, die im Kapitel "Wirtschaft" dieser Arbeit weiter ausgeführt werden sollen.

> "As large landowners they entered the élite of rural society and gained ascendancy in that arena. The Pashtūns brought with them ideas of their ethnic superiority which were reinforced by Government support and by the grant of both formal and informal privileges over the other ethnic groups. With these political and economic advantages, the Pashtūn Khāns were from the beginning able to assert and maintain their dominance in the north-west. However, they were able to unite their Pashtūn following for political purposes o n l y o n e x c e p t i o n a l o c c a s i o n s[1], when the Pashtūns as a group were threatened - the most significant being the Saqāwī period of 1929." (N.TAPPER, 1973: 78).[2]

Obwohl die afghanische Regierung die forcierte Einschleusung paschtunischer Nomaden nach Nord- und Nordwestafghanistan seit dem Tod ʿAbdurrahmāns nicht mehr fortsetzt, hörte die sukzessive Einwanderung einzelner Nomadenhaushalte oder -Gruppen in dieses Gebiet seither nie auf. Z.B. hatte 1970 das östliche Nachbarlager von Qala-i Khambar, eine Gruppe von 5 Haushalten von Es'hāqzay, in jenem Jahr zum ersten Mal sein Winterlager nördlich des Paropamisus bezogen. Bisher war das traditionelle Wintergebiet dieser Gruppe südlich von Girishk (Südafghanistan). Die Männer des Lagers versicherten mir, daß sie von nun an Kawrēj als ihr ständiges Wintergebiet betrachten würden.

Dieser ständige Zuzug in das immer noch unterbesiedelte Nordwest-Afghanistan[3] hat durch das Katastrophenjahr 1971/72 wohl ein vorläufiges Ende gefunden.

2.2.3 Die ethnische und politische Situation von Gharjistān um 1900

Das engere Gebiet meiner Feldforschung, die heutige Jawand Subprovinz von Bādghis, der nordwestliche Teil des alten Gharjistān, hat die forcierte Paschtunisierung Nordafghanistans nur am Rande erfahren. Aus diesem Grund und wegen seiner geographischen Unzugänglichkeit ist seine jüngere Geschichte äußerst bruchstückhaft dokumentiert. Schriftliche afghanische Berichte sind nicht vorhanden oder zumindest nicht zu-

---

1) Von mir gesperrt geschrieben.

2) Wie im Kapitel "politische Organisation" dieser Arbeit ausführlicher dargestellt werden soll, scheint einer der Gründe für die geringe politische und soziale Stratifikation bei den paschtunischen Nomaden darin zu liegen, daß reich und einflußreich gewordene Individuen zur Seßhaftigkeit tendieren und den Kontakt zu den Nomaden verlieren.

3) Bādghis gehört trotz seiner relativen Fruchtbarkeit mit 8,4 Menschen pro km^2 ("Kabul Times Annual", 1970: Kap. Geogr.) zu den 5 dünnst besiedelten Provinzen Afghanistans.

gänglich, denn das Gebiet kam erst vor wenigen Jahrzehnten unter direkte staatliche Verwaltung, die sich allerdings auch bis heute nur auf die Flußtäler um den Hauptort Jawand (Čahārtāq) und die Wegstrecke Qala-i Naw - Qādes-Jawand erstreckt.

Mir sind keine Hinweise bekannt, daß vor uns Europäer das Jawand-Gebiet durchquert haben. 1885 reiste der indische Subsurveyor der angloindischen Armee HIRA SING von Qādes aus zum Kōča - Tal nach Shāh-i Mashhad[1] und über die Dasht-e Lālābāy nach Qaysar. Die Informationen seiner Reise sind in den "Routes in Afghanistan", III (1941: 103-166) und im "Gazetteer of Afghanistan", III (1910) wiedergegeben. Zur gleichen Zeit sammelten die englischen Offiziere MAITLAND und PEACOCKE und um 1903 DOBBS und WANLISS von Nord- und Westbādghis und von Ghōr aus Informationen über Gharjistān und das Fīrūzkūhī-Gebiet, die in den gleichen Werken dokumentiert sind. Die "Routes ..." und "Gazetteers..." sind Handbücher der angloindischen Armee für eventuelle militärische Expeditionen durch dieses Gebiet in Richtung Russisch Mittelasien gewesen.

Aus den genannten Quellen geht m.E. zuverlässig hervor, daß bis zum Ende des vorigen Jahrhunderts Gharjistān fast ausschließlich von Fīrūzkūhī (-Aymāq) und im Nordosten von Murghābī - Tājik besiedelt war.

Nur im Westen Gharjistans wurden vereinzelte paschtunische Nomadenlager gesehen: 1885 ein "... Siâh Khaná settlement of Ghilzais..." im Tal von Gazestān (Gumbaz) (Routes ... III, 1941: 96)[2] und bei Shahr-e Arman: "Many Ghilzais pasture about here in summer." (a.a.O.: 169).

Bis Ōbeh waren, wie KHANIKOFF (1861: 133) berichtet, schon um 1850 zahlreiche Paschtunen gekommen:

"[bei Ōbeh] la nationalité afghane est dominante; les tribus Alikouzei, Guildjei, Populzei, Dourrani et Borikzei comptent parmi les villageois et les nomades..."

Um 1903 war nur der Mittellauf des Murghāb von Bālā Murghāb bis zur Schlucht von Kham Gerdak von Paschtunen besiedelt. Nach DOBBS wurden hier 1904 4267 paschtunische Familien gezählt mit 185 000 Schafen, 1800 Kamelen, 480 Pferden und 641 Pflügen (Gazetteer... III, 1910: 201). Die meisten davon waren nach der gleichen Quelle Halbnomaden, die im Sommer in die nahe Band-e Turkestān-Kette gezogen sind. Auch aus der relativ geringen Anzahl von Schafen pro Familie (43,3) und besonders von Kamelen (0,42) ist zu erkennen, daß diese Paschtunen nur z.T. Nomaden gewesen sein können. Von Lūka-i Surkh den Murghāb aufwärts war die Mehrheit Ghilzay, mit Durrānī gemischt, flußabwärts vorwiegend

---

[1] HIRA SINGH muß hier sehr in Eile gewesen sein, sonst hätte er die *Madrasah* von Shāh-i Mashhad erkennen müssen (Gazetteer... III, 1910: 236).

[2] Aus der Bezeichnung "Siâh Khaná" kann geschlossen werden, daß es sich um ein Zeltlager handelte.

Durrānī[1]. Im einzelnen werden folgende paschtunische Gruppen genannt: Ghilzay am ganzen Mittellauf des Murghāb, Nūrzay-Durrānī bei Band-e Kilrekhta (140 Menschen)(a.a.O.) und bei Lūka-i Surkh 45 Haushalte von Nūrzay (a.a.O.: 201); Atsəkzay-Durrānī: bei Darband-e Jawkar (zwischen Band-e Kilrekhta und Bālā Murghāb) 120 bäuerliche Haushalte (a.a.O.: 171), bei Lūka-i Surkh 600 Familien (a.a.O.: 185) und eine Meile oberhalb von letzterem Ort 130 Zelte mit 10 000 Schafen, 200 Kamelen und 400 Rindern (a.a.O.: 188)[2]; Barakzay- und Bayanzay-Durrānī in Lūka-i Surkh und Murghāb - aufwärts 216 Häuser, bzw. Zelte (Gazetteer... III, 1910: 201).

Aus diesen Angaben geht hervor, daß die Paschtunen um die Jahrhundertwende erst bis zur Peripherie von Gharjistān vorgedrungen waren, daß sie aber bereits begannen, den Murghāb aufwärts vorzustoßen (s. Karte S. 24). Die paschtunische Landnahme im Westen von Gahrjistān hat also erst in den letzten 70 Jahren stattgefunden, was sich auch mit der oralen Tradition der Einheimischen deckt (s.S.26ff).

Um das Vordringen der paschtunischen Nomaden in diesem Gebiet und das Zurückweichen der westlichen Fīrūzkūhī genauer darzustellen, soll zunächst auf die ethnische und historische Situation der nichtpaschtunischen Einwohner von Gharjistān, der Fīrūzkūhī in der zweiten Hälfte des 19. Jahrhunderts eingegangen werden.

Die Fīrūzkūhī sind eine ethnisch und politisch heterogene Gruppierung und werden zur Gruppe der Čahār Aymāq des westlichen Zentralafghanistan gerechnet.

Die Čahār Aymāq können weder als ethnische noch als soziale oder politische Einheit angesehen werden, was schon der Reisende FERRIER Mitte des 19. Jahrhunderts bemerkt hatte:

"It would be a useless endeavour to make any researches with a view of ascertaining what are the races of men known under the name Eïmak, inhabiting the Paropamisus, for they are so intermingled, their origin is so uncertain, and their own ignorance on the subject is so great, that all investigation must be renounced as a hopeless task." (1857: 251).

Der Name Cahār Aymāq ist eine bloße Sammelbezeichnung für die sunnitischen Persisch-Sprecher des westlichen Zentralafghanistan und geht historisch auf eine türkische oder mongolische, möglicherweise territoriale, Verwaltungseinheit zurück[3].

---

1) Ghilzay und Durrānī sind die beiden größten paschtunischen Clanverbände bzw. Großclans.
2) Auch der relativ große Viehbestand dieser Gruppe deutet darauf hin, daß es sich um Nomaden handelte.
3) Vgl. SCHURMANN (1962: 49f);
über die Ethnogenese der Aymāq siehe besonders JANATA (1962/63 b und 1971).

Die zahlreichen, auch in sich heterogenen Aymāq[1]-Gruppen in v i e r
Teile oder gar "Stämme" gliedern zu wollen, ist ein volksetymologischer
und inadäquater Versuch von Europäern, aber auch von Angehörigen der
Aymāq selbst, das Wort *"Čahār"* (pers. "vier") zu erklären.

Zumindest heute scheint die Bezeichnung "Aymāq" nur die betreffenden Gruppen von den schiitischen Hazārah im Osten, den nichtpersischsprechenden Ethnien in der Nachbarschaft und den nicht in unilineare Deszendenzgruppen gegliederten Tājik in Harāt und nordöstlich von Gharjistān zu differenzieren[2]. Ob die Aymāq, außer unter mongolischer Verwaltung, je eine politische, bzw. soziale Einheit waren, ist fraglich.

Die wichtigsten Gruppen der Aymāq sind folgende:
Fīrūzkūhī, Taymanī, Jamshīdī, Qala-i Naw-Hazārah, Zūrī, und evtl. Teile der Murghābī-Tājik (s.u.)[3].

Ebensowenig wie die Aymāq als ganzes, können diese "Stämme", wie sie in der Literatur meist genannt werden, als ethnische Einheiten angesehen werden[4], eher als Stammeskonföderationen, die auf politische Einheiten heterogener Gruppen und Clans zurückgehen, vergleichbar den großen nomadischen Stammeskonföderationen Süd- und Westpersiens, den Qashqā'ī, Bakhtiyārī und Khamseh.

Die politisch bedeutendsten Lineages oder Clans gaben häufig ihren Namen als pars pro toto für die ganze Konföderation.

"...ancestors of nowadays' tribal chiefs, came from outside and
formed heterogenous ethnical elements into political units..."
(JANATA, 1971: 63).

und

"A characteristic feature of this type of ethnic structure is
that it is 'open'. Newcomers are integrated or simply absorbed." (a.a.O.: 63)

Die gilt besonders auch für die Fīrūzkūhī[5]:

"The Firozkohis of the present day are in all probably a fusion
of various tribes and races..." (MAITLAND in "Gazetteer...", III,
1910: 63).

---

1) Ab hier lasse ich das auch von den Čahār Aymāq selbst nur selten gebrauchte "Čahār" weg.

2) Vgl. SCHURMANN 1962: 51.

3) Häufig werden noch die Taymūrī zu den Aymāq gerechnet, was nach den Gazetteer... (III,1910: 283), nach SCHURMANN (1962: 49, 51), nach JANATA (1962/63 b: 144f) und aufgrund meiner eigenen Befragungen nicht richtig ist. Möglicherweise geht dieses Mißverständnis auf ELPHINSTONE (1839, II: 205) zurück und auf Auskünfte westafghanischer Paschtunen, die häufig alle Persischsprecher als "Aymāq" bezeichnen.

4) Vgl. JANATA, 1971: 60.

5) Weitere Angaben zur Ethnogenese und Ethnographie auch anderer Aymāq-Gruppen siehe SCHURMANN (1962: 49-73), JANATA (1962/63 b; 1971), FERDINAND (1964) und KUHN (1970).

Dem entspricht auch folgendes Pattern:

"A small group attracted by an important chief of a neighbouring tribe adhers to him, ... In the course of time they may get absorbed or they may be adopted. The subdivisions, generally three or four of them, of Sultanyars, Khodayars, Yar Folads and others are adopted partners of former coalitions and integrated today." (JANATA, 1971: 64)

Während die Jamshīdī und Qala-i Naw-Hazārah zu DOBBS' und MAITLAND's Zeit (1884-1904) je einen *khān* als institutionalisierte politische Zentralinstanz hatten[1], waren die Fīrūzkūhī in mehrere politische Konföderationen unterteilt: Im Osten die Darazī, deren Chef in Robāt, Jawand-Tal residierte, im Westen die beiden feindlichen, einander ständig bekriegenden Mahmūdī[2]-Konföderationen : Zay Hakīm und Zay Murād.

MAITLAND gliedert in "Gazetteer...", III (1910: 66-70) die Darazī in 27 Clans, Clansegmente und kleinere ethnische Teilgruppen, darunter auch einzelne Murghābī-Tājik-Gruppen. Führender Clan waren die Sultānyār.

Die Zay Murād-Mahmūdī im äußersten Westen von Gharjistān wurden von MAITLAND in 15 Clans und Clansegmente geteilt (Gazetteer... III, 1910: 63f) und die Zay Hakīm-Mahmūdī von Kōča in 12 Untergruppen (a.a.O.: 65f). Auch mit den Zay Hakīm alliierten sich einzelne Murghābī-Tājik-Gruppen[3], andere Clans und ethnische Teilgruppen wechselten ihre politische Allianz oder spalteten sich auf und gehörten somit gleichzeitig verschiedenen Konföderationen an (a.a.O.: 65f).

Auch diese Konföderationen waren kurzlebige und in ihrer Zusammensetzung ständig wechselnde Gruppierungen. MAITLANDs Listen der Zusammensetzung der Fīrūzkūhī-Konföderationen in den Gazetteers... (III, 1910: 63-70) geben nicht mehr, als die momentane politische Situation um 1884 wieder.

Die herrschenden Lineages der Zay Hakīm und Zay Murād führten sich

---

1) GAZETTEER..., III, 1910: 29.

2) Mahmūdī ist eine Sammelbezeichnung für die westlich von Q.-i Niyāz Khān lebenden Fīrūzkūhī (vgl. Gazetteer..., III, 1910: 62f).

3) Das Problem, ob und wie die Tājik des oberen Murghāb von den Fīrūzkūhī ethnisch abzugrenzen sind, ist äußerst komplex und beim gegenwärtigen Stand der Forschung nicht zu lösen. JANATA versucht diese Tājik von den Fīrūzkūhī zu unterscheiden und spricht von einer "Zweiteilung der Bevölkerung in seßhafte Tajiken und halbnomadische Taimani und Firuzkuhi" (1962/63 b: 140) und von "Tajik pockets in the Firuzkuhi area" (1971: 60f). Die Lösung dieser Frage kann nur eine Feldforschung am Ort bringen, deren Ergebnis u.U. eine andere ethnische Gliederung der persisch sprechenden Bevölkerung von Gharjistān sein könnte, als die zwischen Tājik und Fīrūzkūhī; denn beide sind auch i n s i c h , zumindest historisch, aus heterogenen Teilen zusammengesetzt (vgl. JANATA, 1971: 61 und 63f). Auch die ethnische Selbstzuordnung der Betreffenden und ihre Zuordnung durch Nachbarn ist nach meiner Erfahrung höchst uneinheitlich. Ich stellte im nördlichen Gharjistān meist eine synonyme Verwendung der Namen Tājik und Fīrūzkūhī (oder einfach "Aymāq") fest. MAITLAND (Gazetteer..., III, 1910: 63-70) ordnete m.E. zurecht die verschiedenen Murghābī-Tājik-Gruppen je nach ihrer damaligen politischen Allianz zu.

gemeinsam auf einen Hakīm Khān Aćakzay[1] zurück, der im 17. oder 18. Jh. dieses Gebiet eingewandert sein soll. Später spalteten sich die Nachkommen dieses Hakīm Khān in mehrere Lineages, deren eine sich Zay Hakīm nannte und ihr Zentrum im Koča-Tal hatte und deren andere Zay Murād hieß, mit Sitz in und um Qādes. Beide Lineages sammelten sich um andere Lineages und Clans und bekämpften sich im 19. Jahrh. mit wechselnden Allianzen zu außenstehenden Gruppen bis hin zu den Qala-i Naw - Hazārah und den Murghābī - Tājik von Ćirāz (nordöstlich von Gharjistān) (a.a.O.: 70 ff).

Dieser Kampf drohte sich in den 70-er Jahren des 19. Jahrh. auf ganz Nordwest-Afghanistan auszuweiten, sodaß sich 1881 die afghanische Regierung veranlaßt sah, zu intervenieren und den Krieg durch eine militärische Expedition zu beenden (Gazetteer..., III, 1910 : 74). Die Führer der Zay Hakīm, Fathullah Beg und sein Sohn Niyāz Khān, sowie der Führer der Zay Murād, Bahrām Khān, wurden nach Harāt und Kābul verbannt (a.a. O.: 75), wodurch die beiden Konföderationen zerfielen und später keinen Widerstand mehr gegen die paschtunische Okkupation von Teilen ihres Gebietes leisten konnten.

Dagegen gelang es den Darazī im Osten, ihr Gebiet wegen seiner geographischen Unzugänglichkeit bis in dieses Jahrhundert vor afghanischer Regierungskontrolle und bis heute weitgehend vor paschtunischer Landnahme zu schützen.

Innere politische Zerrissenheit und Kämpfe unter den Darazī - Fīruzkuhī erleichterten es aber schließlich doch der Regierung, wachsenden Einfluß auch auf dieses Gebiet zu gewinnen und eine Art "indirect rule" durch einen von ihr unterstützten Anführer zu etablieren (Gazetteer..., a.a.O.: 75)

1887 mißlang eine militärische Expedition einer afghanischen Armee-Einheit nach Gharjistān:

> "The General ... said [to PEACOCKE] great difficulties had been encountered [in Gharjistān] and he had had to make his way through narrow defiles, where the ennemy's marksmen fired on him from the tops of inaccessible cliffs..." (Gazetteer... a.a.O.: 77)

Um 1887 müssen also die Fīruzkuhī noch genügend politisch organisiert gewesen sein, um eine reguläre Regierungstruppe abwehren zu können.

Über die politische Entwicklung in Gharjistān von 1890 bis 1903 berichtet DOBBS in Gazetteer... (III, 1910:77 f), daß sich die Fīruzkuhī zunächst noch wiederholt "in rebellion" gegen die Regierungsgewalt vereint hätten, aber schließlich (1903) doch als befriedet galten:

---

1) Aćakzay ist die persische Aussprache für Atsəkzay.

"Inter-tribal relations in the Herat province [1] are very much more friendly now (1903) than of yore." (Gazetteer..., a.a.O.: 77)

Diese "Befriedung" des Fīrūzkūhī-Gebietes ging mit dem inneren und von der Regierung geförderten Verfall der Fīrūzkūhī-Konföderationen einher. Heute scheinen sogar die Namen dieser z.T. noch in rezenter Zeit so machtvollen Konföderationen vergessen[2]. Nur die Erinnerung an einzelne Führer ist noch lebendig, z.B. an Shāh Pasand Khān, der in der ersten Hälfte des 19. Jh. in Robāt, Jawand-Tal, über die Darazī herrschte[3], oder an den letzten Führer der Zay Hakīm, Niyāz Khān, nach dem heute noch die Festungsruine am Zusammenfluß von Kōča und Murghāb benannt wird.

Erläuterungen zu den Karten auf den beiden folgenden Seiten

—·—· Grenze des mehrheitlich von Fīrūzkūhī bewohnten Gebiets

---- Grenze zwischen Mahmūdī- und Darazī-Fīrūzkūhī

● Orte
◉ Provinzhauptort
▲ paschtunische Siedlungen und Lager

Ah. Āhingarān
Aq. Āqa Gumbad
Ča. Čaman-e Bēd
Či. Čisht
D. Darrah-e Būm
G. Ghalmin
J. Jawand (Čahār Tāq)
Ka. Kāsī
Kh. Khayr Khāne

Qa. Qādes
Qo. Qodugh
QNK. Qala-i Nīyāz Khān (Dahan-e Kōča)
R. Robāt
S. Shahr-e Arman
1-4 vereinzelte Nomadenlager (s.S. 18f).

Weitere Angaben siehe Legende der Karte im Anhang.

Die Angaben auf der Karte Seite 24 sind den Routes in Afghanistan (III 1941: 89-169) auf dem Gazetteer of Afghanistan (III 1910) entnommen.

Die Angaben auf der Karte Seite 25 beruhen auf eigenen Beobachtungen und Befragungen. Diese Karte weicht ab von JANATAs Karte "The Firuzkuhis and their neighbours" (1971: 61), die m.E. die Entwicklung der letzten 70 Jahre nicht genügend berücksichtigt. Sehr ungenau ist die Karte in SCHURMANN (1962). Dort ist z.B. das Safēd Kōh-Gebirge die Grenze zwischen Fīrūzkūhī und Taymanī, was nach meiner Kenntnis des Gebiets nicht richtig ist.

---

1) Gharjistān gehörte zu der Zeit verwaltungsmäßig, wenn auch z.T. nur nominell, zur Provinz Harāt.
2) vgl. JANATA 1971: 62; ich gewann den gleichen Eindruck.
3) Michael BARRY, 1972: 14f; vgl. Gazetteer..., III, 1910: 72 und FERRIER, 1857: 196.

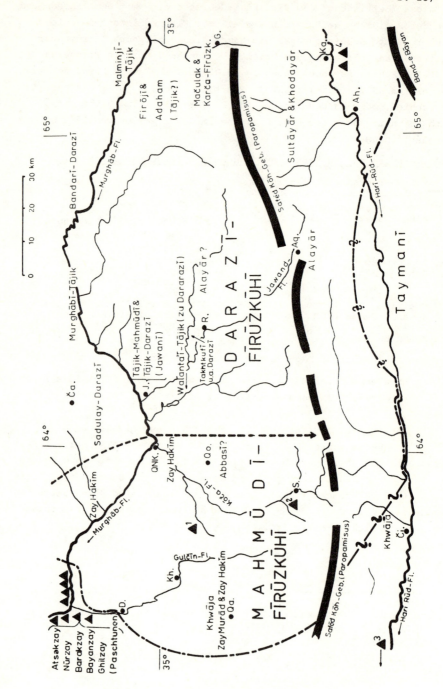
Die ethnographische Situation in Gharjistān um 1900 (Erläuterungen s. S. 23)

Die von den Paschtunen zurückgedrängte Westgrenze der Fīrūzkūhī-Aymāq um 1970 (Erläuterungen s.S. 23)

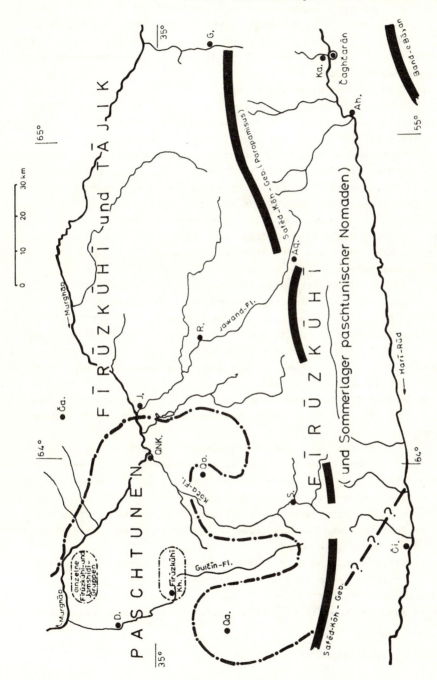

2.2.4 Die Einwanderung der paschtunischen Nomaden in Gharjistān

DOOBS' Aufzeichnungen von 1904 in Gazetteer... (III 1910 : 77 f) sind m.W. die letzte historische Quelle über Gharjistān.

Nach den von mir gesammelten mündlichen Überlieferungen der Nomaden muß ihre Einwanderung in den Nordwesten Gharjistāns hauptsächlich zwischen 1900 und 1910 stattgefunden haben, also in der Zeit des Zerfalls der Fīrūzkūhī- Konföderationen. Folgende Angaben entstammen mündlichen Aussagen meiner Informaten:

Die Atsəkzay Paschtunen von Kawrēj, heute die zahlenmäßig stärkste und politisch dominante Gruppe dieser Ebene, sind in mehreren Schüben vor zwei bis drei Generationen aus dem Gebiet Kandahār - Farāh - Shīndand über Harāt und Qala-i Naw nach Gharjistān gekommen und folgten damit der Hauptwanderungsroute der paschtunischen Nomaden jener Zeit nach Nord- und Nordwestafghanistan. Ihr altes Sommergebiet war die Siya-Band-Kette,[1] südlich von Ghōr, mit deren Namen sie heute generell den Begriff Sommergebiet und Sommerlager benennen, z.B. *"zmuẓ siyaband pə* Pombakār *kī dəy"* ("unser Sommerlager ist in Pombakār").

Es wanderten nicht vollständige Clans oder Lineages ein, sondern Einzelhaushalte oder kleinere Gruppen von zwei bis fünf agnatisch verbundenen Haushalten.

Z.B. kam der Großvater väterlicherseits meines Informanten Y. Kōtozay Atsəkzay gemeinsam mit drei Brüdern und deren Haushalten aus Shīndand über Harāt nach Kōča. Y.K. ist hier geboren, sein Vater soll bei der Einwanderung ca. 15 Jahre alt gewesen sein und 30 Jahre älter als Y.K.. Daraus kann ein Einwanderungsdatum von 1905 errechnet werden, wobei aber zu berücksichtigen ist, daß die Jahresangaben meiner Informanten meist recht unpräzis waren.

Die übrigen Atsəkzay von Kawrēj und Kōča sind nach den Aussagen meiner Informanten etwa zur gleichen Zeit wie Y.K.-s Familie hier angekommen.

Y.K.-s Großvater gab seine Besitzrechte an Ackerland bei Shīndand nicht auf, sondern vererbte sie an seine Nachkommen. Y.K. verkaufte vor 20 Jahren einen Teil dieses Landes, um im Kōča-Tal bewässerte Felder zu erwerben, und vor fünf Jahren einen weiteren Teil, um bei Qala-i Khambar unbewässertes Ackerland *(lalmī)* zu kaufen. Etwa fünf weitere, mit Y.K. nicht verwandte nomadische Haushalte in Kawrēj besitzen ebenfalls Ackerland bei Shīndand.

Y.K. pflegt heute noch verwandtschaftliche Beziehungen nach Shīndand und heiratete von dort eine Shamshozay Atsəkzay.

S.A., der Großvater meines Informanten B.A., wanderte aus dem Gebiet um Kandahār hierher ein. Er zog über Bakwa, Farāh, Harāt und

---

1) Vgl. ELPHINSTONE 1839 II: 112

Gulčīn. Sein Sohn Y.M.A., der Vater des Informanten, war ca. 1o Jahre alt bei der Einwanderung und ca. 25 Jahre älter als sein Sohn B.A. B.A. selbst schätzte sich auf ca. 5o Jahre. Trotz der Ungenauigkeit dieser Angaben ist auch hier ein Einwanderungsdatum im ersten Jahrzehnt dieses Jahrhunderts anzunehmen.

Stichprobenartige Befragungen im Kōča- und oberen Murghāb-Tal ergaben etwa gleiche Einwanderungszeiten.

Leider konnte ich bei den Nomaden von West-Gharjistān keine Überlieferungen über historische Ereignisse der Zeit ihrer Einwanderung finden, mit deren Hilfe dieser Zeitpunkt exakter rekonstruiert werden könnte. Mehr Aufschlüsse hierzu wären auch von einer Befragung der Aymāq zu erwarten, die ich selbst aus persönlichen und technischen Gründen nicht durchführen konnte.

Drei Haupteinwanderungswege konnten ermittelt werden:
1. Die meisten Atsəkzay kamen über Harāt, Qala-i Naw, Qādes, Gulčīn, von dort ging ein Teil nach Süden bis Gumbad-e Jumʿa Khān, ein anderer nach Gazestān, Kōča und Kawrēj; 2. die meisten Esʾhāqzay wanderten über Harāt, Qala-i Naw, Darrah-i Būm, Lūka-i Surkh und den Murghāb aufwärts bis Qala-i Niyāz Khān und Āb-e Pūda, oder von Darrah-i Būm aus nach Nakhčirestān und manche von dort aus weiter ins Kōča- und Murghāb-Tal; 3. von Ghōr über das Safēd Kōh-Gebirge. Dieser Weg wurde vor allem von den Einwanderern der letzten Jahrzehnte gewählt, es handelt sich aber dabei nur um vereinzelte Haushalte oder Herdengemeinschaften[1], die Zahl dieser Haushalte dürfte 1oo nicht übersteigen[2].

Bei ihrer Einwanderung ins Kōča-Tal verdrängten die Atsəkzay die dort ansässigen Zay Hakīm-Fīrūzkūhī (vgl. S. 21/22). Informant Y.K. Atsəkzay:

> "Bevor wir hierher kamen, wohnten hier Persischsprecher (*parsībān*), die sich auch Atsəkzay nannten. Ihr Clan(*qåwm*) hieß aber Zayekīm [Zay Hakīm]. Diese leben heute noch in und bei Qādes. die Zayekīm waren wild und gesetzeslos (*yåghī*), sie zahlten weder Steuern noch leisteten sie Kriegsdienst und waren der Regierung (*hokumat*) feindlich gesinnt. Dann kamen wir, die echten (*ásal*) Atsəkzay aus Sabzawar[= Shīndand] und kämpften gegen die Zayekīm und vertrieben sie nach Qādes. Die Zayekīm sagen immer noch, sie seien Atsəkzay, sie sind aber unecht (*kamásal*), sie sind Aymāq! [vgl. S.21f]. Vor Jahren ergriffen sie einmal Partei in einem Krieg (*jang*) für unsere Atsəkzay."

Zu dieser Aussage von Y.K. ist anzumerken, daß ebenfalls die Paschtunen von Gharjistān weder Steuern zahlen, noch Kriegsdienst leisten.

---

1) Begriff Herdengemeinschaft S. Abschn. 3.2.7.
2) Demographische Statistiken liegen nicht vor, auch ich konnte sie aus technischen Gründen nicht erheben. Ich schätze die Zahl aller Nomadenhaushalte in Gharjistān auf 1-2 ooo Haushalte, davon dürften ca. 4o% Atsəkzay sein, ca. 4o% Esʾhāqzay und 2o% andere Clans, einschließlich paschtunisierter Taymūrī und Taymanī.

Um 1900 führten aber u.a. verweigerte Steuerzahlungen der Firuzkuhi zu wiederholten Interventionen der Regierung (Gazetteer..., III, 1910 : 77).

Nachfragen bei Y.K. selbst und anderen Informanten ergaben, daß der Krieg, den Y.K. erwähnt, zumindest in den letzten Jahrzehnten, nicht stattgefunden hat. Möglicherweise haben die Zay Hakīm von Qādes den Atsəkzay von Kōča verbal Solidarität für einen möglichen Konkliktfall angeboten, um selbst als Atsəkzay anerkannt zu werden, denn Solidarität bei Konflikten ist bei Clanzugehörigkeit obligatorisch, und Zugehörigkeit zu einem paschtunischen Clan wäre mit sozialer Höherstellung verbunden (vgl. Abschn. 5.1)[1]

Heute gibt es am unteren Kōča weder Zay Hakīm noch andere Aymāq.

Die Informanten erwähnten verschiedene "große" Anführer *(khān)* die an der Einwanderung maßgeblich beteiligt gewesen sein sollen. Ihre Namen konnte ich in zeitgenössischen Quellen nicht wiederfinden, ihr Einfluß scheint also lokal begrenzt gewesen zu sein. Meine Informanten konnten mir über die Funktionen dieser damaligen Anführer keine Auskünfte geben, konnten mir aber detailliert ihre Eigenschaften schildern (s. Abschn. 6.3).

Die Namen der Anführer waren u.a.:
Osmān Khān Atsəkzay und Abdul Azim Atsəkzay.

Es ist möglich, wenngleich es aus den Aussagen meiner Information nicht eindeutig hervorgeht, daß diese Anführer Sprecher der einzelnen einwandernden paschtunischen Gruppen waren und die Aufgabe hatten, ihre Klienten anderen Nomadengruppen, der Regierung oder Seßhaften gegenüber zu vertreten, besonders bei der anfänglichen Zuteilung von Weidegebieten (s.o.), und daß sie speziell für diese Funktion von den Gruppen, aus denen sie selber stammten, ernannt wurden.

Dieses System der Gruppensprecher *(malik)* ist in der politischen Organisation der Paschtunen traditionell verankert und in die afghanische Verfassungswirklichkeit eingegangen (s. ausführlicher Abschnitt 6.2.2).

Die Familien dieser Anführer der Einwanderung sind später wieder ausgewandert oder bedeutungslos geworden, ihre Nachfahren konnten mir nicht mehr genannt werden.

Die Tatsache, daß diese Persönlichkeiten in Gharjistān ihren Einfluß nicht vererben konnten, steht z.T. im Gegensatz zu den Beobachtungen, die R. und N. TAPPER 1971 bei Sar-e Pul, nördlich von Gharjistān, gemacht haben; dort ist es den Einwandungs-Anführern gelungen, in die Schicht der Großgrundbesitzer und örtlichen Nobilität einzudringen,[2] allerdings unter Aufgabe des Nomdismus. In Gharjistān gab es

---

1) Leider gelang es mir nicht, dazu Angehörige der Zay Hakīm selbst zu befragen.
2) R.L. und N.S. TAPPER 1972: 15 f; N. TAPPER 1973 : 77 f.

aber anfangs keinen größeren Grundbesitz zu erwerben (s. Abschn. 4.1.).
Erst in den letzten 20 Jahren kam der größte Teil der Trockenfeld
(lalmī) Flächen der zentralen und nördlichen Ebene Kawrej in paschtunischen Besitz, eine Tendenz, die heute noch anhält. Auch während meines Aufenthaltes verkauften Aymāq aus Qodugh einzelne Trockenfelder an Nomaden aus Qala-i Khmbar (s. ausführlicher Abschnitt 4.1). Weiterhin ist der Unterlauf des Koča, das ganze Tal von Gazestān, Unter- und Oberlauf des Gulčīn, Gumbaz, Oberlauf des Murghāb bis Āb-e Puda, weitgehend die Ebene Nakhčirestān und der südwestliche Teil der Ebene Dasht-e Lālābāy vollständig in paschtunischer Hand.

Die Zurückdrängung der Fīrūzkūhī in den Süden und Osten von Gharjistān hält an.

3. WIRTSCHAFT

"The ecconomic adjustment involves at least three general processes, a relationship between man and nature, a system of cooperative relationships between men, and body of regulations, values, and control mechanisms existing in order to maintain these relationships." (OBERG 1943 : 572)

Im folgenden Kapitel werden vor allem jene Bereiche und Faktoren der nomadischen Wirtschaft dargestellt und verglichen, die mit der sozialen und politischen Organisation der untersuchten paschtunischen Nomaden in Zusammenhang stehen und für ihr Verständnis relevant sind. Deshalb - und weil die Dauer meines Feldaufenthaltes kein ganzes ökonomisches Jahr umfaßt hat - kann hier nich der v o l l e Umfang dessen behandelt werden, was die moderne Wirtschaftsethnologie unter Wirtschaft versteht, wie sie etwa von FIRTH definiert wird:

"Economics is the study of that broad aspect of human activity which is concerned with resources, their limitations and uses, and the organization whereby they are brought into relation with human wants." (FIRTH 1958: 63) [1]

Der Schwerpunkt in diesem Kapitel liegt auf den Bereichen Arbeit und Produktion, Eigentum, Warentausch (besonders Markt), Kooperation und der Organisation dieser Bereiche. Auch zahlreiche Aspekte und Gebiete der sozialen Organisation werden ausführlich behandelt, z.B. Haushalt, Herdengemeinschaft, Lager, Interaktionen mit Seßhaften etc., weil sie sich im ökonomischen Kontext klarer und schlüssiger erklären lassen, und umgekehrt, weil sich die nomadische Wirtschaft und Wirtschaftsorganisation nicht ohne ihre Beschreibung sinnvoll darstellen ließe.

Die Wirtschaft der paschtunischen Nomaden von Gharjistān beruht primär auf der Zucht von Schafen und der Gewinnung und Verwertung von Milch und Wolle, sekundär auf der Zucht anderer Tiere, wie Ziegen, Kamele, Esel und Pferde und ebenfalls sekundär auf Ackerbau.

Das Ziel der Schafzucht ist 1. die Produktion von Tieren selbst zum Verkauf, zur Fleischgewinnung und zur Vergrößerung des Produktionsmittels Herde; 2. die Milchgewinnung und Herstellung von Milchprodukten für den Verkauf und Eigenbedarf; 3. die Wollgewinnung, ebenfalls für den Verkauf und Eigenbedarf.

Notwendige Bedingungen für die Schafzucht sind, neben dem Viehbesitz selbst als Zuchtbasis: Zugang zu ausreichenden Weiden, was in Gharjistān eine mobile Lebensweise der Viehzüchter erfordert; ein für das gezüchtete Vieh geeignetes Klima, was ebenfalls eine mobile Lebensweise der Viehzüchter erfordert; ausreichend Wasser und Zugang zu Wasserstel-

---

1) Zit. nach DALTON 1968 : 143.

len; geeignete und ausreichende Arbeitskräfte für die Herdenhaltung und für die Gewinnung und Verarbeitung von Milch und Wolle; einen Markt für den Absatz tierischer Produkte und eine Bauernbevölkerung, die die Viehzüchter mit agrarischen Produkten versorgt. Für die Schafzucht in Gharjistān kommt noch der Schutz der Tiere in kalten Wintern hinzu.

Diese Nomaden betreiben, ebenso wie die meisten[1] Nomaden des afroasiatischen Trockengürtels, k e i n e Subsistenzwirtschaft, d.h. sie decken ihren Bedarf an materiellen Gütern nur z u m T e i l aus eigener Produktion und erwerben den anderen Teil aus fremder bäuerlicher, handwerklicher und industrieller Produktion hinzu.

Die westpaschtunischen Nomaden sind spezialisierte marktorientierte Warenproduzenten: Sie erzeugen tierische Produkte über ihren Eigenbedarf hinaus und vertauschen oder verkaufen sie gegen agrarische Produkte der seßhaften benachbarten Bauern, vor allem gegen Weizen, Gerste, Mais, Obst und Geflügelprodukte und gegen industrielle Produkte aus Bazaren und von Wanderhändlern, wie Textilien, Waffen, Eisenwaren etc.

Eine derartige Wirtschaft setzt also Nachbargruppen voraus, die ebenfalls nicht subsistent sind, sondern Waren - in diesem Fall agrarische Überschüsse - produzieren und bereit sind, diese gegen tierische Produkte oder Geld an Nomaden zu vertauschen oder zu verkaufen. D.h. die Wirtschaft der Nomaden von Gharjistān muß, wie wohl die der meisten Nomaden Vorder- Mittel- und Zentralasiens, als T e i l eines größeren, Nomaden- und Bauerngruppen (im weiteren Sinn auch städtische[2] und industrielle Zentren) umfassenden, arbeitsteiligen Wirtschaftssystems verstanden werden. KROEBER (1947 : 323) sieht deshalb die Nomaden nur als Berufsgruppen innerhalb größerer Gesellschaften und Kulturen und gesteht ihnen nur eine "part-culture" zu, was ähnlich bereits HAHN (1896 : 132-139) formuliert hat. Auch BARTH bestätigt:

"...nomad and villager can...be regarded merely as specialized occupational groups within a single economic system;" (BARTH 1962: 345)

Die gegenseitige Abhängigkeit der Nomaden und Bauern ist jedoch nicht völlig gleichgewichtig, die folgende Feststellung von FERDINAND über die ostpaschtunischen Nomaden trifft auch hier zu:

"...in reality the settled groups can do without contact with the nomads without appreciable hardships, whereas the nomads would be completely unable to continue their present way of life without contact with the farmers and craftsmen." (FERDINAND 1970: 126)

---

1) Vgl. BACON 1954: 46; WIRTH 1969: 69; SPOONER 1973 : 18 ff.
2) Vgl. COON 1958: 226

Tauschmittel der hier untersuchten Nomaden ist vorwiegend Bargeld. Tauschwerte werden in Geldeinheiten *(Afghānī* oder *Rupýy)* quantifiziert oder verrechnet, auch wenn Waren unmittelbar ausgetauscht werden, aber vorwiegend geschieht Kauf oder Verkauf gegen Bargeld[1].

Nach SALZMAN (1967: 118) muß bei Nomaden zwischen direkter und indirekter Abhängigkeit von der Viehzucht unterschieden werden, die paschtunischen Nomaden gehören danach zu den Viehzüchtern mit "indirect dependence on livestock" (a.a.O.), weil sie ihre viehzüchterischen Produkte nur z.T. selbst konsumieren und zum anderen Teil gegen agrarische Waren tauschen.

Die Wirtschaft der untersuchten Nomaden zeichnet sich bei weitem nicht durch so hohe Produktivität und Wachstumsraten aus, wie in der Literatur über andere Nomaden häufig angegeben wird[2], wobei zu fragen ist, ob in der Literatur stets alle regulären und irregulären Verlustfaktoren berücksichtigt wurden[3]. Wie auch von anderen Nomaden berichtet wird, ist die Wirtschaft dieser Nomaden durch erhebliches Risiko und hohe Verlustfaktoren (z.B. Viehkrankheiten, Dürre, Kälte, Raubtiere, Diebstahl etc.) gekennzeichnet, die die scheinbar großen wirtschaftlichen Wachstumsraten der Nomaden auf ein bescheidenes Maß reduzieren[4].

Viele Nomaden versuchen dieses Risiko dadurch zu mildern, daß sie sich auch nichtviehzüchterische Ressourcen erschließen, z.B. Handel, Feldbau und seltener auch Raub. Etwa die Hälfte der Nomaden von Gharjistān treibt deshalb nebenbei Ackerbau, allerdings nur insoweit ihre Viehzucht nicht von dieser Zusatzbeschäftigung beeinträchtigt wird. Entsprechend reicht ihre agrarische Produktion nicht zur Eigenversorgung aus.

3.1 Vieheigentum und Haushalt

3.1.1 Eigentumsbegriff

Im folgenden wird bewußt auf eine der europäischen Kultur, besonders ihrem Rechtssystem, entsprechende Differenzierung und Einschränkung der Begriffe Eigentum und Besitz verzichtet, um ethnozentrische

---

1) Auch nach MARX trifft die Geldwirtschaft bei Nomaden auf besonders günstige Bedingungen:
"Nomadenvölker entwickeln zuerst die Geldform, weil all ihr Hab und Gut sich in beweglicher, daher unmittelbar veräußerlicher Form befindet, und weil ihre Lebensweise sie beständig mit fremden Gemeinwesen in Kontakt bringt, daher zum Produktionsaustausch sollziziert".
(Kapital I, Kap. 2, 1969: 1o3f),
2) Z.B. Bei BARTH 1968: 416 und HÜTTEROTH 1959: 89ff.
3) Vgl. HUNTINGTON 1972: 476f.
4) Vgl. RADLOFF 1893 I: 512; STAUFFER 1965: 293f ; BARTH 1968: 416; PASTNER 1971: 177f; IRONS 1972: 94.

Vorurteile zu vermeiden. Nach MALINOWSKI sollte Eigentum in der Ethnologie (zunächst) im weitest möglichen Sinn gebraucht werden:

> "Ownership, giving this word its broadest sense, is the relation, often very complex, between an object and the social community in which it is found. In ethnology it is extremely important not to use this word in any narrower sense than that just defined, because the types of ownership found in various parts of the world differ widely. It is especially a grave error to use the word ownership in the very definite connotation given to it in our own society. ... such an application smuggles a number of preconceived ideas into our description, ..." (MALINOWSKI 1972: 116f).

3.1.2 Privat- und Haushaltseigentum an Vieh

Ein Charakteristikum der Nomaden des afroasiatischen Steppenraumes ist das Privat- bzw. Haushaltseigentum an Vieh $(m\bar{a}l)$[1].

Nach JETTMAR (1964a: 129) kann schon bei den Viehzüchtern des Altai im ersten vorchristlichen Jahrtausend "ein ausgeprägtes Privateigentum" angenommen werden. Ebenso darf nach RUDENKO (1969: 25) "Familien-Privateigentum an Vieh" auch bei den skythischen Viehzüchtern dieser Zeit als gesichert gelten, ja das "Privateigentum an Vieh" habe sogar "den Übergang einzelner Familien zur halbnomadischen und nomadischen Wirtschaft" veranlaßt.

> "Die Aufzucht des jungen Tieres, seine Fütterung beanspruchte eine ununterbrochene individuelle Pflege, die nur im Rahmen der Familie oder eines straff organisierten Kollektivs möglich ist...
> ... [diese] Differenzierung der Eigentumsverhältnisse in der Gesellschaft der viehzüchtenden Stämme ... erfolgte ... im Altertum oder spätestens um die Mitte des ersten Jahrtausends v.u.Z." (RUDENKO 1969: 25)

Auch nach W.KÖNIG sind die Herden bei den mittel- und zentralasiatischen Viehzüchter-Völkern in "Sondereigentum... [seit] nicht näher zu bestimmenden Epochen." (1962: 61)

Bei den westpaschtunischen Nomaden ist alles Vieh $(m\bar{a}l)$ individuelles Eigentum der an der Viehzucht beteiligten Haushalte $(k\bar{o}r)$, d.h. jedes einzelne Tier ist Eigentum desjenigen Haushaltes, der dieses Tier bewirtschaftet. Vieh wird nicht Dritten zur Nutzung überlassen[2]. Haus-

---

[1] "MĀL ... heißt in der alten [arabischen] Sprache Besitz, Vermögen, bei den Beduinen besonders auf Kamele bezogen, aber auch auf Ländereien und Geld, jedenfalls auf konkrete Sachgüter." (PLESSNER 1936: 199).
Bei den paschtunischen Nomaden wird $m\bar{a}l$ vor allem im Sinn von Vieh und Viehbesitz gebraucht, auch in der Zusammensetzung: $m\bar{a}ld\bar{a}r$ ("Nomade", "einer der $m\bar{a}l$ hat"), $ma\underset{.}{n}l\bar{e}\ m\bar{a}l$ ("Schafe", allgemein), $uz\bar{e}\ m\bar{a}l$ ("Ziegen", allgemein). RADLOFF (1893 I: 42o) berichtet vom gleichen Gebrauch des Wortes $m\bar{a}l$ bei den Kirgisen.

[2] Im Gegensatz zu zahlreichen anderen Nomadengruppen, z.B. den Jaf (Kurden), von denen BARTH schreibt: "Only the poor herded their own cattle." (1953: 4o); vgl. auch LAMBTON 1953: 351ff ; BARTH 1961: 13; PEHRSON 1966: 7; R. TAPPER 1971: 71; IRONS 1972: 94 f.

halte sind entsprechend auch die primären Produktionseinheiten bei der Viehzucht.

Äußeres Kennzeichen des Haushaltes (kōr) ist das Zelt (kəǰdśy). Jedes Zelt beherbergt e i n e n Haushalt[1]. Symbol der Einheit eines Haushaltes (kōr) ist die Gepäckrückwand des Zeltes, die als pars pro toto ebenfalls kōr genannt wird[2].

Es sei hier vorweg genommen, daß der Haushalt bei den westpaschtunischen Nomaden die einzige stabilere soziale und korporative Einheit ist, d.h. eine, die in der Regel wenigstens über mehrere Jahre bestehen bleibt (s.u.).

Die Mehrheit der Haushalte wird bei den paschtunischen Nomaden aus Kernfamilien oder relativ kleinen (durchschnittliche Haushaltsgröße bei den von mir untersuchten Nomaden : 6 Personen) erweiterten Familien (extended families) gebildet (s. ausführlicher Abschnitt 5.5).

Die Verfügungsgewalt oder die "Verwaltung" des Haushaltseigentums liegt in der Hand des Haushaltungsvorstandes (də kōr másʰər). Als ich meine Informanten fragte, ob das Vieh Eigentum des Haushaltungsvorstandes oder des Haushalts sei, reagierten sie verwirrt und konnten in meiner Frage keine Alternative erkennen. Viehbesitz ist die ökonomische Existenzgrundlage a l l e r Haushaltsmitglieder und wie das Zelt das sine qua non eines nomadischen Haushaltes. Wer einen neuen Haushalt gründen will, muß erst beides, Vieh und Zelt, vorweisen können. Das Vieh ist also weniger Privatbesitz des Haushaltungsvorstandes, als vielmehr Bestandteil und Eigentum des Haushaltes, der vom Haushaltungsvorstand verwaltet und repräsentiert wird.

R.L. und N.S.TAPPER stellen ähnliche Eigentumsverhältnisse bei den seßhaften Pīrōzay, Es'hāqzay (Durrānī-Paschtunen) bei Sar-e Pūl fest:

> "A household is based on a group of close agnates who own all property jointly, budget together, and accept the authority of the household head..." (R.L. und N.S.TAPPER 1972: 26)

Nach HUDSON scheinen auch die Eigentumsverhältnisse an Vieh bei den Kasakhen denen der hier beschriebenen Nomaden zu entsprechen:

> "Cattle were all held in the individual ownership of members of the group, usually by male heads of families. There is some indication, however, to suggest that they could be considered as belonging t o t h e f a m i l y a s a w h o l e but held

---

1) Vgl. auch BARTH 1961: 11.

2) Das Paschtu-Wort kōr wird meist mit "Haus" übersetzt, nach meiner Erfahrung wird aber auch bei seßhaften Paschtunen kōr eher für Haushalt gebraucht, so erhielt ich auf die Frage nach der Anzahl der kōrúna (= Plural von kōr) eines Dorfes seßhafter Paschtunen in Afghanistan stets eine Zahl zur Antwort, die weit über der Zahl der von mir gezählten Häuser lag, auf meine Nachfrage wurde mir dann erklärt, daß unter einem Dach mehrere kōrúna sein könnten (d.h. mehrere Haushalte).

in trust and utilized for their benefit by its head. Such a
situation, for example, might be implied by the right of sons
to demand from their father a portion of his animals on coming
of age." (HUDSON 1938: 31) (Hervorhebungen durch mich).

Das gleiche stellt KRADER allgemein bei den zentralasiatischen Steppenvölkern fest:

"...property... in territory or herds is ... collectively owned
by the family as a corporate unity." (1963: 339).

Zur begrifflichen Klarheit ist hierbei noch zu bemerken, daß HUDSON und KRADER nicht deutlich zwischen Haushalt und Familie unterscheiden, was auch für viele andere Ethnologen gilt, z.B. MURDOCK (1949). HUDSON und KRADER meinen in diesem Zusammenhang wohl Haushalt. Nach P. BOHANNAN (1963: 86) sollte Familie als ein rein verwandtschaftlicher Begriff verwendet werden, der Koresidenz und wirtschaftliche Kooperation nicht zur Bedingung macht. Allerdings können Familien, z.B. Kernfamilien oder erweiterte Familien, wie bei Nomaden üblich, auch Haushalte bilden.

Für Haushalt verwende ich P. BOHANNANs Definition:

"The household ... is a group of people who live together and
form a functioning domestic unit. They may or may not constitute
a family." (1963: 86)

"... the household usually functions as the unit that fulfills
the specific physical needs of the human organism: the provision
of food and shelter. It ... assumes ... the responsibility for
bringing up the children ... The household is ... the primary
institution of education." (a.a.O.: 98)[1].

3.1.3 Haushaltsteilung

Wenn ein Mann erwachsen wird, heiraten und einen eigenen Haushalt gründen möchte[2], erhält er vom Viehbesitz seines elterlichen Haushaltes einen Teil ausgehändigt. Dieser Anteil (A) wird nach folgendem Schlüssel berechnet: Die Gesamtsumme des Viehs des Haushaltes (V) geteilt durch die Anzahl der in dem Haushalt lebenden Söhne des Haushaltungsvorstandes (S) plus zwei, da der Vater für seinen Haushalt zwei Anteile zurückbehält:

$$A = \frac{V}{S + 2}$$

Beispiel: Besteht der Viehbesitz eines Haushaltes aus 500 Tieren, so erhält ein Sohn, der sich selbständig macht, 100 Tiere, wenn im Haushalt des Vaters noch zwei Söhne verbleiben[3].

---

1) Vgl. auch BENDER 1967.
2) Bei den paschtunischen Nomaden herrscht die virineolokale Residenz vor (s. Abschnitt 5.5).
3) Einen ähnlichen Verteilungsschlüssel benutzen die Marri-Baluč (PEHRSON 1966: 83).

Nach dem gleichen Schlüssel werden auch die Zeltbahnen (tāgē) des bisher gemeinsamen Zeltes aufgeteilt. Jedes Zelt kann man durch Wegnehmen oder Hinzufügen der gleichgroßen Zeltbahnen beliebig verkleinern oder vergrößern.

Das Bargeld des Haushaltes wird nicht geteilt. Den beschriebenen Vorgang nenne ich Haushaltsteilung[1].

Ein Sohn, der so ausbezahlt wurde, bleibt bei späteren Teilungen des Eigentums seines ursprünglichen Haushaltes unberücksichtigt.

Stirbt der Vater einer nuklearen oder erweiterten Familie, die einen Haushalt bildet, erben die Söhne[2] zu gleichen Teilen seine persönliche Hinterlassenschaft, wie Bargeld, Gebetsteppich, Waffen etc.[3]. Unabhängig davon bleibt das Vieh - falls der Haushalt von einem oder mehreren Söhnen weitergeführt wird - ungeteiltes Eigentum des Haushaltes.

Der Haushalt wird dann weitergeführt,
a) wenn noch ein Sohn mit dem Vater bis zu seinem Tod in Haushaltsgemeinschaft gelebt hat (an ihn gehen nun alle Rechte des Haushaltungsvorstandes über),
b) wenn bis zum Tod des Vaters mehrere Söhne im Haushalt des Vaters gelebt haben und als "fraternal joint family"[4] weiterhin gemeinsam wirtschaften. Haushaltungsvorstand wird dann in der Regel der älteste Bruder (s.u.).

Söhne, die sich zu Lebzeiten des Vaters selbständig gemacht haben, erhalten nach dessen Tod keine Tiere mehr, es sei denn, a l l e Söhne hätten sich zu Lebzeiten des Vaters selbständig gemacht. In diesem Fall wird der Haushalt des Vaters vollständig aufgelöst und das gesamte Haushaltseigentum mit den verbliebenen Tieren auf alle Söhne gleichmäßig verteilt. Das gleiche geschieht, wenn jeder der vorher zusammenlebenden Söhne (Fall b, s.o.) nun einen unabhängigen Haushalt gründen will.

Die Frage, ob das Vieh des Haushaltes einer Kernfamilie oder einer erweiterten Familie Privateigentum des Familienvaters oder Kollektiveigentum aller Haushaltsmitglieder oder aber nur des Vaters und seiner Söhne ist, kann ich aus meinem Feldmaterial nicht mit absoluter Sicherheit beantworten. Die Praxis der Haushaltsteilung läßt aber darauf

---

1) BARTH (1961: 19) nennt die entsprechende Institution bei den Basseri "anticipatory inheritance". Ich möchte aber "Erbe" und "Haushaltsteilung" begrifflich deutlich trennen, da bei den paschtunischen Nomaden das Vieh nicht unbedingt persönliches Eigentum des Haushaltungsvorstandes ist.

2) Abweichend vom islamischen Erbrecht werden die Töchter und Ehefrauen des Verstorbenen bei der Erbteilung nicht berücksichtigt (s. Abschnitt 5.4.2).

3) Zum Unterschied zwischen Vieheigentum und persönlichem Eigentum bei Nomaden (Lappen) siehe PEHRSON (1964: 73ff).

4) Zum Terminus "fraternal joint family" siehe MURDOCK (1949: 33) oder SCHUSKY (1965: 76).

schließen, daß der Vater zumindest dann, wenn er Söhne hat, nicht mehr alleiniger Eigentümer seines Viehs ist. Die Informantenaussagen hierüber sind widersprüchlich, aber mir wurde deutlich erklärt, daß ein Sohn, der sich durch Haushaltsteilung selbständig macht, nicht etwa ein Geschenk oder antizipiertes Erbe von seinem Vater erhält, sondern s e i n e n Anteil am Viehbesitz seines bisherigen Haushaltes mitnimmt. Auf diesen quantitativ festgelegten Anteil hat er einen rechtlichen Anspruch, den die Informanten damit begründeten, daß der Sohn seit seiner Kindheit aktiv in der Viehzucht des elterlichen Haushaltes mitgearbeitet habe.

Eindeutig sind die Eigentumsverhältnisse bei "fraternal joint families": Vieh und Zelt sind kollektives Eigentum aller Brüder. Bei einer Trennung erhält jeder Bruder den gleichen Anteil aus diesem Kollektiveigentum ausgezahlt. Haushaltsvorstand *(də kōr máshər)* ist, wie bereits erwähnt, in der Regel der älteste Bruder. Zu jeder wirtschaftlich relevanten Entscheidung muß er aber die Zustimmung seiner erwachsenen Brüder einholen.

Anders als der Haushaltungsvorstand einer nuklearen oder erweiterten Familie kann das Oberhaupt einer "fraternal joint family" bei der Haushaltsteilung nicht den doppelten Anteil für sich selbst zurückbehalten.

Der älteste Bruder darf erst dann aus dem Haushalt seiner "fraternal joint family" ausscheiden, wenn der jüngste Bruder sozial erwachsen ist, d.h. einen eigenen Haushalt gründen kann oder wenn das Sorgerecht über unmündige Brüder einem anderen erwachsenen Bruder übertragen wurde.

Die Brautpreise für die Wiederverheiratung eines Familienvaters, für die Verheiratung eines Sohnes oder eines Bruders in einer "fraternal joint family" werden aus dem Gesamtvermögen des Haushaltes entnommen und später bei Haushaltsteilungen nicht mehr berücksichtigt. D.h. ein Sohn des Haushaltungsvorstandes einer nuklearen oder erweiterten Familie oder einer der Brüder einer "fraternal joint family", der sich selbständig macht, erhält in jedem Fall seinen Anteil nach dem oben angegebenen Schema ohne Rücksicht darauf, ob er zuvor schon einen Brautpreis erhalten hat.

Ebenso wie bei der Erbteilung (s. Abschnitt 5.4.2) werden Frauen auch bei der Haushaltsteilung nicht berücksichtigt, denn sie können selbst keine eigenen Haushalte gründen.

Ähnliche Formen von Haushaltsteilung beschreiben RADLOFF (1893 I: 416), SCHAKIRZADE (1931: 146), HUDSON (1938: 35), W. KÖNIG (1962: 75), KRADER (1963: 339f) und IRONS (1972: 91) bei mittel- und zentralasiatischen Nomaden. Dagegen werden die Haushalte der seßhaften und bäuerlichen, aber ehemals nomadischen Es'hāqzay-Paschtunen von Sar-e Pūl nicht vor dem Tod des Familienvaters geteilt (R.L. und N.S. TAPPER 1972: 26).

HUDSON und BARTH stellen außerdem bei Kasakhen und Basseri eine für die Wirtschaft, die soziale und politische Organisation der Nomaden sehr bedeutsame Regel fest, die auch für die hier beschriebenen Nomaden zutrifft, daß sich nämlich ein Haushalt umso früher teilt, je reicher (an Vieh) er ist.

Bei den Kasakhen:

> "When a son married or came of age he was given a share *(enci)* of his father's animals and established his own household. The age at which this occured varied with the wealth and social position of the father, b e i n g   e a r l i e r   a m o n g   t h e   r i c h ". (HUDSON 1938: 35; Hervorhebung durch mich).

Bei den Basseri:

> "Greater wealth also generally leads to an earlier fragmentation of the household." (BARTH 1968: 421).

Voraussetzung für eine Haushaltsteilung ist, daß der zu teilende Haushalt soviel Vieh besitzt, daß das Existenzminimum für die beiden neuen Haushalte gesichert ist. Andernfalls kann zwar keine Haushaltsteilung erfolgen, aber ein männliches Haushaltsmitglied kann sich dann dadurch separieren, daß er sich durch Arbeit außerhalb des Haushaltes, z.B. durch Hirtendienst, so viel Vieh persönlich erwirbt, daß er einen eigenen Haushalt ohne Teilung des elterlichen Haushaltsvermögens gründen kann (s.u.). In diesem Fall wird die Teilung des elterlichen Haushaltsvermögens später oder nach dem Tode des Familienvaters vorgenommen. Vieh, das ein Haushaltsmitglied durch Hirtendienst (s.u.) außerhalb seines Haushaltes erworben hat, bleibt persönliches Eigentum des Betreffenden und wird weder in das Haushaltsvermögen integriert noch in eine Teilung des Haushaltsvermögens einbezogen.

Durch Arbeit im eigenen Haushalt kann solches persönliches Vieheigentum in der Regel nicht erworben werden.

3.1.4 Existenzminimum

Das nomadische Existenzminimum in Gharjistān liegt bei 1o Schafen und einem Lastkamel pro Person eines Haushaltes[1]. Wie weiter unten in diesem Kapitel dargestellt wird, reicht diese Zahl gerade zur Versorgung eines Menschen mit den zum Überleben notwendigen Gütern aus. Bei diesem Minimum kann ein Haushalt die Nahrung und Kleidung seiner Mitglieder aus den viehzüchterischen Erträgen bestreiten. Unterschreitet er es aber, muß er die Substanz seines Viehbesitzes angreifen, was auf die Dauer zu dessen Verlust führt, es sei denn, der Haushalt gleich sein Ertragsdefizit durch Ackerbau aus. Wenn Ackerbau so zu einer haupt-

---

1) HÜTTEROTH (1959: 88, 9of) gibt an, daß bei einer durchschnittlichen Haushaltsgröße von 7-8 Personen das durchschnittliche nomadische Existenzminimum im Orient bei 4o - 5o Schafen pro Haushalt liege. Das Existenzminimum pro Person wäre damit lt. HÜTTEROTH niedriger, als ich es bei den paschtunischen Nomaden festgestellt habe.

sächlichen Einkommensquelle wird, hört der Haushalt per definitionem auf, nomadisch zu sein.

Außerdem benötigt jeder nomadische Haushalt einige Schafe zur Bezahlung der Weidenutzung im Sommergebiet, für Abgaben an politische Funktionäre und zur Bewirtung von Gästen.

Darüber hinaus müssen für jeden Haushalt 3om^2 Zeltstoff und Haushaltsgeräte, wie z.B. ein eiserner Dreifuß *(nagharéy)*, Kochtöpfe *(dēg)* und Wasserschläuche *(šey)* zur Verfügung stehen.

3.1.5 Vieh als "Kapital"

Das Vieh der Nomaden wird häufig auch als ihr "Kapital" ("Viehkapital") bezeichnet[1]. Dieser Begriff sollte hier, wenn überhaupt, nur im weitesten Sinn gebraucht werden, nämlich in der Bedeutung von Kapital als materieller Grundlage der Produktion. Im engeren Sinn ist aber Kapital nach MARX[2] mit Lohnarbeit und nach LAUM (1965: 43) mit Zins verbunden, was nicht für das Vieh-"Kapital" aller Nomaden zutrifft, zumindest nicht für das der hier beschriebenen[3]. Auch kann die natürliche Vermehrung des Viehs nicht mit Zins oder Rente gleichgesetzt werden (ebensowenig wie etwa die Bodenerträge selbständiger Bauern), denn die Erträge des Viehs stehen hier in einem direkten Zusammenhang mit der Menge der Arbeit, die in die Viehzucht investiert wird, und zwar von den "Kapital"-Eignern selbst (s. Abschnitte 3.5 und 3.6.2).

Auch "rentenkapitalistische" Ansätze können nicht gefunden werden, wie sie BOBEK bei den orientalischen Nomaden sieht:

> "Man kann den psychologischen Beitrag der Nomaden zur Ausbildung und unveränderten Erhaltung des rentenkapitalistischen Geistes der orientalischen Oberschichten von der Mentalität des Hirten ableiten, dem jährlich von seinen Herden Ertrag zuwächst, ohne daß er selbst etwas Wesentliches dazu zu tun braucht." (1959: 281, Anm. 19).

Diesen Bobekschen Hirten gibt es bei den westpaschtunischen Nomaden nicht, ihnen wächst nichts von selbst zu, sondern alle viehwirtschaftlichen Erträge sind Ergebnis intensiver Arbeit der "Kapital"-Eigner selbst.

---

1) Vgl. LAUM 1965; BARTH 1968; DITTMER 1971: 338.

2) Nach MARX ist Kapital nicht nur "aufgehäufte Arbeit, die als Mittel zu neuer Produktion dient..." (1966: 8o), sondern:
"Die Herrschaft der aufgehäuften, vergangenen, vergegenständlichten Arbeit über die unmittelbare Arbeit macht die aufgehäufte Arbeit erst zum Kapital." (a.a.O.: 82)
"Das Kapital setzt ... die Lohnarbeit, die Lohnarbeit setzt das Kapital voraus. Sie bedingen sich wechselseitig;" (a.a.O.: 83).

3) Bei den Nomaden von Gharjistān verrichten zwar die Hirten Lohnarbeit (s. Abschn. 3.3), aber ihr Anteil an der Gesamtproduktion ist zu gering, als daß deshalb hier schon der Marxsche Kapitalbegriff sinnvoll anzuwenden wäre.

OBERG und BARTH stellen folgende besondere Eigenschaften des Vieh-"Kapitals" fest, die prinzipiell auch für die hier beschriebenen Nomaden gültig sind:

"Cattle ... [in] Bahiman economy ... were at once capital goods and consumption goods." (OBERG 1943: 581)

BARTH führt dies weiter aus:

"a) Essentially all productive capital is in consumable form ... [1]
b) A significant fraction of the income is in the form of capital gains[2] ... no market mechanism is necessary to effect a conversion from consumable product to productive capital.
c) There is a continual risk of total or partial loss of capital [z.B. durch Raub, Krieg, Raubtiere, Seuchen, Dürre und Kälte]...
d) The rate of income decreases with the increased capital ..." (BARTH 1968: 416f).

Auf diese Punkte, besonders auf Punkt d) wird weiter unten in diesem Kapitel ausführlicher eingegangen.

3.2 Herden und Herdengemeinschaften

3.2.1 Herdenzusammensetzung

Die Herden *(rama)* der Nomaden von Gharjistān bestehen zu durchschnittlich etwa 90% aus Fettschwanzschafen (Ovis steatopyga) und zu etwa 10% aus Ziegen.

3.2.2 Gründe für das Primat der Schafzucht

Schafe erzielen auf den Märkten in Afghanistan relativ hohe Erlöse: 1970 bezahlten Viehhändler bei den Nomaden für ein ausgewachsenes männliches Schaf 1000 Afs. (DM 40.-) und für Ziegen nur etwa die Hälfte. Die Milch der Schafe wird wegen Geschmack und Qualität der der Ziegen vorgezogen und auch der wirtschaftliche Wert der Schafwolle übertrifft den der Ziegenhaare.

Schafzucht ist bei den ökologischen Gegebenheiten in Gharjistān gut möglich, Rinder-[3] oder Pferdezucht[4] dagegen nur beschränkt. Als Alternative käme Kamelzucht in Frage; tatsächlich besitzt jeder nomadische Haushalt vier bis 10 Kamele als Lasttiere, aber darüberhinaus wäre Kamelhaltung wirtschaftlich nicht sinnvoll, weil das Kamel außerhalb des

---

1) Es ist aber zu fragen, ob Weideland nicht auch zum "productive capital" der Nomaden gehört.

2) Nach meiner Analyse trifft dies allerdings bei den Nomaden von Gharjistān weit weniger zu als nach den Angaben von BARTH (s. Abschn. 3.5 und 3.6; vgl. auch die Kritik von HUNTINGTON (1972) an BARTH).

3) Rinder werden in Gharjistān nur von den Fīrūzkūhī in größerer Zahl in Fluß- und Gebirgstälern gehalten.

4) Die Pferdezucht scheitert am schwierigen Zugang zu den Wasserstel-...

nomadischen Bereichs zu Gunsten des motorisierten Verkehrs an Bedeutung verliert[1]. Kamelfleisch wird in Afghanistan zwar gegessen, ist aber unbeliebt und nicht verkaufbar.

Im Gegensatz zu den halbseßhaften Paschtunen von Sar-e Pūl (N.S. und R.L. TAPPER 1972) züchten die Nomaden von Gharjistān kein Karakul, denn die primär viehzüchtenden Nomaden haben bei A u f z u c h t der Lämmer und durch intensivere Bewirtschaftung der Herden die Möglichkeit, ertragreicher zu produzieren als die transhumanten, vorwiegend bäuerlichen Karakulzüchter[2].

3.2.3 Ziegen

Ziegen werden aus folgenden Gründen gehalten:
a) Die Ziegen dienen als Leittiere in den Schafherden. Dazu Informant Y.A.:

> "Es ist sehr schwierig, eine Schafherde in eine bestimmte Richtung zu treiben, weil die Schafe meistens den Kopf am Boden halten und hin und her laufen, um nach Futterpflanzen zu suchen. Ziegen aber halten beim Laufen den Kopf oben und folgen eher einer einmal eingeschlagenen Richtung. Ein Hirt braucht nur seinen Stock vorauszuwerfen, um den Ziegen die Richtung anzugeben, die Schafe folgen dann den Ziegen."

b) Ziegenhaar wird zur Herstellung und Reparatur von Zeltbahnen verwendet. Das Ziegenhaar, das die Nomaden von ihren eigenen Ziegen gewinnen, reicht dazu aber bei weitem nicht aus, das meiste Ziegenhaar muß von den stärker ziegenzüchtenden Fīrūzkūhī-Aymāq zugekauft werden[3].

3.2.4 Kamele

Ein mittlerer nomadischer Haushalt in Gharjistān besitzt nach meinen Ermittlungen 4 - 1o Kamele (Dromedare) als Lasttiere, ohne die die Teilnahme an den Wanderungen nicht möglich ist. Die Kamele werden meist selbst gezüchtet, größere Haushalte, die mehr als 15 Kamele besitzen, haben in der Regel einen Zuchthengst, der auch die Kamelstuten der kleineren Haushalte deckt.

---

4) ... len (Canyons).
1) Auch bei ostafghanischen Nomaden selbst gewinnen LKWs an Bedeutung. Nach JANATA (1972: 41) befördern 5o - 6o% aller in Khost-Ost und Chamkani überwinternden Nomaden mit Ausnahme der Musakhēl Ahmadzay ihren Haushalt und ihre alten und kranken Personen und z.T. auch Jungtiere mit LKWs von den Winter- zu den Sommerweiden.
2) Bei der Karakulproduktion werden die meisten der neugeborenen Lämmer geschlachtet.
3) Lt. SPOONER (1973: 8) gibt es nur wenige Nomadengruppen, die primär Ziegen züchten.

Die Kamele mehrerer (etwa 3-6) Haushalte werden meist gemeinschaftlich geweidet, wobei nicht die gleichen Herdengemeinschaften wie für die Schafherden (s.u.) gebildet werden müssen. Die Kamelherden werden tagsüber von Kindern gehütet und abends vor Sonnenuntergang ins Lager zurückgebracht, wo nachts jeder Haushalt seine eigenen Kamele angebunden neben dem Zelt oder in einem Pferch hält. Manche Haushalte lassen ihre Kamele frei in Kawrēj weiden und kontrollieren einmal wöchentlich ihren Aufenthalt. Mindestens einmal pro Woche führt man die Kamele an einen der Flüsse zur Tränke. Einmal jährlich werden die Kamele geschoren, ihre Wolle dient der eigenen Teppichproduktion.

3.2.5 Zuchtwahl bei Schafen

Zu jeder vollständigen (s.u.) Herde *(rama)* gehören drei bis fünf Zuchtwidder, die ständig in den Zelten ihrer Besitzer gehalten und meist aus der Hand des Haushaltungsvorstandes selbst gemästet werden. Zu Zuchtwiddern werden die kräftigsten männlichen Lämmer einer Saison ausgewählt. Andere Zuchtwahlkriterien bestehen nicht. Auch hier trifft zu, was SCHINKEL von den ostafrikanischen Rinderzüchtern berichtet:

"Eigenschaften weiblicher Tiere werden nur über das Medium männlicher Zuchttiere vererbt..." (1968: 287).

Trotz dieser beschränkten Zuchtwahl ist wohl die Bemerkung von KRADER (1955: 3o7) hier nicht zutreffend, daß Nomaden generell keine selektive Viehzucht trieben.

3.2.6 Herdengröße

Die optimale Größe einer Schaf- und Ziegenherde *(rama)* liegt bei 5oo bis 6oo Tieren. Bei dieser Größe kann eine maximale Zahl von Tieren durch eine minimale Zahl von Menschen gehütet werden[1]. Bei dieser Herdengröße genügen ein leitender Hirte *(šōpān)* als ständige Aufsicht und zwei Hilfshirten *(dumbālawān)*, die die Herde bei Bewegungen, z.B. Treiben zur Tränke, begleiten und den Hirten bei Nachtwachen ablösen. Jede kleinere Herde würde gleichviel Hirten und Helfer benötigen und jede größere Herde eine unverhältnismäßig größere Zahl an Personal.

Die untere Grenze der Herdengröße hat evtl. auch andere, biologische Ursachen: Nach TRIBE (1950: 74)[2] besteht ein Zusammenhang zwischen Herdengröße und dem Verhalten der Schafe bei der Nahrungsaufnahme. Dazu berichtet W.W. SWIDLER:

---

1) Bei den halbseßhaften, aber sekundär viehzüchtenden Pirozay bei Sar-e Pūl stellten N.S. und R.L. TAPPER (1972: 28) die gleiche bevorzugte Herdengröße fest.
2) Nach W.W. SWIDLER 1972: 74.

"Our Brahui informants report that when a sheep flock falls below
250 animals, it becomes more difficult to herd and the animals
fare less well than they do in larger flocks. They express it in
terms of a 'wasting away' effect which seems to occur in small
flocks. When I queried Fredrik Barth about this for the Basseri,
he reported that they too report 'sheep are not happy in too small
groups; they spread and wander and join larger herds; they
will not move predictably, in a body.'" (1972: 74)

Meine Informanten hielten 400 Tiere für die untere Grenze und 500 bis 600 für die optimale Größe einer wirtschaftlich günstigen Schaf- und Ziegenherde.

JENTSCH (1973: 144) gibt die "optimale Größe der Herde" bei afghanischen Nomaden mit 100 bis 200 Tieren an. Hier liegt wohl eine Verwechslung zwischen den Herden und dem Viehbesitz der einzelnen Haushalte vor; zwar sind 100 bis 200 Tiere die optimale Zahl von Schafen oder Ziegen, die ein mittlerer Haushalt bewirtschaften kann, aber nicht die optimale, von weidetechnischen Kriterien bestimmte Größe einer H e r d e . Nach JENTSCH (a.a.O.) ließen sich "nur vereinzelt" größere Herden beobachten, die dann "Nomadenführern" gehörten o d e r "die Ergebnisse der Zusammenarbeit mehrerer Haushaltungen" (a.a.O.) seien. JENTSCH unterschätzt hier m.E. sehr die Bedeutung dieser "Zusammenarbeit" mehrerer Haushalte, die Thema des folgenden Abschnittes ist.

3.2.7 Herdengemeinschaften

Da die meisten Haushalte weit weniger Vieh besitzen, als für die optimale Herdengröße nötig ist - der Durchschnitt im Lager Qala-i Khambar lag bei 120 Schafen pro Haushalt[1] - schließen sich mehrere Haushalte zu einer Herdengemeinschaft *(kệley)*[2] zusammen. Wenngleich äußerst instabil, bilden diese Herdengemeinschaften außer den Haushalten die wichtigsten sozialen Gruppen. Nach meiner Schätzung bestehen die Herdengemeinschaften in Gharjistān durchschnittlich aus vier bis fünf Haushalten.

Mehrere Herdengemeinschaften bilden zusammen ein Nomadenlager[3].

---

1) Für ganz Gharjistān schätze ich den Durchschnitt etwa gleich.

2) Die Fīrūzkūhī-Aymāq nennen die Herdengemeinschaften der paschtunischen Nomaden *"khēl"*, was nicht zu verwechseln ist mit dem paschtunischen Gebrauch des Wortes *"khēl"*, nämlich für Subclan oder Lineage (s.Abschn. 5.1.3).
ELPHINSTONE (1839 II: 113) dagegen bezeichnet mit "keellee" ein kleines Nomadenlager und mit "khail" ein großes. Nach RAVERTY (1860: 804) ist "kalaey" ein Dorf oder Weiler, und lt. ROBINSON (1935: 1) bedeutet "kirri" oder "kalai" bei den Ghilzay-Nomaden Zeltlager.
BARTH (1961: 21ff) nennt die Herdengemeinschaften bei den Basseri "herding units".

3) Die Paschtunen von Gharjistān verwenden für "Zeltlager" keinen spezifischen Terminus, was dem ephemeren Charakter und der geringen sozialen Bedeutung von Nomadenlagern entspricht.

Haushalte, deren Viehbesitz zusammen 5oo bis 6oo Schafe oder Ziegen ergibt, schließen sich, meist für die Dauer einer Winter- oder Sommersaison, zu einer Herdengemeinschaft zusammen, wobei nicht ausgeschlossen ist, daß eine solche Verbindung auch über mehrere Saisons anhält.

Ein Großteil der Herdengemeinschaften von Gharjistān wird von Haushalten gebildet, deren Vorstände der gleichen Lineage oder dem gleichen Clan angehören. Obwohl Verwandtschaft keine Voraussetzung für die Bildung einer Herdengemeinschaft ist, gilt es als erstrebenswert, wenn ein Vater mit seinen selbständig gewordenen Söhnen oder wenn mehrere Brüder oder patrilineare Cousins Herdengemeinschaften bilden. Einer Koinzidenz von Verwandtschaftsgruppe und Herdengemeinschaft stehen jedoch oft folgende Hinderungsgründe entgegen:

a) Brüder oder Cousins können verfeindet sein, z.B. wegen Erbstreitigkeiten oder weil jüngere Brüder die Autorität älterer nicht anerkennen wollen.

b) Eine solche Verwandtschaftsgruppe besitzt evtl. zu wenig Vieh, um eine vollständige Herde zu bilden, und muß deshalb Nichtverwandte mit in die Herdengemeinschaft aufnehmen, oder sie besitzt zu viel Vieh und muß deshalb mehr als eine Herde und damit mehr als eine Herdengemeinschaft bilden.

Wenn also Haushalte, die durch verwandtschaftliche Beziehungen verbunden sind, bevorzugt Herdengemeinschaften bilden, so bedeutet dies nicht, daß die Herdengemeinschaften durch Verwandtschaftseinheiten definiert wären. Die Verwandtschaftsbeziehungen zwischen den Haushaltsvorständen in den Herdengemeinschaften können unterschiedlich sein und schließen nicht Fissionen oder Aufnahmen Fremder aus.

Jeder Haushalt ist prinzipiell frei, mit jeder beliebigen Gruppe von Haushalten zu kooperieren, nur dient agnatische Verwandtschaft zur Orientierung bei der Suche nach Partnern einer Herdengemeinschaft[1].

Weitere Gründe, die Haushalte motivieren können, Herdengemeinschaften mit anderen zu bilden, sind gemeinsame politische Interessen, z.B. die Unterstützung des gleichen *malik* (Sprecher, s. Abschn. 6.2.2), gemeinsame Handelsinteressen, z.B. die Nähe zu bestimmten Viehmärkten oder zu Aymāq-Dörfern, gemeinsame agrarische Interessen, z.B. die gemeinsame Rückkehr ins Winterlager zu einem bestimmten Zeitpunkt, um bestimmte Feldfrüchte zu ernten etc.

Nach Auskünften meiner Informanten überdauert eine Herdengemeinschaft nur selten eine Saison unverändert:

Im Frühjahr vor dem Lammen (s.u.) lösen sich zunächst alle Herdengemeinschaften auf. Die Haushalte gehen ins Frühjahrslager *(də psarlē mēna)* ins Innere von Kawrēj, lagern dort einzeln und sammeln ihr eige-

---

1) Nach JANATA (1972: 44) scheint bei den ostpaschtunischen Nomaden verwandtschaftliche Nähe bei Herdengemeinschaften eine größere Rolle zu spielen.

nes Vieh um sich, um es während der Zeit des Lammens besonders intensiv pflegen zu können. Danach beginnt die Frühjahrswanderung, und die alten oder neuen Herdengemeinschaften finden sich zusammen. Lämmerherden werden gebildet, und man kundschaftet aus, ob im Sommergebiet die alten Weideverhältnisse noch bestehen oder günstigere Weiden und Wasserstellen genutzt werden können. Das kann bei einzelnen Haushaltungen dazu führen, die bisherige Zugehörigkeit zu einer Herdengemeinschaft zu überprüfen und evtl. eine andere Verbindung zu suchen. Häufig gehören Haushalte in den Winterhalbjahren wiederholt der einen Herdengemeinschaft an und im Sommer einer anderen.

In den Gemeinschaftsherden bleibt das individuelle Eigentum eines jeden an seinen eingebrachten Tieren bestehen, und jeder Haushalt bewirtschaftet seine eigenen Tiere. Nur das Weiden und Tränken der Tiere und ihr Schutz im Winter wird gemeinsam durchgeführt. Die Tiere vermischen sich in der Herde, es gibt keine Besitzzeichen, jeder Eigner kann seine eigenen Tiere an individuellen natürlichen Merkmalen wiedererkennen, ähnlich wie es LATTIMORE von mongolischen Nomaden berichtet:

"... a nomad doesn't really need brands. Ask a man in charge
of 800 to 1000 sheep to show you those belonging to so-and-so
and he will go right into the herd and cut them out for you..."
(1962: 181)

Während im Frühjahr und Frühsommer die Herden einmal täglich zum Melken nach Eigentumsgruppen geteilt werden, bildet man im Winter aus der gesamten Herde - je nach Größe der zur Verfügung stehenden Winterhöhlen und ungeachtet der Eigentumsverhältnisse - Teilherden (*bolūk*). Die Teilung geschieht dabei nach Kriterien des Alters, also der Schutzbedürftigkeit der Tiere der gemeinsamen Herde. Nur in extrem kalten Winternächten werden die Herden aufgelöst, und jeder Haushalt bemüht sich selbst, seine eigenen Tiere im Zelt zu schützen.

Der Besitzer des größten Anteils an der Herde einer Herdengemeinschaft wird *sarkhēl* genannt und gibt der Herde seinen Namen (z.B. "*də Abdul rama*" bedeutet "die Herde des Abdul", bzw. "die Herde, dessen *sarkhēl* Abdul ist"). Der *sarkhēl* ist Sprecher seiner Herdengemeinschaft nach außen, sein Einfluß auf Entscheidungen der Herdengemeinschaft richtet sich nach der relativen Größe seines Anteils an der Herde, grundsätzlich muß er aber für jede Entscheidung, die die ganze Herdengemeinschaft betrifft, die Zustimmung aller Mitglieder einholen. *Sarkhēl* wird auch der genannt, der selbst eine vollständige Herde besitzt, sein Haushalt heißt auch *kə́ley*.

Kə́ley bezeichnet also eine Gruppe von Menschen, die eine gemeinsame, vollständige Viehherde unterhält, auch wenn diese Gruppe nur aus einem Haushalt besteht. Als vollständig gilt eine Herde dann, wenn sie etwa der optimalen Herdengröße entspricht (s.o.).

Gemeinschaftliche Herdenhaltung ist weltweit verbreitet und scheint durch die Technik der Herdenhaltung bedingt zu sein[1].

In Afghanistan ist die gemeinschaftliche Herdenhaltung auch von anderen paschtunischen Nomaden (JANATA 1972: 44) und von nicht-paschtunischen seßhaften Viehhaltern belegt: Z.B. in den Dörfern der Fīrūzkūhī-Aymāq bei Čaghčarān bilden sich jeweils mehrere, verwandtschaftlich nicht definierte Gemeinschaften von Haushalten zur gemeinsamen Weidung der Rinder (KUHN 1970, Kap. 1); die Aymāq-Dörfer in Süd-Ghōr lassen die Schafe und Ziegen gemeinsam von Dorfhirten betreuen (JANATA 1962/63b: 94), das gleiche berichtet CANFIELD (1973: 54) von den Hazarah. Bei den Nuristani wird das Vieh in Kooperativen *(palae)* von mehreren Haushalten nicht nur geweidet, sondern auch gemeinsam milchwirtschaftlich bearbeitet (NURISTANI 1973: 177).

Eine besonders deutliche Analogie zu den Herdengemeinschaften der paschtunischen Nomaden findet sich bei den Adaj-Kasakhen, deren Begriff *aul* identisch mit dem paschtunischen *kə́ley* zu sein scheint:

"Ein Aul bestand aus 3 - 4 Haushalten; 2 - 3 verwandte Aule
bildeten bei den adajischen Kasachen eine Gemeinde [Lager].
Der adajische Hirtenaul besaß im Unterschied zu dem halbnomadischen Kasachenaul keinerlei saisonmäßig nutzbare Grundstücke...
Der gemeinsame Weidegang und das gemeinsame Tränken der Herden,
ihre Pflege und ihr Schutz vereinigten den Hirtenaul."
(RUDENKO 1969: 19)

Hinzuzufügen ist die Bemerkung von HUDSON, daß ein *aul* nicht unbedingt eine verwandtschaftliche Einheit ist:

"A man might change his *aul* simply by going to live in another..."
(1938: 24)

3.2.8 Beispiel: Viehbesitz und Herdengemeinschaften in einem Lager

Die folgende Tabelle zeigt Größe und Viehbesitz der Haushalte und ihre Gruppierungen zu Herdengemeinschaften im Lager Qala-i Khambar in Kawrēj.

Die Haushalte sind durch die Initialen der Namen ihrer Vorstände angegeben, die zweite Initiale bedeutet die Clanzugehörigkeit:
A = Ardōzay-Atsəkzay,   E = Es'hāqzay (Subclan Nāmanzay),
K = Kōtōzay-Atsəkzay,   N = Nūrzay (Subclan Jamālzay),
S = Sarjānī-Taymanī,   T = Taymūrī (Clan Kalasar).
Diese Initialen sind identisch mit den Bezeichnungen der Haushalte des

---

1) Vgl. RADLOFF 1893 I 513; OBERG 1943: 579; GULLIVER 1955: 127, 139; HÜTTEROTH 1959: 85; BARTH 1961: 61ff ; LEWIS 1961: 62; W.KÖNIG 1962: 49; HABERLAND 1963: 31, 431; CUNNISON 1966: 66ff ; PEHRSON 1966: 83f ; N. DYSON-HUDSON 1966: 46; SCHINKEL 1968: 114f ; NICOLAISEN 1969: 164; RUBEL 1969: 296; RUDENKO 1969: 19; ASAD 1970: 122ff ; PASTNER 1971: 174ff ; R. TAPPER 1971: 38; R. DYSON-HUDSON 1972: 31; LIMBERG 1973: 182; PAINE 1972: 77ff ; W.W. SWIDLER 1972: 69ff ; SPOONER 1973: 9-15.

Haushalte und Herdengemeinschaften in Qala-i Khambar:

Haushalt	Zahl der Haushaltsmitglieder	Zahl der Schafe und Ziegen des Haushaltes	Herdengröße, die Herdengemeinschaften sind durch Klammern verbunden
Sh.N.	10	170	⎫
Q.N.	7	110	⎪
L.N.	3	85	⎬ 547
Al.N.	5	80	⎪
S.N.	5	65	⎪
Ab.N.	4	37	⎭
H.E.	11	410	⎫
S.E.	4	180	⎬ 598
L.E.	6	8	⎭
A.A.	11	600	600
B.A.	8	55	⎫ haben Herdengemeinschaften mit Haushalten außerhalb des Lagers
G.A.	5	45	⎪
W.A.	6	35	⎬
M.A.	8	30	⎭
B.T.	12	160	⎫
Ab.T.	6	120	⎪
Y.K.	4	65	⎪
Ah.T.	4	60	⎬ 530
O.T.	5	55	⎪
L.A.	5	35	⎪
M.S.	8	35	⎭

Lagers Qala-i Khambar auf den Tafeln 6 und 7, Abschnitt 5.5; dort können die exakten Verwandtschaftsbeziehungen dieser Haushalte untereinander entnommen werden.

Genaue Angaben über ihren Viehbesitz konnte ich nur in Ausnahmefällen von den Haushaltsmitgliedern selbst erfahren, die meisten Angaben verdanke ich Aussagen Dritter und meinen eigenen Schätzungen. Ich runde deshalb die meisten Zahlen um fünf auf oder ab.

Die ersten beiden Herdengemeinschaften in der oben stehenden Tabelle wurden je von Angehörigen eines Subclans gebildet. Ihre genauen Verwandtschaftsbeziehungen gehen aus Tafel 6 und 7, Abschn. 5.5 hervor. Die unterste Herdengemeinschaft in der Tabelle ist ein Beispiel dafür, daß Herdengemeinschaften auch clanmäßig - in diesem Fall sogar ethnisch - heterogen zusammengesetzt sein können.

Es fallen die ungleichen Besitzverhältnisse an Vieh auf. Sechs Haushalte lagen deutlich unter dem in Abschnitt 3.1.4 angegebenen Existenzminimum. Davon galten zwei Haushalte, L.E. und L.A., nur als vorübergehend verarmt, sie hatten bei der Verheiratung von Söhnen hohe Brautpreise aufbringen müssen (s. Abschn. 5.4.3), erwarteten aber noch im gleichen Jahr "Ersatz" durch Verheiratung von Töchtern. Die Haushalte B.A., W.A., M.A. und M.S. erwarben ihr Haupteinkommen durch Ackerbau und sind deshalb per definitionem nicht als Nomaden zu bezeichnen (s. S.2). Mit Ausnahme von M.S. schlossen sie Herdengemeinschaften mit anderen Bauern, besonders aus dem Flußtal des Kōča.

A.A. ist ein Beispiel dafür, daß sehr reiche Haushalte keine Herdengemeinschaften eingehen können. Ein solcher Haushalt wird, wie ich im vorigen Abschnitt ausgeführt habe, dennoch *kə̄ley* und sein Vorstand *sarkhēl* genannt.

Ich berücksichtige hier die Teymūrī- und Teymanī-Haushalte von Qala-i Khambar mit, obwohl sie nicht zu den paschtunischen Nomaden gehören[1]. Sie haben sich jedoch so weit wirtschaftlich, sozial und in den meisten übrigen kulturellen Bereichen an die paschtunische Gesellschaft, in der sie leben, angeglichen, daß sie mit in das Sample aufgenommen werden können.

Sie sprechen mit Außenstehenden Paschtu, aber untereinander persisch, bezeichnen sich Fremden gegenüber als Paschtunen und werden als Zeichen sozialer Gleichstellung von den paschtunischen Nachbarn als gleichberechtigte Heiratspartner angesehen; Paschtunen geben sonst ihre Töchter grundsätzlich nicht an ethnisch Fremde (s.Abschn. 5.4.2)[2].

FERDINAND (1962: 145) spricht von einer ähnlichen Teymūrī-Gruppe bei Gomāb, nördlich von Čaghčarān, als "Durrānī-ized Aimâqs"[3].

Der Vorstand des Taymanī-[4]Haushaltes von Qala-i Khambar ist vor etwa 2o Jahren zusammen mit zwei seiner Brüder aus Süd-Ghōr in das Jawand-Gebiet gezogen. Er ist Priester *(mulla)*, lebt wie auch die Teymūrī von Qala-i Khambar im schwarzen Zelt vom Durrānī-Typ und bezieht sein Einkommen vor allem aus dem Ackerbau, daneben aus der Schaf- und Ziegenzucht und zum geringeren Teil aus Priesterdiensten.

---

1) Die Teymūrī gehören nach JANATA "zum tajikisch sprechenden iranischen Element" und haben z.T. "afghanisches Kulturgut übernommen" (1962/63b: 117). Nach SINGER sind die Teymūrī "an agglomeration of peoples, some of Arab, others of indigenious origin, made into a tribe as political policy on Timur Lang's behalf." (1973: 16o) (s.a.Abschn. 2.2.3).

2) Geringe Abweichungen von der Kultur der paschtunischen Nomaden von Gharjistān konnte ich in der Verwandtschaftsterminologie der Teymūrī von Qala-i Khambar feststellen (s.Abschn. 5.3).

3) Die Teymūrī werden sonst nicht zu den Aymāq gerechnet (s. Abschn. 2.2.3).

4) Die Teymanī gehören zu den Cahār Aymāq (s. Abschn. 2.2.3).

3.3 Hirten

Es gibt vier verschiedene Kategorien von Hirten, die sich nach Aufgabenbereich, Anstellungsvertrag, Dienstzeit und Bezahlung unterscheiden:

a) leitende Hirten (čōpān)
b) Hilfshirten (dumbālawān)
c) turnusmäßige Hirten (wārīgśrey)
d) Lämmerhirten (lerba)

3.3.1 Leitende Hirten (čōpān)[1]

Die Herdengemeinschaften stellen in der Regel für die Herde einen leitenden Hirten (čōpān) an. Seine Aufgabe ist es, ständig bei der Herde zu sein und für die Kontinuität der Herdenbeaufsichtigung zu sorgen. Er wählt im Rahmen der Anweisungen, die er von der Herdengemeinschaft erhält, die Weideplätze und Wasserstellen für die Herde im einzelnen aus und bestimmt Aufbruch und Weg der Herde zur Tränke, wobei er bei der Benutzung einiger Canyon-Steige sich an einen festgelegten Zeitplan halten muß (s. Abschn. 4.1.2, d). Bei Herdenbewegungen geht er vor der Herde und bestimmt ihre Richtung und Geschwindigkeit.

Er ist den ihm untergebenen Hilfs- und turnusmäßigen Hirten weisungsberechtigt und erhält selbst Weisungen vom sarkhēl (Besitzer des größten Anteils an der Herde einer Herdengemeinschaft). Der sarkhēl gibt dem čōpān die Anweisungen mit stillschweigender oder expliziter Zustimmung der übrigen Mitglieder der Herdengemeinschaft.

Wenn Tiere der Herde eingehen oder abhanden kommen, trägt der Hirte keine direkte Verantwortung, dies kann aber die Zahl der produzierten Lämmer des Jahres beeinträchtigen und damit seinen Lohnanteil schmälern (s.u.). Ein nachlässiger Hirte gerät in Gefahr, gekündigt zu werden und schwer eine neue Anstellung zu finden.

Wenn ein Tier auf der Weide schwer krank oder verletzt ist, darf es vom čōpān geschlachtet (halāl kawəl), an die übrigen Hirten verteilt und gegessen werden.

Wenn die Herden im Winter in Teilherden (bolūk) geteilt werden (s. Abschn. 3.4.7), werden keine neuen čōpānān eingestellt, sondern der bisherige čōpān bleibt für alle Teilherden in gleicher Weise verantwortlich und hat sie ständig abwechselnd zu beaufsichtigen. Für die

---

1) Das Wort čōpān ist persisch (s. STEINGASS 1947: 402), das entsprechende Paschtu-Wort wäre shpūn (RAVERTY 1860: 643). Eine auffallend große Zahl von Viehzucht- und Zelttermini der Nomaden von Gharjistān ist persisch.
Den gleichen Terminus (čōpān) verwenden auch die Turkmenen (W. KÖNIG 1962: 49).

zusätzliche Arbeit, die aus den winterlichen Herdenteilungen entsteht - jede *boluk* benötigt ständig zwei Hirten -, werden turnusmäßige Hirten (*warīgə́rey*) aus den Haushalten der Herdengemeinschaft eingesetzt (s.u.).

Der *čōpān* schließt seinen Arbeitsvertrag mit dem *sarkhēl*, der ihm gegenüber als Vertreter der Herdengemeinschaft auftritt, nachdem sich alle Mitglieder der Herdengemeinschaft ausdrücklich mit der Anstellung des betreffenden Mannes einverstanden erklärt haben.

Der *čōpān* soll mit keinem der männlichen Mitglieder der Herdengemeinschaft lineage-verwandt sein, da sonst befürchtet wird, der *čōpān* könnte die Tiere seines Verwandten bevorzugt behandeln. Deshalb werden auch häufig Hirten aus anderen Teilen Afghanistans engagiert.

Besonders fachliche Voraussetzungen werden nicht gestellt, er soll "die Viehzucht verstehen" (*pə māldārī pōhēdəl*), dazu genügt üblicherweise, in einem nomadischen Haushalt aufgewachsen zu sein; er braucht vorher nicht als Hilfshirte gedient zu haben.

Für die Arbeitsverträge zwischen Herdenbesitzern und leitenden Hirten gelten folgende Normen:

Der leitende Hirte (*čōpān*) wird für e i n e Herde für e i n Jahr angestellt. Das Jahr beginnt in der Regel nach Ankunft der Herde von der Herbstwanderung im Winterlager, etwa Anfang September.

Herdenbesitzer und *čōpān* können zwischen zwei Lohnmodi wählen: *bakhtī* und *nāmīr*. Je nach Lage am Arbeitsmarkt, ob also ein Überangebot an Hirten oder an freien Arbeitsplätzen besteht, können die Vertragspartner den jeweils für sie günstigen Lohnmodus durchsetzen.

a) Der Lohnmodus *bakhtī*:

Der *čōpān* erhält am Ende seines Arbeitsjahres ein Zehntel der noch lebenden Lämmer, die seine Herde während des Jahres hervorgebracht hat.

b) Der Lohnmodus *nāmīr*:

Der *čōpān* erhält am Ende seines Arbeitsjahres ein Zehntel der lebenden Lämmer, die seine Herde während des Arbeitsjahres produziert h ä t t e , wenn die Herde zum Zeitpunkt des Lammens im Frühjahr aus genau 400 Mutterschafen bestanden hätte. Dies wird nach folgendem Dreisatz berechnet:

"Wir zählen, wieviele Lämmer die Mutterschafe der Herde wirklich bekommen haben, dann rechnen wir, wieviele Mutterschafe auf ein Lamm kommen und nun, wieviele Lämmer es bei 400 Mutterschafen gegeben hätte. Davon erhält dann der *čōpān* den zehnten Teil." (Informant A.A.)

Beispiel: Hatte eine Herde 600 Muttertiere und produzierte 300 Lämmer, kommen auf zwei Schafe ein Lamm. 400 Schafe hätten dann 200 Lämmer hervorgebracht, der *čōpān* erhält also 20 Lämmer. Hatte die Herde aber nur 300 Schafe und produzierten diese 150 Lämmer, erhält nach der gleichen Rechnung der *čōpān* ebenfalls 20 Lämmer.

Der Lohnmodus *nāmīr* kann auch in folgender Formel dargestellt werden: Der Lohn des *čōpān* (Č) ist die Gesamtzahl der Lämmer (L) dividiert durch die Zahl der Mutterschafe (M) multipliziert mit 4o:

$$Č = \frac{L}{M} \; 4o$$

Der Lohnmodus *bakhtī* ist für den Hirten nur dann vorteilhaft, wenn die Herde über 4oo Mutterschafe enthält oder zu erwarten ist, daß sie während des Winterhalbjahres auf über 4oo Muttertiere wächst, z.B. durch Beitritt weiterer Mitglieder zur Herdengemeinschaft. Das Risiko aber für den *čōpān* liegt darin, daß die Herde zwar bei seinem Arbeitsantritt mehr als 4oo Mutterschafe betragen mag, aber durch einen strengen Winter oder durch Austritt von Mitgliedern der Herdengemeinschaft Verluste erleiden kann, die die Zahl der Muttertiere auf unter 4oo sinken lassen, wodurch der *čōpān* weniger Lohn erhalten könnte als bei *nāmīr*[1].

Der Vorteil des Lohnmodus *nāmīr* für den *čōpān* liegt in seinem geringeren Risiko. Dagegen liegt der Vorteil für die Herdenbesitzer bei *nāmīr* darin, daß sie nach Anstellung des Hirten die Herde durch Erweiterung der Herdengemeinschaft auf weit über 4oo Muttertiere vergrößern und so den relativen Lohn für den *čōpān* drücken können. Dafür ist aber auch das Risiko für die Herdenbesitzer größer, denn sinkt ihre Herde, etwa durch Winterverluste, auf unter 4oo Mutterschafe, müssen sie dem *čōpān* einen relativ höheren Lohn zahlen als bei *bakhtī*.

Wurde *nāmīr* vereinbart und wächst die Zahl der Mutterschafe während des Winterhalbjahres auf weit (ab + 15o) über 4oo, wird von den Herdenbesitzern erwartet, daß sie dem Hirten über seine ihm zustehende Provision hinaus "Geschenke" *(bakhshīsh)* an Lämmern geben. Die Höhe dieser "Geschenke" liegt nicht fest, und der *čōpān* hat keinen Anspruch darauf.

Unabhängig von *nāmīr* oder *bakhtī* erhält der *čōpān* ebenso wie die Hilfshirten *(dumbālawān)* folgende Zuwendungen als Fixum:

Pro Winterhalbjahr (Anfang September bis 2o. März) einen Filzmantel *(kōséy)* mit einem Wollgewicht von 1,5 *harātī man* (= 1 *kābulī sēr* oder 7,o66kg); pro Winter- und pro Sommerhalbjahr je ein Paar Schuhe und täglich 5 *harātī sēr* (= 589 g)[2] Mehl, wahlweise als reines Mehl oder in Form von Brot.

Kündigung:

Kündigt der *čōpān* sein Arbeitsverhältnis nach Ablauf des ersten Halbjahres aber vor Ablauf des Arbeitsjahres, erhält er die Hälfte des ver-

---

1) Auch in der Etymologie des Wortes *bakhtī* ist der Risikocharakter des Begriffs ersichtlich: *bakhtī* kommt von persisch *bakht* = "Glück", "Unglück" im Sinne von englisch "luck" ("good or bad luck") oder "chance" (vgl. STEINGASS 1947: 158).

2) 1 *harātī sēr* = 1/4o *harātī man*; 1 *harātī man* = 2/3 *kābulī sēr*; 1 *kābulī sēr* = 7,o66 kg (Verhältnis von *kābulī sēr* und kg nach KRAUS 1972: 397).

einbarten Anteils an den Lämmern der Herde und für das angebrochene
zweite Halbjahr pro Monat eine Geldsumme von 5oo Afs (DM 2o.-) (197o).
Für einen angebrochenen Monat erhält er den auf den Tag errechneten
Teil des Monatslohns. Kündigt er nach Vollendung des Winterhalbjahres,
kann er den Filzmantel und die Schuhe behalten. Kündigt der čōpān innerhalb des ersten Halbjahres, erhält er keine Lämmerprovision, sondern
nur pro abgeleisteten Monat eine Geldsumme von 5oo Afs. (DM 2o.-).
Diese Summe entspricht auch dem Monatslohn des Hilfshirten (s.u.).
Wenn der čōpān im Winterhalbjahr noch vor Ablauf der ersten drei Monate kündigt und bereits einen Filzmantel erhalten hat, muß er diesen
zurückgeben. Kündigt er im Winterhalbjahr nach Ablauf von drei Monaten,
behält er den Filzmantel, muß aber den noch nicht abgearbeiteten Teil
an der Wolle des Mantels, pro Monat ein sechstel, zurückzahlen.

3.3.2 Hilfshirten (dumbālawān)

Zu den drei Hirten, die zur Beaufsichtigung und Führung einer Herde
notwendig sind, gehören ein oder zwei Hilfshirten (dumbālawān)[1], die
dem leitenden Hirten (čōpān) unterstehen. Sie werden für ein Halbjahr
angestellt, das von Anfang September bis 2o. März oder vom 21. März
(Neujahrstag) bis Ende August/Anfang September reicht. Etwa die Hälfte der Herdengemeinschaften engagieren nur für das Sommerhalbjahr Hilfshirten und stellen stattdessen für das Winterhalbjahr turnusmäßige Hirten (wārīgérey) auf (s.u.). Ansonsten geschieht die Anstellung wie beim
čōpān.

Der dumbālawān erhält einen fixen Monatslohn, der im Jahr 197o
5oo Afs. (DM 2o.-) betrug. Außerdem erhält er einen Filzmantel, Schuhe
und Mehl oder Brot in gleichen Mengen und zu gleichen Bedingungen wie
der čōpān.

Er kann jederzeit kündigen oder gekündigt werden, erhält aber in jedem Fall seinen bis zur Kündigung erarbeiteten Lohn, wobei der angebrochene Monat auf den Tag genau verrechnet wird. Was Filzmantel und
Schuhe anbetrifft, bestehen die gleichen Bedingungen wie beim čōpān
(s.o.).

3.3.3 Turnusmäßige Hirten (wārīgérey)

Wenn z.B. im Winter[2] zusätzliche Hirten gebraucht werden, oder wenn
man den Lohn für die dumbālawānān sparen will, auch wenn man aus Sicher-

---

1) Von persisch dumbāl = "Schwanz", "Rücken" (vgl. STEINGASS 1947: 535).
   In der Tat gehen dumbālawānān bei Herdenbewegungen stets am Ende,
   "im Rücken", "am Schwanz" der Herde.
2) S.a. S.45 und Abschn. 3.4.7.

heitsgründen Angehörige der Besitzer ständig bei der Herde haben will, stellt man Hirten auf, die den Haushalten der Herdengemeinschaft selbst angehören. Dabei müssen alle diese Haushalte im folgenden Turnus Angehörige abstellen:

Jeder Haushalt stellt die benötigte Zahl von Männern für so viele Tage zur Verfügung, wie die Zahl der Schafe und Ziegen in der Gemeinschaftsherde, dividiert durch 20, beträgt.

Wenn z.B. für die Herde zwei turnusmäßige Hirten (wārīgérey) benötigt werden, muß ein Haushalt, der 120 Tiere in der Herde hat, die beiden wārīgérī[1] sechs Tage lang stellen. Der Haushalt, der als nächster an der Reihe ist und z.B. nur 40 Tiere in der Herde besitzt, stellt zwei wārīgérī für die nächsten zwei Tage etc..

Wenn ein Haushalt zu klein ist, um die erforderliche Zahl von wārīgérī aufbringen zu können, engagiert er entweder einen Helfer aus einem anderen Haushalt gegen einen Lohn, der dem des dumbālawān entspricht, oder er schließt sich mit einem anderen Haushalt für einen gemeinsamen Turnus zusammen, für dessen Länge die Zahl der Schafe und Ziegen beider Haushalte maßgebend ist. Die beiden Haushalte stellen dann zusammen die erforderliche Zahl der wārīgérī. Die turnusmäßgen Hirten (wārīgérey) erfüllen bei den Herden die gleichen Aufgaben wie die Hilfshirten und unterstehen ebenfalls dem čōpān. Sie werden nicht bezahlt und müssen Nahrungsmittel und geeignete Kleidung selbst mitbringen.

3.3.4 Lämmerhirten (lərba)

Die Lämmer der Herdengemeinschaft, die im Frühjahr von den Mutterschafen getrennt werden, faßt man zu einer Lämmerherde (wūlə) zusammen und läßt sie von einem Lämmerhirten (lərba) hüten. Der lərba hat die Lämmerherde ständig zu beaufsichtigen und sie ein- bis zweimal täglich den Mutterschafen zuzuführen. Der lərba untersteht nicht dem čōpān, sondern hat selbst einen Hilfshirten oder turnusmäßigen Hirten unter sich. Der lərba wird nur für die Zeit der Trennung der Lämmer von den Mutterschafen, also von Ende März bis Ende Juni oder Anfang Juli, eingestellt. Ansonsten gelten die gleichen Anstellungs- und Lohnbedingungen wie für den Hilfshirten (dumbālawān).

3.3.5 Hirtendienst als Möglichkeit, sich eine selbständige nomadische Existenz zu schaffen

Bei den paschtunischen Nomaden in Gharjistān können die Hirten weder als Klasse noch als soziale Schicht aufgefaßt werden. Hirtendienst ist

---

1) Plural von wārīgérey.

eine Übergangsphase zwischen dem Status des unselbständigen, im elterlichen Haushalt lebenden Jugendlichen und dem des Haushaltungsvorstandes. Da in jedem Hirten ein potenzieller Viehbesitzer und künftiger Haushaltungsvorstand gesehen wird, entspricht sein sozialer Rang dem eines jeden anderen Erwachsenen seines Alters im Lager; soweit ich beobachten konnte, sind auch die Beziehungen zwischen Herdenbesitzern und ihren Hirten die von gleichberechtigten Vertragspartnern.

Sind die Hirten gerade nicht bei den Herden beschäftigt, gehen sie frei in den Zelten der Besitzer ihrer Herden ein und aus, sitzen beim Essen neben dem Hausherrn und seinen Söhnen und genießen einen Status, der dem erwachsener männlicher Familienmitglieder ihrer "Arbeitgeber" entspricht. Sitzen die Mitglieder einer Herdengemeinschaft und ihre Hirten zu gemeinsamen Beratungen *(majles)* beisammen, sind Hirten und Viehbesitzer weder an Sitzposition oder Körperhaltung noch an Redeweise oder Gestik zu unterscheiden. Die Hirten können je nach Wissensstand und Überzeugungskraft die Entscheidungen solcher Beratungen beeinflussen, letztes Wort haben dabei aber selbstverständlich die Viehbesitzer, und sie sind es, die den Hirten schließlich Anweisungen erteilen. Solche Anweisungen sind aber in jedem Fall auf den bloßen Hirtendienst beschränkt, also auf den bei Arbeitsantritt definierten Arbeitsbereich des Hirten, darüber hinaus entsteht kein Herrschaftsverhältnis.

Viele junge Männer können von ihrem elterlichen Haushalt nicht ausreichende Mittel zur Gründung eines eigenen Haushaltes und außerdem zum "Erwerb" einer Ehefrau erhalten. In diesem Fall ist Hirtendienst, und zwar Dienst als leitender Hirte *(čōpān)*, der sicherste Weg, sich die fehlende materielle Grundlage für einen eigenen Haushalt zu verschaffen.

Entscheidend in diesem Zusammenhang ist die Tatsache, die auch W.KÖNIG (1962: 89) bei den Turkmenen festgestellt hat, daß die Hirten nicht nur in Konsumgütern ausbezahlt werden, wodurch sie weiter in Abhängigkeit blieben, sondern mit P r o d u k t i o n s m i t t e l n , die ihnen die Möglichkeit geben, selbständig zu werden.

Hierin liegt der wesentliche Unterschied zu Pacht und Dienstleistungsverträgen, und hierin darf ein Faktor für die fehlende soziale und politische Stratifizierung bei vielen Nomaden gesehen werden. Z.B. können in mäßig günstigen Jahren bei einer Herde von 400 Muttertieren, mit Berücksichtigung der postnatalen Verluste, jählich etwa 200 bis 250 Lämmer erwartet werden, so daß ein čōpān mit 20 bis 25 Lämmern jährlich als Provision rechnen kann. Selbst nach Abzug der üblichen Verlustraten (die beim Hirten niedriger als der Durchschnitt sein werden, weil er seine eigenen Tiere bevorzugt pflegen wird) und wenn große Dürre- und Kälteperioden ausbleiben, kann der čōpān bei sparsamster Lebensweise nach vier bis sechs Jahren die Vermögensgrundlage für einen Haushalt erarbeitet haben.

Auch IRONS (1972: 94f) spricht bei den Yomut-Turkmenen von der günstigen Möglichkeit, als Hirte Arbeit in "Kapital" zu verwandeln. Dort reichen ebenfalls vier bis fünf Jahre Hirtendienst aus, um sich die Grundlage für eine selbständige nomadische Existenz zu schaffen. Ähnliches gilt für zahlreiche Beduinengruppen:

> "Gewöhnlich hat der junge Mann bis zur Heirat durch Hirtendienst und erfolgreiche Raubzüge schon eine eigene kleine Herde erworben." (HENNINGER 1959: 21)

Auch verarmte Bahima konnten sich einen eigenen Viehbesitz aufbauen, wenn sie bei Reichen als Hirten arbeiteten (OBERG 1943: 581).

Bei den paschtunischen Nomaden kann ein Mann nach Beendigung seines Hirtendienstes seinen Haushalt auch dort gründen, wo er den Hirtendienst geleistet hat, d.h. man erwirbt sich auch dort Weiderecht, wo man als Hirte arbeitet.

Beispiel:

Auskunft eines Angehörigen eines Lagers, das vorwiegend Babakzay (Durrānī) bei Āb-e Pūdah (im Jawandgebiet, s. Karte) bewohnt war:

> "Ich bin Angehöriger des Clans 'Alīzay [Durrānī]. Bevor ich hier her kam, lebte ich im Haushalt meines Vaters im Gebiet von Kandahār. Ich war schon verheiratet und hatte einen Sohn, aber ich besaß nicht die Mittel, daß ich mich mit meiner Familie hätte selbständig machen können. Im Sommergebiet in Ghōr traf ich diese Babakzay hier und ließ mich als leitenden Hirten anstellen. Nach vier Jahren hatte ich mir genügend Vieh erwirtschaftet, daß ich meine Frau und meinen Sohn holen und einen eigenen Haushalt hier gründen konnte."

Auf die Frage, warum er jetzt hier und nicht im Gebiet von Kandahār ebe:

> "In Kandahār sind die Weiden viel schlechter als hier, und ich habe mich mit diesen Leuten hier gut befreundet."

Nach Auskunft meiner Informanten kehren aber die meisten Männer nach Beendigung des Hirtendienstes, auch wenn sie einen eigenen Haushalt gründen, zunächst für wenigstens einige Jahre in die Nähe ihres elterlichen Haushalts zurück.

Die Chance, sich als Hilfshirte *(dumbālawān)* die materielle Grundlage für einen eigenen Haushalt zu schaffen, ist gering, denn selbst bei sparsamster Lebensweise (Nahrung und Kleidung sind frei) kann der *dumbālawān* maximal 6000 Afs. (DM 240,--) jährlich verdienen. Deshalb wird nur der *dumbālawān*, der nicht ein ganzes Jahr für Hirtendienst erübrigen kann und nur vorübergehend und nebenbei etwas Bargeld verdienen will.

3.4   Wirtschaftlicher Jahreszyklus

3.4.1   Frühjahr[1]

3.4.1.1 Frühjahrslager

Mitte März verlassen die Nomaden des nördlichen Gharjistān (Jawand-Gebiet) ihre Winterlager und ziehen mit sämtlichen Familienmitgliedern und dem vollständigen beweglichen Besitz in das Innere der Steppen Kawrēj, Nakhčirestān und Dasht-e Lālābāy, in Gebiete, die während des größten Teils des Jahres wegen der zu großen Entfernung zu den perennierenden Flüssen unbewohnbar sind. Sie bleiben dort bis Ende April. In dieser Periode herrschen bereits durchschnittliche Tagestemperaturen um + 10°C, und Nachtfröste werden selten (vgl. Tabelle in Abschn. 2.1.2). Auch dort gibt es zahlreiche Winterhöhlen, in denen die Herden bei Kälteeinbrüchen Schutz suchen können. Die Schneeschmelze ist abgeschlossen, aber es regnet häufig, März ist der niederschlagreichste Monat des Jahres (s. Niederschlagstabelle in Abschn. 2.1.2), und die Steppen werden von vielen Wasserläufen bewässert, die nur um diese Zeit Wasser führen. Es herrscht ein Überfluß an frischen grünen Futterpflanzen für das Vieh. Diese Zeit wird von den Nomaden emotional besonders hoch bewertet, auf sie freut man sich das ganze Jahr.

Alle Lager und Herdengemeinschaften lösen sich auf, jeder Haushalt errichtet sein Zelt an einem isolierten Platz *(də psarlē mɛ́na* = "Frühjahrslagerplatz"). Ebenso werden die Herden aufgelöst, jeder Haushalt schart seine eigenen Schafe und Ziegen um sich[2].

3.4.1.2 Lammen

Die Schafe werden einmal im Jahr und zwar Mitte bis Ende Oktober gedeckt[3]. Sie sind fünf Monate trächtig, lammen also Mitte bis Ende März. Die Nomaden wählen den Decktermin so, damit die Schafe kurz nach Ankunft im Frühjahrslager lammen.

Nach Meinung meiner Informanten wäre zweimaliges Lammen pro Jahr möglich, aber Lämmer, die später im Jahr geboren werden, wären im Winter zu jung und schwach, um ihn zu überstehen; auch die Muttertiere büßten bei zweimaliger Trächtigkeit ihre Widerstandskraft ein.

Die Zeit des Lammens ist für alle Haushaltsmitglieder sehr arbeitsreich und erfordert Tag und Nacht höchste Aufmerksamkeit. Den Schafen muß beim Lammen und den Lämmern beim Trinken assisitert werden, denn in den ersten ein bis zwei Tagen nach ihrer Geburt können die Lämmer

---

1) Die Angaben in den Abschnitten 3.4.1 und 3.4.2 entstammen nicht eigener Beobachtung sondern Informantenaussagen.
2) Vgl. ELPHINSTONE 1839 II: 114.
3) S. Abschn. 3.2.5 und 3.4.6.

nicht ohne menschliche Hilfe die Euter unter dem langen Winterfell der Mutterschafe finden[1]; manche Muttertiere können, besonders bei Zwillingsgeburten, nur mühsam zur Annahme der Jungen gebracht werden. Ausserdem müssen nachts ständig mehrere Männer die Tiere vor Wölfen schützen.

Soweit ich den Aussagen meiner Informanten entnehmen konnte, beträgt die Geburtenrate etwa 80 Lämmer pro 100 Muttertiere, und das Verhältnis von männlichen und weiblichen Lämmern ist annähernd 1 : 1 (s.Abschn. 3.5).

3.4.1.3 Milchwirtschaft im Frühjahr

Ärmere Haushalte (lt. Angaben der Informanten etwa die Hälfte aller Haushalte) trennen die Lämmer bereits einen Tag nach der Geburt von den Muttertieren, um die viermonatige Laktationsperiode voll milchwirtschaftlich zu nutzen (Trennung der Lämmer von den Muttertieren: *barapéy*). Reichere Haushalte lassen die milchwirtschaftliche Saison erst einen Monat später im Sommerlager beginnen, a) weil ihre Arbeitskräfte pro Anzahl des Viehs geringer sind[2], d.h. weil das Arbeitspotential eines solchen Haushaltes vollauf mit der Assistenz für die Tiere beim Lammen und Säugen und für ihren Schutz (s.o.) ausgelastet ist und für die Milchwirtschaft nicht mehr ausreicht; b) weil die Schafe und Lämmer dadurch kräftiger und widerstandsfähiger gegen mögliche Kälteeinbrüche, Krankheiten und schlechte Futterlage in den Sommergebieten werden.

Haushalte, die bereits im Frühjahrslager mit der Milchwirtschaft beginnen, stellen zunächst Käse (*pǒtsə*) nach folgendem Verfahren her:

Ein milchtrinkendes Lamm wird in den ersten Tagen nach seiner Geburt geschlachtet. Man entnimmt ihm den Magen mit der halbverdauten Milch und hängt ihn im Zelt zum Trocknen auf. Von der getrockneten Substanz (*šélt*) werden einige Gramm in frisch gemolkene Milch gegeben[3], die in offenen Gefäßen von zwei bis drei Litern Inhalt so nach wenigen Minuten gerinnt. Die geronnene Milch wird danach in Baumwolltüchern ausgepresst, in den Tüchern zurück bleibt der fertige Käse, der als Delikatesse geschätzt wird. Der Käse dient vor allem dem Eigenverbrauch, aber er wird auch an reichere Nomaden, die ihn selbst nicht herstellen, gegen Bargeld verkauft oder an Aymāq gegen Getreide getauscht. Käse

---

1) Vgl. KRADER 1955: 303.
   Die Ziegen, die sich übrigens frei paaren dürfen, brauchen beim Werfen keine besondere menschliche Hilfe.
2) Reichtum wird nach Größe des Viehbesitzes p r o Haushaltsmitglied definiert; z.B. ein Ehepaar mit einem Kind, das 40 Schafe besitzt, gilt als reicher als ein Ehepaar mit vier Kindern und 50 Schafen.
3) Melken s. Abschnitt 3.4.3.1.

wird nur im Frühjahr hergestellt; andere Käsearten, wie sie z.B. FER-
DINAND (1969b: 151ff.) von östlichen paschtunischen Nomaden beschreibt,
sind unbekannt.

Weitere Milchprodukte, die im Frühjahr hergestellt werden, sind
patak und *wurγa*:
Patak ist eine sahneartige, süßlich schmeckende Masse, die entsteht,
wenn Milch, die die Schafe in den ersten Tagen nach dem Lammen geben
(*tawjī shīdē*), gekocht wird. *Patak* wird warm gegessen. *Wurγa* ist ge-
kochte *tawjī shīdē*, der normale Milch beigegeben wurde. Beide, besonders *patak*, werden als Delikatessen hoch geschätzt.

In erster Linie stellen die Haushalte, die im Frühjahrslager mit
der Milchwirtschaft beginnen, Butter (*kuδī*) her, die sie konservieren,
um sie später im Sommerlager zu Butterschmalz auszulassen (s. ausführlicher Abschn. 3.4.3.1).

3.4.1.4 Frühjahrsschur

Die Schafe werden zweimal jährlich geschoren ("schur" = *skwal*); die
erste Schur wird Anfang April vorgenommen, nachdem das Lammen beendet
ist.

Wie die zweite Schur im Sommer wird die Frühjahrsschur im *ashar*-
System durchgeführt[1]. Die geschorene Wolle wird gereinigt und entweder an Aymāq im Jawand-Gebiet verkauft oder in Säcken mit den Karawanen ins Sommergebiet transportiert, um an Händler, meist an ostafghanische paschtunische Wanderhändler (*gulābī*) (s. Abschn. 3.4.3.3), verkauft zu werden.

Gleichzeitig werden die Ziegen geschoren; die Ziegenhaare werden
später versponnen und im Herbst zum Weben und Reparieren von Zeltbahnen verwendet. Ziegenhaare dienen ausschließlich dem Eigenbedarf, der
aber nur durch Zukauf von Ziegenhaaren von den Aymāq voll gedeckt werden kann.

3.4.1.5 Feldbau im Frühjahr

Mitte März: Nach der Schneeschmelze und unmittelbar nach größeren
Regenfällen werden auf den Trockenfeldern durch Unterpflügen Sommer-
weizen und Gerste gesät. Als Pflug dient der in Westafghanistan übliche,
von einem Ochsengespann gezogene Hakenpflug. Nicht jeder Ackerbau trei-
bende Nomade besitzt ein solches Gespann, z.B. im Lager Qala-i Khambar
gab es nur drei Paar Ochsen und entsprechend drei Pflüge. Die Gespanne
werden nachbarschaftlich ausgeliehen, der Verleiher erwartet dafür später Erntehilfe. Die Ochsen nimmt man in den Karawanen mit ins Sommer-

---

1) S. ausführliche Beschreibung in Abschn. 3.4.3.2 und 3.6.3.

lager, ärmere Nomaden benutzen Ochsen auch als Lasttiere.

Kurz vor Aufbruch in das Sommerlager, von Mitte bis Ende April, werden im Trockenanbau Wassermelonen-Felder *(palez)* angelegt.

Die Getreidefelder bestellt man entweder noch vom Winterlager, meistens (besonders die Melonenfelder) aber vom Frühjahrslager aus. Die maximale Entfernung von den Frühjahrslagerplätzen bis zu den Feldern, die meist in der Nähe der Winterlager liegen, beträgt zwei Tagesreisen für Karawanen und Ochsen (ca. 3o km = ein dreiviertel Tagesmarsch für einen Fußgänger oder ein halber Tag für einen Reiter). Feldarbeit ist ausschließlich Männerarbeit, nur Melonenfelder können auch von Frauen bestellt werden.
Es wird nicht gedüngt.

3.4.2 Frühjahrswanderung

Die Nomaden des Jawand-Gebietes (Nord-Gharjistān) brechen Ende April von den Frühjahrslagern aus zur Frühjahrswanderung auf.

Der Aufbruch wird a) von klimatisch-ökologischen, b) von arbeitstechnischen und viehzüchterischen Faktoren bestimmt:

a) In der Regel hören die Winterregen bis Mitte April auf (s. Niederschlagsdiagramm, Abschn. 2.1.2), die Temperaturen steigen rasch, die Gräser in den Ebenen beginnen zu vertrocknen, die Frühjahrshochwasser in den Tälern der perennierenden Flüsse gehen zurück, und die nichtperennierenden Wasserläufe versiegen. Etwa gleichzeitig werden die Pässe im Safēd-Kōh-Gebirge schneefrei. Das Versiegen der Wasserläufe zwingt zum Aufbruch, der andererseits aber nicht stattfinden kann, bevor die Pässe schneefrei sind, die Hochwasser der perennierenden Flüsse zurückgegangen sind, sodaß man die Flüsse durchqueren kann und wenn plötzliche Kälteeinbrüche und Schneestürme im Gebirge nicht mehr zu befürchten sind.

Haushalte, die planen, die Frühjahrswanderung gemeinsam zu machen, schicken Boten aus, um die Begehbarkeit der Pässe zu erkunden.

b) Der Aufbruch zur Frühjahrswanderung kann nicht erfolgen, bevor alle Schafe gelammt haben, die Lämmer alt genug sind, die Wanderung auf eigenen Beinen durchzuhalten, die Schafe und Ziegen geschoren, die Felder bestellt und Tragsättel, Bänder, Schnüre und Zaumzeug für die Kamele repariert oder erneuert sind.

Das Problem des Aufbruchs *(harakat)* und die Formierung von Gruppen, die gemeinsam wandern (Wandergemeinschaften), ist jedes Jahr Gegenstand heftiger Diskussionen, die sowohl innerhalb der Haushalte, zwischen Frauen und Männern, als auch zwischen Angehörigen mehrerer Haushalte oder auf informellen Ratsversammlungen *(majles)* von bis zu 2o Haushalten (z.B. anläßlich von Festen) geführt werden. Auf diesen Versammlungen wird selten Einigkeit erzielt, aber es werden Erfahrungen und Informationen ausgetauscht und Verbindungen zwischen einzelnen Haushalten hergestellt, die sich dann zu Wander- evtl. auch zu neuen Herdengemeinschaften zusammenschließen können. In der Regel bemüht man sich, bisherige Wander- und Herdengemeinschaften weiterzuführen, aber Vermehrung oder Verminderung des Viehbestandes einzelner Haushalte, Haushaltsteilungen, Konflikte oder neue freundschaftliche Beziehungen zu anderen Haushalten oder Veränderungen politischer Loyalitäten können zu Umgruppierungen der Wander- und Herdengemeinschaften führen. Zu Wandergemeinschaften schließt man sich möglichst mit solchen Haushalten zusammen, mit denen man auch im Sommerlager eine Herdengemeinschaft bilden will. Wandergemeinschaften können sich auch während einer Wanderung auflösen, z.B. wegen Meinungsverschiedenheiten über Wegrichtungen und Wahl der Rastplätze.

Die Angaben von JENTSCH (1973: 15o), daß im Gegensatz zu den Zagros-Nomaden von Persien "bei diesen Gruppierungen [den Wandergruppen und Lagergemeinschaften der paschtunischen Nomaden in Afghanistan] i m m e r verwandtschaftliche Beziehungen" (Hervorhebung durch mich) bestünden und daß sie "also die Einheit der Sippe oder des Unterstammes ... widerspiegeln" würden, kann ich nicht bestätigen. Auch bei meiner Umfrage bei ostpaschtunischen Nomaden, die im April und Mai 197o durch das Kābul-Tal zogen, erwiesen sich fünf von 2o Wandergruppen als verwandtschaftlich erheblich heterogen; z.B. eine Hazarbus-Gruppe von insgesamt 25 Zelten war aus Angehörigen sieben verschiedener Lineages und Subclans zusammengesetzt.

Im Gegensatz zu den Zagros-Nomaden (BARTH 1953: 35f ; 1961: 76), den altaiischen Kasakhen (BACON 1954: 55) etc. gibt es bei den Nomaden von Gharjistān keine traditionell festgelegten Wanderregelungen und keine zentrale Koordination der Wanderungen. Somit entfällt auch eine der wichtigsten Funktionen, die ROBINSON für die politischen Führer von paschtunischen Nomaden angibt:

"...in fact it is only during the a c t u a l m i g r a t i o n, when fighting is imminent, or when they are required by their tribe or section to make representations to government officials that they [Anführer der Nomaden] seem to have any power at all."
(1935: 8; Hervorhebung durch mich).

oder BARTH für die Führer der Basseri:

"It is mainly the coordination of tribal migrations that requires ramifying administrative organization at all." (1961: 76).

Die Nomaden von Gharjistān[1] können in nah- und fernwandernde einge-

---

1) Als Nomaden eines XY-Gebietes sind diejenigen zu bezeichnen, die regelmäßig im W i n t e r im XY-Gebiet lagern. Bei den westpaschtunischen Nomaden werden "Wintergebiet" und "Land" im Sinne von "Heimat-" und "Herkunftsland" mit dem gleichen Terminus bezeichnet: *watan*. Auf die Frage nach ihrer Herkunft antworteten meine Informanten immer mit dem Namen ihres Winterlagers.

teilt werden:

Ich bezeichne bei ihnen als N a h w a n d e r n d e jene, die das
Safēd-Kōh-Gebirge nicht überqueren, ihre Sommerweiden auf der Nordabdachung dieses Gebirges oder im Band-e Turkestān-Gebirge haben, d.h.
auf einer Wanderung nicht mehr als 5o km (etwa vier Karawanentage)
zurücklegen.

Die f e r n w a n d e r n d e n Nomaden überqueren auf ihrer Frühjahrswanderung das Safēd-Kōh-Gebirge in südlicher Richtung, ihre Sommerweiden liegen in Süd-Gharjistān, im Norden der heutigen Provinz Ghōr,
zwischen Safēd-Kōh-Hauptkamm und Harī-Rūd. Sie legen auf einer Wanderung
zwischen 1oo und 2oo km zurück und benötigen dazu 1o bis 2o Tage[1].

Die Frage, ob ein Haushalt nah oder fern wandert, wird weitgehend
von folgenden wirtschaftlichen Faktoren bestimmt: a) von der Größe des
Viehbesitzes eines Haushaltes; für die Fernwanderung muß der Besitz an
Schafen mehr als das Existenzminimum betragen, da mit Verlusten auf
der langen Wanderung, besonders bei Gebirgsüberquerungen, zu rechnen
ist; und in Ghōr müssen, im Gegensatz zum Jawand-Gebiet, Nutzungsge-
bühren für Wasserstellen bezahlt werden (s.Abschn. 4.2).

b) Für die Fernwanderung müssen ausreichende Transportmittel zur Verfügung stehen, pro Haushaltsmitglied wird mindestens ein Kamel benötigt; Nahwandernde dagegen können sich gegenseitig Transporttiere aus-
leihen und die Wanderungen nacheinander machen.

c) Wenn der Anteil von Ackerbau am Gesamtbudget eines Haushaltes primär
ist, wird der Haushalt eher zu den Nahwandernden gehören, da für ihn
das Wohl der Schafe weniger wichtig ist, als das seiner Felder. Von
einem nahegelegenen Sommerlager aus können die Felder häufig besucht
und gepflegt werden[2]. Auf solche Haushalte kann nach meiner Definition
auf S.2 der Begriff nomadisch nicht mehr angewendet werden; ich würde
sie als halbseßhafte Bauern und Viehzüchter bezeichnen. Diese Haushalte unterscheiden sich in ihrer Wirtschaft und Lebensweise nicht mehr
wesentlich von den Fīrūzkūhī-Aymāq[3].

Südlich des Safēd-Kōh-Hauptkammes profitieren reichere Herdenbesitzer
im Sommer von den kühleren und für die Tiere gesünderen Sommertempera-
turen, von der Nähe zum Viehmarkt von Čaghčarān und von den wirtschaft-

---

1) Im Vergleich zu den paschtunischen Nomaden aus Süd- und Ostafghanistan, die erheblich weiter wandern - bis zu 4ooo km jährlich -, müßten alle Nomaden von Gharjistān als "Nahwandernde" bezeichnet werden.

2) Z.B. werden - wenn möglich - im Mai die jungen Weizenpflanzen zu-
rückgeschnitten, sie wachsen dann buschig in die Breite und bringen
mehr Ähren pro Pflanze hervor (Informantenaussage).

3) Auch die nahwandernden Paschtunen von Gharjistān nennen sich noch
māldār (vgl. Abschn. 3.1.2), d.h. der Begriff *māldār* wird nicht nur
auf nomadische, sondern auch auf seßhafte oder halbseßhafte Paschtunen angewendet, die in der paschtunischen nomadischen Tradition
stehen und von denen noch angenommen werden kann, daß sie nur vorübergehend, z.B. wegen Verarmung, seßhaft geworden sind.

lichen Beziehungen zu den dortigen Aymāq (s. Abschnitte 3.4.3.3 und 3.4.3.4).

Bei meinem Feldaufenthalt hatte ich selbst mehr Beziehungen zu den fernwandernden Nomaden, ich werde deshalb im Folgenden deren Wirtschaftsweise beschreiben.

Nach meinen Befragungen entsprechen Wegstrecke, Tagesetappen und Verlauf der Frühjahrswanderung weitgehend der Herbstwanderung, bei der ich selbst Zeuge war, so daß ich mich auf deren Beschreibung, unten in Abschnitt 3.4.4, beschränken werde.

3.4.3   Sommer

3.4.3.1 Herden- und Milchwirtschaft im Sommer

Haushalte, die nicht schon im Frühjahrslager oder auf der Frühjahrswanderung mit der Milchwirtschaft begonnen haben, trennen spätestens unmittelbar nach Eintreffen im Sommerlager (Anfang Mai) die Lämmer und meist auch Zicklein von den Muttertieren und bilden gemeinsam mit den anderen Haushalten der Herdengemeinschaft eine gesonderte Lämmerherde *(wūlə)* mit einem ständigen Lämmerhirten *(lērba)*[1]. Die Trennung der Lämmer von den Muttertieren *(barapēy)* geschieht, um die Lämmer frühzeitig zum Grasfressen anzuhalten und um den größten Teil der Milch für das Melken zu reservieren.

Melken:

Die Herden werden täglich mittags zum Melken ins Lager getrieben, dort getränkt und auf die einzelnen Eigentümer aufgeteilt, so daß jeder Haushalt die ihm selbst gehörden Tiere neben dem Zelt melken kann[2].

Melken ist ausschließlich Frauenarbeit, Männer helfen dabei nur in Ausnahmefällen[3]. Die Milch wird beim Melken in zwei bis fünf Liter fassenden Kupfer- oder Aluminiumtöpfen aufgefangen.

Die Milchleistung eines Schafes ist zu Anfang der Laktationsperiode etwa 0,5 l täglich, einen Teil der Milch läßt man den Schafen für die Lämmer.

Nach dem Melken treibt man alle Muttertiere, Lämmer und Zicklein der Herdengemeinschaft zusammen und sondert die Lämmer und Zicklein

---

1) Über Lämmerhirten siehe ausführlicher Abschnitt 3.3.4.
2) Die Tiere werden dort in Zweierreihen an etwa 10 m lange, zwischen Holzpflöcken gespannte Melkleinen *(wandar)* aus Ziegenhaar gebunden, an denen in Abständen von 15 bis 25 cm kürzere Schnüre zum Anbinden der Tiere befestigt sind.
3) Bei den östlichen paschtunischen Nomaden ist das Melken Männerarbeit (FERDINAND 1969b: 150).

nach dem Trinken wieder bis zum nächsten Nachmittag aus.

Buttern und Butterschmalzherstellung:

Das für Konsumption und Verkauf weitaus wichtigste Milchprodukt ist Butterschmalz *(ghŏṇḷī)*. Im Sommer und Herbst 1970 verkauften es die Nomaden für 600 Afs. (DM 24.-) pro *kābulī sēr* (7,055 kg).

Sofort nach dem Melken erwärmt man die Milch *(shīdē)*, ohne sie zu kochen (Milch wird niemals roh getrunken). Beim Abkühlen setzt sich Rahm ab, der durch Zugabe von etwas halbverdauter Milch aus dem Magen eines frisch geschlachteten Lammes oder von etwas Sauerrahm vom Vortag gesäuert wird. Am Morgen des folgenden Tages füllt man den gesäuerten Rahm *(mastē)* in den Buttersack *(ghaṇḷə́kə)*[1], der an einem Dreifuß aus Holzstangen hängt, und buttert, indem man den Sack heftig hin- und herbewegt. Nach Entleeren des Buttersacks presst man die Butter *(kučī)* zu einem zusammenhängenden Klumpen und reinigt sie mit frischem Wasser. Um zu verhindern, daß sie ranzig wird, knetet man die gesalzene Butter ausgiebig und wischt die Wassertropfen ab, die dabei an der Oberfläche der Butter entstehen.

Frische Butter wird nicht gegessen, sondern nach dem Kneten in einen hierfür besonders hergestellten Sack aus Lammhaut, den sog. *banē*, gefüllt. Man bewahrt den vollen *banē* an einem dunklen, möglichst kühlen Ort im Zelt auf und bespritzt ihn gelegentlich mit Wasser, um Verdunstungskälte zu erzeugen; die Butter kann so bis zu drei Monaten gelagert werden, ohne ranzig zu werden.

Die beim Buttern entstehende Buttermilch *(shlōmbē)* ist das bevorzugte Getränk im Sommer (Weiterverarbeitung s.u.).

Am Ende der Laktationsperiode *(méčī wəčəwə́l* = "die Schafe werden trocken") wird sämtliche Butter eines Haushaltes auf einmal zu Butterschmalz *(ghŏṇḷī)* ausgelassen.

Das Butterschmelzen ist einer der feierlichen Höhepunkte der Sommersaison. Einige ältere Männer, die dabei als besonders erfahren gelten, werden - auch von fremden Haushalten - gebeten, einen nach der Gestirnskonstellation günstigen Zeitpunkt zu bestimmen und das Butterschmelzen zu überwachen.

In der betreffenden Nacht nehmen alle Beteiligten vor dem Zelt, wo das Butterschmelzen stattfinden soll, sakrale Waschungen *(ūzū)* wie beim Beten vor. Nach Mitternacht setzt man mehrere Kupferkessel auf große Feuer im Freien, und während alle Anwesenden das *Bismillah* sprechen, werden in jeden Kessel einige Gramm Butter gegeben, über die ein Priester *(mulla)* zuvor Segensformeln *(dam)* gesprochen hat. Danach gibt man die gesamte Butter des Haushaltes unter wiederholtem *Bismillah* in die

---

[1] Ein gegerbter und geräucherter Balg von einer ein- bis zweijährigen Ziege.

Kessel und bringt sie zum Kochen. Beim Kochen der Butter sinkt ein Teil
der Verunreinigungen auf den Boden des Kessels, ein anderer Teil des
Schmutzes sammelt sich im Schaum an der Oberfläche und wird mit kaltem
Wasser besprengt, bis er ebenfalls auf den Boden sinkt.

Nach dem Abkühlen schüttet man das zähflüssige Butterschmalz in
die eigens hierfür aus Lammbälgen hergestellten Butterschmalzsäcke *(zək)*
und vermischt es im Verhältnis von etwa 1 : 15 mit Maulbeersirup *(dōsha)*.

Am folgenden Tag verteilen die Frauen des Haushaltes, der Butter
ausgelassen hat, *mālīda*, eine Masse aus zerkleinertem unfermentierten
Brot, Butterschmalz und Zucker als *khayrāt*[1] an Helfer, Nachbarn und
Arme.

Verarbeitung der Buttermilch:

Ein Teil der Buttermilch *(shlōmbē)* wird frisch getrunken und frei-
giebig an Gäste und Vorbeireisende verschenkt. Den größten Teil aber
verarbeitet man folgendermaßen weiter: Die Buttermilch wird gesalzen
und so lange gekocht, bis eine quarkähnliche Substanz, *shīrāz* genannt,
entsteht. Ein Teil des *shīrāz* wird frisch gegessen, das meiste aber
formt man zu Bällchen von etwa sechs Zentimeter Durchmesser, die man
auf dem Zeltdach trocknen läßt. Das so entstehende steinharte Produkt
(kwrət) ist unbegrenzt haltbar und wird das ganze Jahr über zu verschiedenen Speisen verarbeitet. Ein Teil des *kwrət* wird auch verkauft oder
von den Frauen in kleineren Mengen direkt bei Wanderhändlern für Kurzwaren, Zucker, Tee und Obst getauscht.

Schema der Entstehung der wichtigsten Milchprodukte:

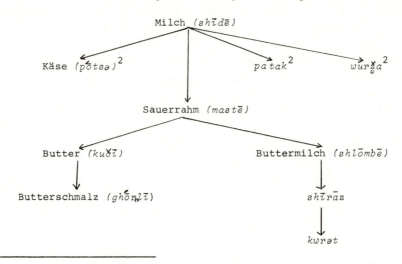

---

1) *khayrāt* nach RAVERTY (1860: 445): "Alms, charity".
2) S. Abschn. 3.4.1.3.

3.4.3.2 Schur *(skwal)*

Die Sommerschur, die zweite und letzte Schur des Jahres wird am Ende der Laktationsperiode Ende Juni/Anfang Juli durchgeführt. Die Nomaden scheren im Sommer meist nur die Lämmer und Zicklein, die im gleichen Frühjahr geboren wurden. Nur ärmere Haushalte, die zu wenig Lämmer für den eigenen Wollbedarf haben, scheren auch die älteren Schafe. Lämmer, die noch kein Jahr alt sind, bekommen nach Meinung meiner Informanten Zecken *(shīnī)*, wenn sie nicht im Sommer geschoren werden, ältere Tiere sind nicht mehr für Zecken anfällig und sollen ihre Wolle behalten, um im Winter besser geschützt zu sein.

Im Gegensatz zur Frühjahrsschur (s.o.) wird die Wolle *(waṇley)* der Sommerschur nicht verkauft, sondern selbst verarbeitet. Die Lämmerwolle dient vor allem der Teppichprodutktion[1] und außerdem zur Herstellung von Filzteppichen *(nītsey, krāsta)*, Hirtenmänteln aus Filz *(kōsey)*, Wollsäcken *(jwāl)* und gewebten Wolldecken *(kambála)*.

Man schert sämtliche Lämmer eines Haushaltes an einem Tag. Scheren ist Männerarbeit und wird ausschließlich im *ashar* getan.[2]

Zum Lockerschlagen der Wolle[3] werden in der Regel Aymāq-Frauen engagiert und mit einem achtel der geschlagenen Wolle bezahlt.

3.4.3.3 Viehverkauf und Nomadenbazare

Der Verkauf von lebenden Schafen ist die wichtigste Einnahmequelle der hier untersuchten Nomaden. Der Viehverkauf findet üblicherweise nach Ende der Laktationsperiode der Schafe ab Anfang Juli vom Sommerlager aus statt.

Um 1965 löste die Provinzialverwaltung von Ghōr die verschiedenen kleineren Viehmärkte der Provinz[4] auf und faßte sie zu einem zentralen, amtlich kontrollierten Viehmarkt zusammen. Er wird jährlich vom 10. Juli bis Ende des Monats auf einer Ebene zu beiden Seiten des Harī-Rūd-Flusses, westlich des Ortsrandes von Čaghčarān abgehalten.

Verkäufer sind vor allem Durrānī-Paschtunen aus allen Teilen Westafghanistans, aber auch westafghanische Ghilzay (Paschtunen), Teymūrī (vgl. Abschn. 3.2.8) und viehzüchtende Aymāq.

Als Käufer treten fast ausschließlich ostafghanische paschtunische

---

1) Im Gegensatz zu den meisten anderen Paschtunen stellen die paschtunischen Nomaden vor Gharjistān Teppiche *(ghālī, khirsak)* und geknüpfte Zeltkissen (auch "Zelttaschen" genannt) *(bāləsht)* selbst her (im Baluč-Stil).
2) Über das *ashar*-System s. Absatz 3.6.3.
3) "Lockenschlagen der Wolle": *waṇley takawəl*.
4) Bei FERDINAND (1962) ist eine ausführliche Beschreibung dieser Märkte vor der Zusammenlegung zu finden.

Wanderhändler[1], *gulābī*[2] genannt, auf. Die *gulābī* sind häufig selbst Nomaden, die in Ost- und Südostafghanistan überwintern und im Sommer im Hazārajāt (Zentralafghanistan) lagern. Von dort aus unternehmen sie Handelsexpeditionen ins westliche Zentralafghanistan. Andere sind seßhaft gewordene ehemalige Nomaden, die ihre Haushalte in Ost- und Südostafghanistan zurücklassen.

Entweder führen die *gulābī* Handelswaren aus Pakistan und aus Kābul mit, um sie an Aymāq und an westafghanische Nomaden zu verkaufen, oder sie kaufen in Čaghčarān nur Schafe ein, die sie zu Fuß oder auf Lastwagen nach Kābul bringen und dort gegen Aufpreis verkaufen. Wenn die *gulābī* die Schafe nach Kābul treiben, mästen sie sie unterwegs auf z. T. eigenen Weiden und verkaufen sie erst im Winter in der Hauptstadt.

Die Händler, die ihre Waren weiter in das Hinterland, z.B. nach Gharjistān bringen, benutzen als Transportmittel Kamele, die anderen Händler reisen dagegen meistens auf Lastwagen an[3].

Auf den Märkten bauen die *gulābī* ihre weißen Baumwollzelte zu Bazarstraßen auf.

Vorsichtig geschätzt[4] dürfte in klimatisch normalen Jahren der Umsatz in Caghcaran eine viertel Million Schafe pro Marktsaison erreichen.

Die Nomaden von Gharjistān verkaufen im Sommer an die *gulābī*:
a) männliche Lämmer, die im gleichen Jahr geboren wurden,
b) männliche Schafe, die im Vorjahr geboren wurden,
c) weibliche Schafe, die älter als 7 bis 9 Jahre sind und deren Fruchtbarkeit und Milchleistung nachläßt.

Ein Tier der Kategorie a) erzielte im Sommer 197o 4oo bis 6oo Afs. (DM 16.- bis 24.-); Schafe der Kategorien b) und c) erbrachten looo Afs. (DM 4o.-). Nur verarmte Haushalte, die aus dem Verkauf der Kategorien b) und c) nicht genügend Erlös zur Sicherung ihrer Existenz erzielen, sehen sich gezwungen, Lämmer der Kategorie a) zu verkaufen, obwohl dieselben Tiere ein Jahr später als Schafe der Kategorie b) etwa das Doppelte erbringen würden. Die meisten Nomaden von Gharjistān verkaufen

---

1) Zur ethnischen und clanmäßigen Zusammensetzung der Käufer und Verkäufer siehe FERDINAND (1962); sie hat sich, soweit ich in Erfahrung bringen konnte, seit FERDINANDs Untersuchung nicht wesentlich geändert.

2) Zur Etymologie des Wortes *gulābī* siehe FERDINAND (1962: 158). Ich halte die Ableitung dieses Wortes von "Kābulī" ("Mann aus der Stadt, dem Gebiet oder der Richtung von Kābul") für wahrscheinlich. Lautvertauschungen in Paschtu-Wörtern sind im Dialekt der Nordwestafghanischen Paschtunen sehr häufig (z.B. *mlar* statt *lmar* für "Sonne"). Ein Indiz dafür ist der Hinweis von ROBINSON (1935: 23), daß die ostpaschtunischen Ghilzay-Wanderhändler in Indien "Kabuli" genannt würden.

3) Zu den Handelsexpeditionen der *gulābī* siehe ausführlich FERDINAND (1962; 1969a: 118f).

4) Es gelang mir weder, den Viehmarkt von Čaghčarān auf seinem Höhepunkt selbst zu erleben, noch Zahlen über Umsätze und über Käufer und Verkäufer von den staatlichen Behörden zu erhalten.

deshalb nur die Kategorien b) und c) (weitere Angaben hierzu in Abschnitt 3.5).

Zum Verkauf bestimmte Schafe werden von ihren Besitzern mit Farbklecksen auf dem Fell gekennzeichnet, zu gegebener Zeit aus den Herden gesondert und von den Haushaltsvorständen in kleineren Herden nach Čaghčarān getrieben.

Der *gulābī*-Markt von Čashma-i Sakīna[1]:

Čashma-i Sakīna liegt am Oberlauf des Jawand-Flusses, bei 64° 43' Ö.L. und 34° 37' n.B.

Čashma-i Sakīna ist einer der kleineren Nomadenbazare in Süd-Gharjistān, auf denen ausschließlich industrielle und handwerkliche Waren, aber keine Tiere verkauft werden[2].

Die Marktsaison dauert von Anfang Juli bis Mitte September; zum Zeitpunkt meines Besuches am 19. Juli 1970 bestand der Markt aus 43 (weissen) Händlerzelten. Die Händler kamen zum größten Teil aus Paktya und einige aus dem Gebiet von Qalat-e Ghilzay. Die Hälfte der von mir befragten Händler bezeichnete sich als *kūčī* (ostafghanische Bezeichnung für Nomaden) und erklärte, daß ihre Familien zwar im Sommer in schwarzen Zelten lebten, aber kaum noch Wanderungen unternähmen.

Folgende Waren werden in Čashma-i Sakīna gehandelt:

Alle Arten von Textilien, vor allem Kleiderstoffe und Turbane aus Baumwolle, Seide und Nylon, die in Ost-Afghanistan, Pakistan, Japan und evtl. in der UdSSR hergestellt werden, gebrauchte Herrensakkos und -westen aus Europa und den USA, Kurzwaren aus Indien und Pakistan, Pulverfarben aus Indien und Pakistan, Tee aus Indien und der UdSSR, Zucker aus Afghanistan, Pakistan und der UdSSR, Trockenobst aus Afghanistan, Reis aus Afghanistan und Pakistan, Schuhe aus Plastik und aus Autoreifen (aus Afghanistan und der UdSSR), Petroleumlampen aus der BRD und der V.R. China, Petroleum und Dieselöl für die Petroleumlampen aus Persien und der UdSSR, Streichhölzer aus der V.R. China und der UdSSR, Transistorradios aus Holland und Japan, Batterien dazu vor allem aus der V.R. China, Uhren vor allem aus der Schweiz, Medikamente (Herkunft unbekannt), Pferdesättel aus Afghanistan, Pakistan und Persien, Pferdegeschirr und Hufeisen aus Afghanistan, Schmuck aus Afghanistan

---

1) Auch von FERDINAND (1962: 146) kurz namentlich erwähnt. Das "r" in "Chishma-i-Sarkina" bei FERDINAND (a.a.O.) ist vermutlich ein Druckfehler.

2) Andere *gulābī*-Märkte in Gharjistān sind Ghalmin (ca. 40 km nördlich von Čaghčarān) und Kōra Lang (am Awkhōr-Fluß, 64° 10' Ö.L., 34° 48'), vgl. FERDINAND (1962: 146); sie entsprechen in Umfang und Art des Handels dem Markt von Čashma-i Sakīna.

und Pakistan, Pistolen und Revolver aus Pakistan, Spanien, Belgien, der ČSSR etc., Armeegewehre aus den USA, aus Belgien, England, Deutschland (meist aus der Zeit des Ersten Weltkrieges), Munition aus Afghanistan, Pakistan, Indien etc., Baumwollzelte aus Indien und Pakistan.

Die Händler bringen den größten Teil dieser Waren vom Bazar in Kābul mit, zahlreiche *gulābī* unternehmen im Winter auch Handelsreisen nach Pakistan, um vor allem Textilien und Waffen dort direkt einzukaufen.

Kunden sind in erster Linie Fīrūzkūhī-Aymāq, in zweiter Linie paschtunische Nomaden, die auf ihrer Herbstwanderung durch Čashma-i Sakīna kommen (es liegt an einer der Hauptwanderrouten von Süd- nach Nord-Gharjistān). Die Aymāq zahlen bei ihren Käufen meist ein viertel bis ein drittel des Preises an und lassen sich den Rest bis zum nächsten Jahr stunden. Die *gulābī* gehen auf dieses Kreditgeschäft gern ein, da sie etwa 100% Zinsen im Jahr erhalten; sie umgehen das islamische Zinsverbot formal dadurch, daß sie sagen, der Preis der Waren sei verschieden, je nachdem ob sofort in bar oder später bezahlt würde. Die *gulābī* versuchen hier nicht wie im Hazārajāt[1], die Kunden gezielt zu verschulden, um sich in den Besitz von deren Feldern zu bringen. Sie erklärten mir übereinstimmend, daß sie nicht daran interessiert seien, hier Boden zu erwerben, sondern sich bemühten, die Kredite tatsächlich zurückzuerhalten, wobei ihnen auch die Dorfvorsteher *(arbāb)* der Aymāq selbst helfen würden.

Die Nomaden dagegen bezahlen überwiegend sofort in bar, denn erstens verfügen sie über erheblich mehr Bargeld als die Aymāq, zweitens ist die Schuldeneintreibung bei ihnen aus naheliegenden Gründen äußerst schwierig.

Die von FERDINAND (1962: 149) beschriebene frühere *mīr*-Organisation der Nomadenbazare fehlt in Cashma-i Sakīna. Ältere *gulābī* berichteten mir, daß es zu Zeiten ihrer Väter[2] auch hier einen gewählten Chef *(mīr)* gegeben habe, der für Ruhe und Ordnung im Bazar zu sorgen hatte; heute seien die Zeiten aber besser und friedlicher. Der Grund für die Auflösung des *mīr*-Systems mag, wie auch FERDINAND (1962: 153) meint, mit der allgemeinen Pazifizierung dieses Teils von Afghanistan zusammenhängen[3].

Beim Auftreten akuter Konflikte werden neutrale, angesehene Persönlichkeiten, *spīnǵīrī* ("Weißbärte") genannt (s. Abschn. 6.2.1), mit der Streitschlichtung beauftragt. Bei Streit unter den *gulābī* kommen die Schlichter aus den Reihen der *gulābī* selbst, bei Streit zwischen *gulābī* und Aymāq wird ein Schlichtungsgremium mit der gleichen Anzahl von "Weißbärten" aus beiden Gruppen gebildet, das seine Beschlüsse einstimmig fassen muß.

---

1) Vgl. FERDINAND 1962.
2) Die *gulābī* und Aymāq von Čashma-i Sakīna erklärten mir übereinstimmend, daß der Bazar schon länger als eine Generation bestünde.
3) Anders als auf dem Bazar von Ābūl während Ferdinands Aufenthalt (FERDINAND 1962: 151) sind in Čashma-i Sakīna weder Soldaten oder Polizisten noch andere staatliche Kontrollorgane vorhanden.

3.4.3.4 Handel mit Bauern und Bedarf an Zerealien

Den weitaus größten Teil ihres durch Viehverkauf erworbenen Bargeldes geben die hier untersuchten Nomaden bei den bäuerlichen Aymāq für Zerealien aus.

Ein *kābulī sēr* (7,066 kg) ungemahlener Weizen kostete im Sommer 1970 40 Afs. (DM 1,60), die gleiche Menge ungemahlener Gerste 30 Afs.

Ein sechsköpfiger nomadischer Haushalt benötigt pro Jahr etwa 860 kg Weizen[1] für 4900 Afs. (DM 196,--) und ca. 910 *kābulī sēr* (6 420 kg) Gerste für 27 300 Afs. (rund DM 1 100,--) als Zufutter für Last- und Reittiere.[2] Dieser Durchschnittshaushalt kauft also für 32 200 Afs. oder rund 1 300,-- DM jährlich Zerealien bei den Aymāq, wenn er nicht einen Teil des Getreides selbst anbaut.

Die Nomaden verhandeln vom Sommerlager aus mit den Aymāq über den Kauf von Zeralien, noch bevor die Ernte eingebracht ist, und holen die Ware später mit Lastkamelen ab, oft nachdem die Haushalte schon im Winterlager angekommen sind.

Außer Zerealien kaufen die Nomaden von den Aymāq auch Ziegenhaar, Eier, Hühner, Ziegen, Esel, Pflugochsen, männliche Zuchtschafe, Pferde, Textilien und Lastsättel. In geringerem Umfang erwerben auch die Aymāq von den Nomaden Waren wie Wolle, Butterschmalz, Trockenbuttermilch *(kwrət)* und Schlachtschafe *(lāndī)*. Die Aymāq bezahlen entweder mit den oben genannten Naturalien oder mit Bargeld. Einen Teil dieser Waren erhalten sie auch als Abgaben für die Nutzung ihrer Wasserstellen durch die Nomaden (s. Abschn. 4.2). Auch im Fall des Tausches wird

---

1) Pro Erwachsenen schätze ich einen täglichen Verbrauch von 500 g Weizen und pro Kind (10 J.) von 250 g. Wenn die Familie aus drei Erwachsenen und drei Kindern besteht, läge der Tagesverbrauch bei 2 250 g und der Jahresverbrauch bei 820 kg. Hinzu kommen 5 % Abgaben an den Müller, der Jahresbedarf des Haushaltes ist also ca. 860 kg.
   JANATA (1972: 42) gibt bei ostpaschtunischen Nomaden einen Verbrauch von 28 kg pro Monat und Person an. Der niedrigere Mehlverbrauch der Nomaden von Gharjistān ist vermutlich auf den höheren Anteil von Fleisch- und Milchprodukten an ihrer Nahrung zurückzuführen.

2) Ein sechsköpfiger nomadischer Haushalt benötigt mindestens vier Kamele und zwei Esel als Lasttiere, ein großer Teil der Haushalte verfügt außerdem über ein Reitpferd. Als Zufutter für diese Tiere werden benötigt: für 2 Esel täglich 1 *kābulī sēr* Gerste
   für 1 Pferd   "   1   "   "   "
   für 4 Kamele   "   0,5   "   "   "
   insgesamt tägl. 2,5 *kābulī sēr* Gerste.

Kamele bekommen nur während der drei Wintermonate tägl. 1/2 *sēr* Gerste pro Tier: auf das Jahr umgerechnet frißt also ein Kamel tägl. 1/8 *sēr* und vier Kamele 1/2 bzw. 0,5 *sēr* Gerste. 2,5 *sēr* Gerste pro Tag sind rund 910 pro Jahr und kosten 27 300 Afs., wenn der Preis für ein *sēr* 30 Afs. ist.

der Tauschwert der Waren in Geldeinheiten verrechnet.

Reichere Nomaden spekulieren auch mit Getreide, indem sie kurz nach der Ernte, wenn die Preise am niedrigsten sind, mehr als den Eigenbedarf an Weizen kaufen, um ihn im Winter oder Frühjahr teurer zu verkaufen (vgl. JENTSCH 1973: 16o).

Nomaden und Aymāq handeln nur auf der Ebene der einzelnen Haushalte. Dabei bilden sich "Freundschaftsbeziehungen" zwischen einzelnen nomadischen und seßhaften Haushalten, die zwar ständiger Reaffirmation bedürfen, in der Regel aber über viele Jahre, oft Generationen, dauern und u.U. der Grund für die relativ friedlichen Beziehungen zwischen Seßhaften und Nomaden in Gharjistān sind. FERDINAND (1970: 127) und PEHRSON (1964: 14; 1966: 1o2) berichten auch von solchen Geschäftsfreundschaften zwischen den einzelnen nomadischen und bäuerlichen Haushalten bei ostpaschtunischen Nomaden, Lappen und Balučen (s.a. Abschn. 4.2.1).

3.4.4 Herbstwanderung

3.4.4.1 Aufbruch und Ziel

Nach dem Ende der Laktationsperiode der Schafe Ende Juni/Anfang Juli, nach dem Butterschmelzen, der Sommerschur und nach dem Verkauf von Schafen in Čaghčarān Mitte Juli, ist die viehwirtschaftlich arbeitsintensivste Jahreszeit vorüber, die Haushalte brauchen nicht mehr in der Nähe der Herden zu bleiben; je drei Hirten genügen, um die Tiere mehrerer Haushalte, d.h. die Herde einer Herdengemeinschaft, zu weiden. Während man versucht, die Herden so lange wie möglich im Sommergebiet zu halten, um die Winterweiden zu schonen, ist es den Haushalten, die nicht nebenbei Ackerbau treiben, freigestellt, noch länger im Sommerlager zu bleiben, ein anderes Sommerlager, evtl. eines in der Nähe von Freunden, Verwandten, Bazaren oder einfach eines in einer anderen, landschaftlich und klimatisch angenehmeren Gegend aufzusuchen oder schon ins Wintergebiet zu ziehen. Haushalte, die im Wintergebiet Felder bestellt haben, müssen in jedem Fall zur Ernte Ende Juli/Anfang August dorthin zurückkehren. Die ersten Nomaden brechen also schon Mitte Juli zur Herbstwanderung auf, die letzten Mitte September.

Der Aufbruch zur Herbstwanderung geschieht ähnlich, wie ich es in Abschnitt 3.4.2 beschrieben habe. Auch jetzt bemühen sich zunächst die Herdengemeinschaften, gemeinsam zu ziehen, also auch Wandergemeinschaften zu bilden, aber Interessenskonflikte führen häufig zur Auflösung der Gemeinschaften, z.B. weil einige Haushalte wegen der Ernte früher im Wintergebiet sein müssen, und andere, die keinen Ackerbau treiben, das angenehmere Klima in Kōra Lang[1] bevorzugen.

---

1) Ein fruchtbares, graswachsenes Flußtal mit *gulābī*-Bazar (s.Abschn. 3.4.3.3) an der Nordabdachung des Safēd Kōh, das im August wegen seines besonders angenehmen Klimas von vielen Nomaden des Jawand-Gebie-

Im Sommerlager Pombakər z.B. brachen 1970 diejenigen Haushalte, die
im Wintergebiet Getreide zu ernten hatten, am 15. und 16. Juli in mehreren getrennten Karawanen auf. Hājī Sultān Es'hāqzay, der wohlhabendste
und politisch einflußreichste Haushaltungsvorstand des Lagers und Besitzer einer eigenen Quelle in Pombakər, hatte zuvor versucht, alle
Nomaden des Lagers zu einer gemeinsamen Karawane unter seiner Führung
zu organisieren, aber der Plan mißlang, denn einige konnten wegen der
Getreideernte nicht warten, bis alle mit ihren viehzüchterischen Arbeiten fertig waren, und andere hatten sich mit dem Hājī wegen Weide- und
Wasserrechtsproblemen überworfen (s. Abschn. 4.2.2).

3.4.4.2 Wanderroute

Wie FERDINAND (1962: 127) anschaulich auf einer Karte darstellt,
ziehen die meisten afghanischen Nomaden im Frühjahr von den tiefgele-
genen Peripherien des Landes aus fast allen Himmelsrichtungen in das
gebirgige Zentrum Afghanistans und im Herbst strahlenartig in die Ge-
genrichtung.

Die Gruppen, die im Sommer nördlich und nordwestlich von Čaghčarān
lagern und in der Bādghis-Provinz überwintern, ziehen auf ihrer Herbst-
wanderung zunächst nach Osten, parallel zum Harī- Rūd und Safēd Kōh, über
Barakhāna, Maydan und Āqā Gumbad (s. Karte im Anhang). Im Gebiet von
Āqā Gumbad gabelt sich der Hauptwanderweg, der eine führt von Āqā Gumbad aus den Jawand-Fluß abwärts über Tēgh-e Jawand, Walanta, die Ab-e
Pūda-Seen zum Murghāb und wird *də Ghundan lār* ("der Weg von Ghundan")[1]
genannt. Der andere (in der Karte im Anhang mit Kreuzchen gezeichnete)
Weg führt das Ghar-Tal aufwärts nach Jelga-i Mazār, überquert bei
Mərlghozār den Safēd Kōh-Hauptkamm, geht den Awkhōr abwärts, vorbei
am *gulābī*-Bazar Kōra Lang und führt weiter zu den Āb-e Pūda-Seen oder
in die Ebene von Kawrēj. Dieser Weg heißt *də Jelga-i Mazār lār* ("der Weg
von Jelga-i Mazār").

3.4.4.3 Tagesetappen

Die Tagesetappen *(manzəl)* sind 10 bis 20, in Ausnahmefällen bis zu
30 km lang. Die Tageslager *(manzəlgā)* liegen stets an einem Fluß oder
einer Wasserstelle. Die Nomaden haben das Recht, überall, außer in Ak-
kerfeldern oder Dörfern zu lagern, wenn sie nicht länger als einen Tag
und eine Nacht bleiben; dieses Recht wird von allen Seßhaften respektiert.

Man wandert vorzugsweise in den späten Nacht- und frühen Morgenstun-

---

... tes bevorzugt aufgesucht wird.
1) Ghundan ist der Name eines Berges bei Tēgh-e Jawand.

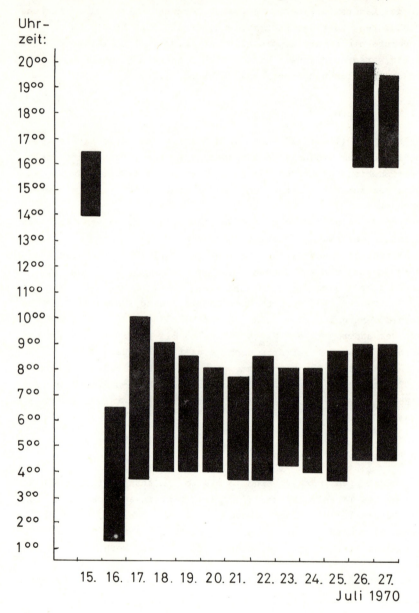

den, erstens um der Hitze des Tages zu entgehen, zweitens damit die
Frauen den übrigen Tag genügend Zeit für ihre Routinearbeiten haben,
wie Brotbacken, Spinnen, Essenkochen, Kinderversorgen etc.

3.4.4.4 Tagesablauf während der Wanderung

Abends bei Sonnenuntergang werden die Zelte abgebrochen und wie das
übrige Gepäck ladefertig neben die am Boden kauernden und gefesselten
Kamele gelegt. Die Menschen schlafen in Teppiche und Wolldecken gehüllt
unter freiem Himmel neben der Ladung.

Die täglichen Aufbruchszeiten werden nicht vorher besprochen, den
Aufbruchstermin bestimmt der Haushalt, der zuerst mit dem Auflagen
(bār kawəl) beginnt und als erster abmarschbereit ist. Z.B. beobachtete ich, daß eines Morgens die Frauen eines Haushaltes schon um 0^{30}
Uhr mit Packen und Laden begannen, obwohl die Nachtruhe sonst immer
bis frühestens 3^{00} Uhr dauerte. Innerhalb von 10 Minuten folgten alle
anderen Haushalte des Lagers und um 1^{15} Uhr brachen die ersten auf.
Später während der Wanderung beschwerte man sich allgemein wegen des
frühen Aufbruchs, und die Frauen des Haushaltes, der als erster zu
packen begonnen hatte, erklärten, daß sie sich in der Zeit geirrt hätten.
Auf meine Frage, warum alle anderen Haushalte den Frühaustehern gefolgt
seien, erhielt ich die Antwort: "Wenn die einen aufbrechen (harakat
kawəl), müssen alle anderen mit, niemand will zurückbleiben."

Das Beladen der Kamele ist Frauenarbeit, Männer legen nur Hand an,
wenn besonders schwere Lasten zu heben sind. Das Beladen der Kamele
eines Haushaltes dauert etwa eine dreiviertel Stunde; die Frauen, die
zuerst mit dem Laden fertig sind, starten zuerst, alle anderen versuchen, möglichst rasch zu folgen, um den Anschluß an die Karawane des
Lagers nicht zu verlieren. Alle Lastkamele eines Haushaltes werden aneinander gebunden, das Halfter (də ūəh awsār) eines Kamels ist dabei
jeweils durch eine Schnur mit dem Schwanz des vorhergehenden verbunden.
Die Kette der Lastkamele jeweils e i n e s Haushaltes wird káɡə genannt. Das erste Kamel jeder káɡə, das də məkh lōk ist mehr noch als
die anderen Lastkamele mit bunten Wollbändern, -netzen und -fransen
(kōréy), mit Glasperlen, einer Messingglocke, bunten Tüchern und Teppichen geschmückt. Das erste Kamel der káɡə wird von der in Festgewändern gekleideten Ehefrau des Haushaltungsvorstandes[1] geführt, die entweder auf der Ladung (bār) des Kamels sitzt und das Tier mit einem Holzstock lenkt oder bei schwierigen Wegstrecken vor dem Kamel geht, um es
mit einer mit bunten Wollquasten geschmückten Leine (jəlow), die am
Halfter befestigt ist, zu führen.

Das Beladen der Packesel und das Satteln und Versorgen der Reit-

---

1) Bei polygynen Ehen von der ersten Ehefrau des Haushaltungsvorstandes.

pferde ist ausschließlich Männerarbeit. Die Esel werden von jüngeren Männern beladen und am Ende jeder Haushaltskarawane *(kâɠə)* getrieben.

Außer auf schwierigen Wegstrecken reiten bei der Wanderung die meisten Männer auf Pferden, die ärmeren auf Eseln und alle Frauen und Kinder auf den Lastkamelen.

Die Männer verlassen morgens stets erst 15 bis 45 Minuten später den Lagerplatz als die Frauen und Kinder mit den Kamelen. Während die Frauen aufladen, tränken, striegeln und satteln die Männer ihre Pferde, und wenn die Lastkarawane den Lagerplatz verlassen hat, setzen sich die Männer erst um ein Feuer und halten den täglichen Lagerrat, um Wegstrecke und Tagesziel zu bestimmen. Danach reiten sie im Galopp oder schnellen Trab der Lastkarawane nach, teilen den Frauen die Beschlüsse des Lagerrats mit und reiten neben oder hinter der Karawane her und helfen - auch bei fremden Haushalten -, verschobene Ladungen zurechtzurücken, ausbrechende Tiere einzufangen und auf schwierigen Wegstrecken die Kamele zu dirigieren. Während des Marsches entfernen sich die Männer häufig von der Karawane, um Freunde und örtliche Chefs bei den Aymāq zu besuchen und bei ihnen Getreide und Viehfutter zu kaufen. Dabei werden die Frauen mit der Karawane oft für Stunden allein gelassen.

Die Karawane *(kâɠə)* jedes einzelnen Haushaltes ist eine selbständig wandernde Einheit. Zwar brechen die Haushalte eines Lagers gleichzeitig auf, aber während des Tagesmarsches zieht sich die Gesamtkarawane des Lagers oft über mehrere Kilometer in die Länge, einzelne Haushaltskarawanen überholen sich gegenseitig, andere scheren aus, um z.B. eine Abkürzung zu gehen oder um sich anderen Karawanen anzuschließen. Kurz vor Erreichen des Tagesziels reiten einige Haushaltsvorstände voraus, um den Lagerplatz *(manzəlgā)* und die Standorte *(mēna)* ihrer Zelte zu bestimmen, andere überlassen den Frauen die Wahl des Zeltplatzes innerhalb des Lagers.

Nach Ankunft werden sofort die Kamele entladen und die Zelte aufgeschlagen, was selten länger als 2o Minuten dauert. Danach kochen die Frauen Tee; junge Männer und Knaben treiben die Kamele zur Weide in die Umgebung, und nach einem Frühstück mit Tee und trockenem Brot vom Vortag beginnen die Frauen ihre übliche Tagesarbeit, wie Brennmaterial sammeln, brotbacken, essenkochen, Kinder versorgen, Zelte und Lastsättel reparieren, spinnen etc. Die Männer entfernen sich häufig vom Lager, um z.B. andere Nomaden oder Aymāq zu besuchen und um Getreide und Viehfutter zu besorgen. Abends bei Sonnenuntergang bauen die Frauen die Zelte wieder ab und machen das Gepäck ladefertig, und die Kamele werden zu den Lagerplätzen getrieben und festgebunden.

3.4.4.5 Die Herbstwanderung der Herden

Wie oben erwähnt, werden die Schaf- und Ziegenherden so lange wie möglich im Sommergebiet gehalten; sie brauchen nach dem Ende der Lak-

tationsperiode nicht in der Nähe der Haushalte zu sein, drei Hirten
genügen für jede Herde zur Aufsicht. Das Problem, wie lange die Herden im Sommergebiet bleiben sollen, wird alljährlich neu entschieden;
Anfang Juli 1970 beschlossen die Nomaden von Pombakar z.B., daß die Herden noch bis Mitte September in der Umgebung des Kāsī-Tals, nördlich
von Čaghčarān, bleiben sollten und trafen ein Abkommen mit den Aymāq
über den Schutz der Herden und über die Weide- und Wasserstellennutzung.

Auf ihrer Herbstwanderung gehen die Herden abseits der Karawanenwege und meiden die Nähe der Aymāq-Dörfer, um Flurschäden und damit
Konflikte mit den Bauern zu vermeiden. Die Herden legen dabei täglich
maximal 10 km zurück und müssen spätestens alle 48 Stunden zur Tränke
geführt werden. Für den Transport ihres Proviants führen die Hirten
Esel mit.

3.4.5 Getreide- und Melonenernte

Die Nomaden, die zur Ernte Ende Juli/Anfang August in ihr Wintergebiet zurückkehren, schlagen zunächst meist ihre Zelte nicht in den
Winterlagern auf, sondern direkt neben den Erntefeldern in der Umgebung der Winterlager. Auf den Trockenfeldern werden zu dieser Zeit erst
Gerste, dann Weizen und schließlich Wassermelonen geerntet; etwas später, von Ende August bis Mitte September, bringt man in den Flußtälern
die Maisernte ein.

Das Getreide wird mit Sicheln im *ashar* (s. Abschn. 3.6.3) geschnitten und auf festgestampften Erdtennen neben den Feldern gedroschen,
indem man Kamele, Ochsen, Esel und Pferde im Kreis über die locker ausgebreiteten Ähren und Halme treibt. Geworfelt wird im kräftigen Nachmittagswind, indem man das Getreide mit Holzgabeln in die Höhe wirft
oder es von einer Metallschale auf den Boden fallen läßt, damit die
Spreu vom Wind weggetragen wird.

Zum Mahlen dienen den Bauern und Nomaden von Kawrēj drei Wassermühlen im Kōča-Tal, die in Privatbesitz sind. Der Müller erhält 5% des
gemahlenen Getreides.

Alle agrarischen Arbeiten werden von Männern getan, nur auf den Melonenfeldern helfen auch Frauen mit.

3.4.6 Herbst

Die wichtigsten Herbstarbeiten sind:
Einölen der Lämmer *(wrī ghōṇlawəl)*, Assistenz beim Decken der Schafe,
pflügen, säen und herbeischaffen von Brennmaterial für den Winter.
Einölen der Lämmer:
Ende September treibt man die Lämmer zu den Zelten und reibt ihre
Haut mit erwärmtem Butterschmalz ein *(wrī ghōṇlawəl)*, dies soll vor

Läusen, Zecken und feuchter Kälte schützen. Lämmereinölen ist vorwiegend Männerarbeit und wird im *ashar* durchgeführt (s. Abschn. 3.6.3). Für das Einölen von 2oo Lämmern erbeiten 12 Männer ca. sieben Stunden. Man ölt nur Lämmer ein, die im gleichen Jahr geboren wurden, weil sie nach Informantenauskunft besonders anfällig gegen Parasitenbefall und Kälte sind. Einmaliges Einölen reicht für den ganzen Winter.

Decken:

Die Zuchtwidder, die das ganze Jahr über in den Zelten gehalten und meist vom Haushaltungsvorstand persönlich gemästet werden, führt man einmal im Jahr, in der Zeit von Mitte Oktober bis Anfang November zum Decken zu den Herden[1]. Drei bis fünf Widder genügen für 4oo bis 5oo Schafe. Das Decken einer Herde dauert etwa 1o bis 15 Tage, dabei müssen die Hirten darauf achten, daß jedes Schaf mindestens zweimal besprungen wird. Die Vorstände aller Haushalte, die Schafe in der Herde haben, sind dabei ständig anwesend, um zu kontrollieren, daß jedes ihrer Schafe ausreichend gedeckt wird.

Pflügen und Aussaat:

Nach Einsetzen der ersten Herbstregen, meist im Oktober (s. Niederschlagstabelle in Abschn 2.1.2), pflügen die Männer die *lalmī*-Felder und säen Winterweizen (dazu ausführlicher siehe Absch. 3.4.1.5).

Brennmaterial herbeischaffen:

Im Jawand-Gebiet verwendet man vor allem festgetretenen und getrockneten Schafsmist *(sirī)* als Brennmaterial, den die Männer im Herbst mit Beilen aus den Winterhöhlen hacken, auf Lastkamelen zum Lager transportieren und in Erdgruben einlagern.

Für diese Herbstarbeiten benötigt ein nomadischer Haushalt kaum mehr als 1o Tage intensiver Arbeit, insgesamt ist der Herbst die arbeitsärmste Zeit des Jahres. Im Herbst werden die meisten Hochzeiten gefeiert, und die Frauen beschäftigen sich mit der Reparatur und Erneuerung von Zeltbahnen, mit Teppichknüpfen, Kleider Nähen und Sticken, also mit Arbeiten, die verschiebbar sind und die nun in der arbeitsärmeren Zeit getan werden.

3.4.7 Winter

Die Winterarbeiten konzentrieren sich vor allem darauf, das Vieh vor Kälte und Raubtieren zu schützen. Dazu werden die Herden in mehrere Teilherden *(bolək)* je nach Alter, d.h. nach Schutzbedürftigkeit, geteilt (ausführlicher in Abschn. 3.2.7), wodurch mehr Arbeitskräfte für das Beaufsichtigen der Tiere benötigt werden, als im übrigen Jahr (s. a. Abschn. 3.3.3).

---

1) Den Grund für diesen Zeitpunkt siehe in Abschnitt 3.4.1.2.

3.5 Viehwachstum

Im folgenden Abschnitt verrechne und vergleiche ich die viehzüchterischen Zuwachs- und Verlustfaktoren, um zu quantitativen Aussagen und Regeln über die viehwirtschaftlichen Wachstumsraten bei den untersuchten Nomaden zu kommen. Dabei gehe ich von folgenden Angaben meiner Informanten aus:

a) Im Herbst beträgt das durchschnittliche Verhältnis von Mutterschafen zu Lämmern, die im gleichen Jahr geboren wurden, 1oo zu 4o bis 1oo zu 5o, für meine Berechnung nehme ich also 1oo zu 45 an.

b) Die Verlustrate der Muttertiere beträgt von Herbst bis Frühjahr etwa ein Zehntel.

c) Bei den im Herbst halbjährigen Lämmern wird von Herbst bis zum folgenden Frühjahr mit einem Fünftel Verlust gerechnet.

d) Die durchschnittliche Geburtsrate beträgt im Frühjahr 8o Lämmer pro 1oo Muttertieren, davon erhält der Hirte 1o%, somit bleiben dem Haushalt 7o Lämmer pro 1oo Mutterschafe.

e) Die Verlustrate der im Frühjahr geborenen Lämmer beträgt wegen Unfällen, Krankheiten, Nichtannahme durch die Muttertiere und Schlachtungen bis zum Herbst zwischen einem Viertel und einem Drittel, für die Rechnung also ein Mittelwert von 29%.

f) Das Verhältnis männlicher zu weiblichen Lämmern beträgt 1 : 1.

g) Jeden Sommer wird im Durchschnitt ein Zehntel der Muttertiere wegen Überalterung verkauft[1].

Der folgenden Rechnung wird ein Haushaltsviehbesitz von 1oo Muttertieren zugrunde gelegt, die Rechnung erstreckt sich von Herbst zu Herbst eines viehzüchterischen Jahres.

Im Herbst des Jahres O besitzt der angenommene Haushalt 1oo Muttertiere und lt. Angabe a) 45 Lämmer, die im Frühjahr des gleichen Jahres geboren wurden. Im folgenden Frühjahr leben davon noch 9o Muttertiere (Angabe b) und 36 Lämmer (Angabe c).

Von den 9o Muttertieren erhält der Haushalt 63 Lämmer (7o% von 9o lt. Angabe d). Bei einer Verlustrate von 29% (Angabe e) leben davon im Herbst noch 45 Lämmer. Von den 36 Lämmern des Vorjahres sind lt. Angabe f) 18 männlich und 18 weiblich. Die 18 männlichen werden auf

---

1) Diese Angaben gelten nach Auskunft meiner Informanten für klimatisch günstige Jahre, d.h. für Jahre, in denen weder Dürre noch im Winter besondere Kälte herrschen. Ich konnte diese Daten selbst nich nachprüfen, da mein Feldaufenthalt kein ganzes Jahr dauerte. Ich habe aber keinen Grund, an der Richtigkeit dieser Angaben zu zweifeln, da ich in allen Fällen, wo ich es nachprüfen konnte, die Erfahrung gemacht habe, daß sowohl qualitative als auch quantitative Angaben der Nomaden über ihre Wirtschaft äußerst zuverlässig sind.

dem Viehmarkt von Čaghčarān zusammen mit neun alten Muttertieren (Angabe g) verkauft. Wenn zwischen Frühjahr und Herbst keine weiteren Muttertiere und vorjährigen Lämmer verloren gegangen sind, leben im Herbst noch:

    81 alte Muttertiere (Angaben b und g) und
    18 weibliche Lämmer des Vorjahres, die nun zu den Muttertieren gerechnet werden (Angabe a), also:

insgesamt 99 Muttertiere

und   45 Lämmer   (s.o.)

Wenn die Angaben meiner Informanten richtig sind, stagniert also das Herdenwachstum in klimatisch normalen Jahren bei mittelmäßiger Sorgfalt der Herdenbetreuung. Aber schon eine geringfügige Änderung der angegebenen Werte, z.B. eine Senkung des Verlustfaktors in Angabe e) von 29% auf 20%, was durch Intensivierung der Herdenarbeit möglich sein dürfte, oder eine Senkung der Verlustfaktoren in den Angaben b) und c), die in besonders milden Wintern möglich ist, würde bereits ein spürbares Herdenwachstum bewirken; andererseits ist aus dieser Rechnung zu erkennen, daß auch nur eine geringe Vergrößerung der Verlustfaktoren, z.B. in klimatisch ungünstigen Jahren[1] oder bei kriegerischen Einwirkungen (s. Abschn. 6.6), zu einem kaum aufzuhaltenden Herdenschwund führen muß.

Es läßt sich aus diesen Angaben unschwer errechnen, daß zwar die nomadische Wirtschaft im Vergleich zur seßhaften Landwirtschaft eine gute Ertragslage hat - der Verkauf der 18 männlichen einjährigen Schafe und der neun alten Muttertiere im genannten Beispielhaushalt bringt etwa 27 000 Afs. oder 1 080.- DM ein (vgl. Abschn. 3.4.3.3), hinzu kommen noch Einnahmen aus der Milchwirtschaft und Schur - daß aber der Viehbesitz zumindest bei den hier untersuchten Nomaden in normalen Jahren bei weitem nicht so spektakulär wächst, wie häufig in der Literatur angegeben wird[2], ja sogar stagniert, daß andererseits aber eine Kette

---

1) Nach W. KÖNIG (1962: 52) wurden die viehzüchtenden Turkmenen alle vier bis fünf Jahre von Naturkatastrophen heimgesucht, die die Herdenbestände bis zu 40% verringerten. Über die Nomaden von Gharjistān liegen mir keine entsprechenden Zahlen vor. Der Dürre- und Kältekatastrophe von 1971/72 sollen nach Schätzungen von R.L. Tapper und M. Barry (pers. Mitt.) etwa 90% des Viehbestandes in Nord- und Nordwestafghanistan zum Opfer gefallen sein. Meine Informanten erklärten mir, daß sie im Verlauf jeder Generation (20-30 Jahre) eine solche Katastrophe erwarteten (vgl. auch STAUFFER 1965: 293).
2) Z.B. bei HÜTTEROTH (1959: 89) oder BARTH (1968: 416); dagegen kommt HUNTINGTON (1972) nach einer genauen Berechnung der ethnographischen Angaben von BARTH (1961; 1968) bei den Basseri zu ähnlichen Ergebnissen wie ich bei den paschtunischen Nomaden. Auch scheinen mir z. B. die Angaben von RADLOFF (1893 I: 433) realistisch, daß die Herden der Kirgisen in "günstigen Jahren" nur um 7 - 10% wachsen.

von klimatisch besonders günstigen Jahren zu raschem Herdenwachstum führen kann, ebenso wie wenige ungünstige Jahre fortschreitenden Herdenverfall bewirken. Auch der Anteil der menschlichen Arbeit läßt sich so ermessen; der Verlustfaktor in Angabe e) kann z.B. nur durch Vermehrung menschlicher Arbeit minimiert werden.

Auch läßt sich hiermit vorgreifend die in Abschnitt 3.6.2 aufgestellte These erhärten, daß die Erträge und Zuwachsraten eines nomadischen Betriebes nicht proportional zu seinem Viehbesitz steigen: Wenn ein Haushalt relativ wenig Vieh besitzt, kann er die Verlustfaktoren der Angaben b) und c) niedriger halten als ein viehreicher Haushalt, denn er kann in besonders kalten Winternächten sein Vieh mit in das Zelt nehmen und leichter für Zufutter sorgen, wenn die Steppen verschneit oder vereist sind. Der Verlustfaktor in Angabe e) steigt mit der Anzahl der Muttertiere und Lämmer pro menschliche Arbeitskraft, also auch hier sind Besitzer von wenig Vieh im Vorteil.

Erst wenn der Viehbesitz eines Haushaltes so sehr unter das Existenzminimum fällt, daß der Haushalt nicht nur die unproduktiven männlichen einjährigen Schafe abgibt, sondern auch künftige Mutterschafe verkaufen muß, ist der Verfall seines Viehbestandes und damit die Sedentarisation durch Verarmung unaufhaltsam (vgl. BARTH 1961: 1o6 ff).

3.6 Arbeit und Grenzen des Viehbesitzes

3.6.1 Haushalt und Arbeitsteilung

Nachdem die Haushalte in Abschnitt 3.1 als Träger des Eigentums an Vieh beschrieben wurden, sollen sie nun als Arbeitseinheiten dargestellt werden.

Wie auch R. KÖNIG (1971: 3o4 ff) besonders betont, ist Arbeitsteilung einer der wichtigsten Faktoren für jede Analyse politischer Organisationsformen. Bei den von mir untersuchten Nomaden kommt Arbeitsteilung aber ausschließlich i n n e r h a l b der Haushalte vor. Alle Formen von Arbeitsorganisation oberhalb dieser Ebene, wie z.B. *ashar* (s.u.), sind nicht arbeitsteilig; erst wieder auf interethnischer Ebene, d.h. zwischen den paschtunischen Nomaden von Gharjistān und den bäuerlichen Aymāq, kann von Arbeitsteilung oder nach R. KÖNIG (1971: 3o4) von "intersystemarer Arbeitsteilung" gesprochen werden.

Die Arbeit im Haushalt ist nach Geschlechtern geteilt, d.h. es gibt spezifisch weibliche und spezifisch männliche Arbeiten. Frauenarbeiten sind: Melken und Milchverarbeiten, Brotbacken und das Zubereiten von Speisen und Getränken, Pflege und Aufzucht von Kindern, Herstellen, Verarbeiten und Reinigen von Textilien und Tierhäuten, Auf- und Abbauen der Zelte und Be- und Entladen der Lastkamele bei Wanderungen.

Männerarbeiten sind: Hüten, Züchten, Scheren und Einölen des Viehs, Verkauf viehzüchterischer Produkte, Einkauf der nicht selbst hergestellten Waren, fast sämtliche agrarische Arbeiten, Beschaffen und Herstellen der hölzernen Bestandteile der Zelte, Bau, Ausbau und Instandhaltung von Lehmhütten, Erdspeichern, Ställen und Winterhöhlen und Herbeischaffen von Brennmaterial.

G e m e i n s a m werden die Tiere im Frühjahr beim Lammen versorgt, kranke Tiere gepflegt, Kamel- und Esellastsättel hergestellt und Tiere geschlachtet.

Die Grenzen bei der Arbeitsteilung sind nicht absolut, d.h. die meisten der geschlechterspezifischen Arbeiten können, wenn notwendig, auch vom jweils anderen Geschlecht ausgeführt werden, z.B. helfen auch die Männer beim Melken, wenn ein Haushalt so viel Vieh besitzt, daß ohne männliche Mithilfe die Milch der zuerst gemolkenen Schafe bereits gerinnen würde, bevor die letzten Tiere gemolken sind[1]. Auch Männer bakken Brot, wenn die Frauen abwesend sind. Auf Hochzeiten bereiten auch die männlichen Verwandten der Braut die Speisen zu. Beim Be- und Entladen der Kamele legen auch Männer Hand an, wenn die Lasten von den Frauen allein nicht gehoben werden können oder wenn sie in Eile sind. Bei großen Zelten helfen die Männer auch beim Errichten, besonders beim Aufstellen des Mittelpfostens *(ṯimak)* mit dem schweren Firstbügel *(tsaṉlē)* und beim Einsetzen des Stabilisierungsbügels *(skām)* aus Schilfrohr. Auch Frauen können sich an Männerarbeiten beteiligen, z.B. am Hüten und Versorgen der Tiere im Winter und Frühjahr oder beim Treiben der Herden auf der Frühjahrswanderung; Frauen verkaufen auch einen Teil der Milchprodukte, vor allem Trockenbuttermilch *(kwrət)* an Wanderhändler, die direkt ins Lager kommen, und kaufen von ihnen Kurzwaren, Zucker, Tee oder Obst. In Ausnahmefällen helfen die Frauen auch beim Ernten und Dreschen mit, falls der Haushalt nicht genügend männliche Arbeitskräfte hat.

Üblicherweise jedoch ist der weibliche Arbeitsbereich vom männlichen deutlich getrennt, und Männer und Frauen organisieren ihre Arbeit jeweils selbständig. Bei der Einteilung der Hausarbeit dominiert meistens, falls vorhanden, die Mutter des Haushaltungsvorstandes, sonst dessen älteste Ehefrau. Zur Organisation der Frauenarbeit im Haushalt scheint mir die Aussage meiner Informantin Hājī Rangīna Atsəkzay (ca. 40 J.), der ältesten Ehefrau von Hājī Sultān Es'hāqzay, erwähnenswert:

> "In unserem Haushalt besprechen sich jeden Morgen die Frauen, wer welche Arbeit macht. Wir achten dabei darauf, daß jede Frau gleich viel tun muß, und wer an einem Tag den Brotteig knetet [gilt als schwere Arbeit], braucht am folgenden Tag nur leichtere Arbeiten zu tun, z.B. Zaumzeug für Kamele reparieren. Wenn der Haushaltungsvorstand einmal sagt, dies oder jenes müsse getan werden, so bestimmen wir unter uns, wer die Arbeit ausführt und wann sie fertig sein muß. Es gibt auch

---

1) Bei den ostpaschtunischen Nomaden ist Melken überhaupt Männerarbeit (FERDINAND 1969b: 150).

Haushalte, bei denen es anders ist, bei denen die jüngeren
Frauen alle Arbeiten verrichten müssen und die älteren Frauen
herumsitzen und kommandieren. In anderen Haushalten wieder
sind die Frauen zerstritten und die Hausarbeit wird dann oft
gar nicht oder schlecht getan."

3.6.2 Arbeit als knappe Ressource und die obere Grenze des ökonomisch sinnvollen Viehbesitzes

Die Erträge und Zuwachsraten eines nomadischen Betriebes steigen nicht proportional zur Größe seines Viehbesitzes. Ab einer oberen Grenze der Zahl der Schafe und Ziegen eines Haushaltes stagniert die wirtschaftliche Zuwachsrate, ja geht sogar zurück (s.a. Abschn. 3.5). Die Grenze wird durch die Menge der Arbeit bestimmt, die ein Haushalt in Zeiten maximalen Arbeitsbedarfs aufbringen kann. Auch wenn die Nomaden für manche Beobachter - auch für seßhafte Einheimische - wie Müßiggänger erscheinen und fälschlich der Eindruck von Rentenkapitalismus entsteht, so darf nicht vergessen werden, daß gerade menschliche Arbeitskraft zu den knappen Gütern ihrer Wirtschaft gehört. Nomadische Viehzucht zeichnet sich nicht durch geringen, sondern durch zeitlich ungleichmäßigen Arbeitsbedarf aus. Spitzen des Arbeitsbedarfs sind die Zeit des Lammens im Frühjahr, die Zeit der Milchverarbeitung im Frühjahr und Sommer und die kältesten Tage des Winters, wenn die Tiere vor Frost, Hunger und Raubtieren geschützt werden müssen. Solchen arbeitsintensiven Perioden stehen längere arbeitsarme Zeiten, z.B. im Herbst, gegenüber; aber die Menge der Arbeit, die in den arbeitsintensiven Perioden aufgebracht wird, entscheidet über die Produktivität der Haushalte und damit über die Größe des Viehbesitzes, der noch ökonomisch sinnvoll bewirtschaftet werden kann. Ein Haushalt kann nur einer begrenzten Zahl von Muttertieren beim Lammen assistieren und nur bei einer begrenzten Zahl von Lämmern dafür sorgen, daß sie die ersten Wochen nach der Geburt überleben; und unabhängig, wie groß die Zahl der milchgebenden Schafe und Ziegen eines Haushaltes ist, jede Frau kann nur die Milch von höchstens 50 Schafen oder Ziegen täglich verarbeiten. Nichtgemolkene Milch kommt zwar den Lämmern zu gute, aber die Produktivität wird deshalb nicht gesteigert.

Nach Abschnitt 3.1.4 in diesem Kapitel liegt das Existenzminimum in Gharjistān bei zehn Schafen und einem Lastkamel pro Person. Wenn also eine Frau 50 Schafe milchwirtschaftlich bearbeiten kann, so bedeutet dies, daß sie mehr als ihren Eigenbedarf erwirtschaftet. Nach BARTH (1968: 421) bedeutet dagegen bei den Basseri die Heirat eines Mannes mit einer zweiten oder weiteren Frau wegen des größeren Konsumbedarfs eine Belastung des Viehbesitzes. Es scheint mir jedoch unwahrscheinlich, daß bei den Basseri eine Frau weniger produzieren als konsumieren sollte. Meine Beobachtungen bei den westpaschtunischen Nomaden decken sich dagegen mit der Feststellung von IRONS:

"... families with greater labor resources... have more wealth per adult member then families with more limited labor resources... The fact that larger families do enjoy not only greater total wealth but also greater total wealth per adult member indicates the importance of labor resources as a means to wealth." (1972: 95)[1].

Da also Vieh kein Rentenkapital, sondern Produktionsmittel ist, das sich nur vermehrt, wenn die Eigentümer erhebliche Arbeitsleistungen aufbringen, und da menschliche Arbeit bei den Nomaden begrenzt ist, kann der Viehbesitz eines Haushaltes nicht beliebig und dabei gleichzeitig wirtschaftlich ertragreich gesteigert werden. Wenn eine Viehzahl von schätzungsweise 50 Stück pro erwachsenem Haushaltsmitglied wesentlich überschritten wird[2], wird es für den Haushalt wirtschaftlich günstiger, Gewinne aus der Viehzucht nicht mehr in diese zu reinvestieren, sondern in anderen Bereichen, z.B. in Landbesitz anzulegen, auch wenn dies eine Tendenz zur Sedentarisierung einschließt. Ebenso wie es BARTH anschaulich bei den Basseri beschreibt (1961: 106 ff), wird auch die reichtumsmäßige Homogenisierung der nomadischen Bevölkerung von Gharjistān durch die Sedentarisation sowohl der Reichen als auch der Armen und damit durch deren Ausscheiden aus den nomadischen Gruppen bewirkt (vgl. auch FERDINAND 1970: 132 und W. KÖNIG 1962: 30 ff).

Der Erwerb von Grundbesitz kommt auch dem Streben nach ökonomischer Sicherheit entgegen, das ich bei allen Informanten stark ausgebildet gefunden habe. Die Schwierigkeit, ja fast Unmöglichkeit, Viehbesitz wesentlich über den Durchschnitt zu akkumulieren, wirkt also der wirtschaftlichen und damit auch der sozialen und politischen Stratifizierung bei Viehzüchtern entgegen (vgl. BARTH 1968: 420 f und W. KÖNIG 1962: 161).

Überdies wird die reichtumsmäßige Homogenisierung der Nomaden, wie BARTH (1968: 421) feststellt, durch die Tendenz bewirkt, daß Haushaltsteilung in reichen Haushalten früher stattfindet als in ärmeren (s. Abschn. 3.1.3):

---

1) Ein ähnlicher Zusammenhang läßt sich nach LEWIS (1961a: 57) bei den Somali feststellen.

2) R. LÖFFLER gibt dafür bei südpersischen Nomaden folgende Zahl an: "Dem Arbeitspotential einer mittleren Nuklearfamilie entspricht nach meiner Schätzung eine Herde von 110 Stück Schafen und Ziegen." (1969, Anm. 2).
Wenn bei Turkmenen und anderen mittelasiatischen Viehzüchtern grössere Viehzahlen pro Haushalt angegeben werden, so ist die Ursache dafür wohl in der kolonialen Situation zu suchen:
"Charakteristisch für die tschorva [Nomaden-]Wirtschaft vor der russischen Eroberung waren die Viehzüchterwirtschaften mit einem maximalen Viehbestand bis zu 400-500 Schafen und 10-40 Kamelen. Die ausgesprochenen Bai-Wirtschaften mit Tausenden von Schafen und Hunderten von Kamelen umfassenden Herden entwickelten sich erst nach Anschluß des Landes an Rußland, eine Erscheinung, die auch Markov bei den Viehzüchtern der Choresmischen Oase feststellte." (W. KÖNIG 1962: 41).

"Greater wealth also generally leads to an earlier fragmentation of the household. The pattern of anticipatory inheritance [= Haushaltsteilung]... means that the marriage of sons effects a dispersal of the household's capital..." (BARTH 1968: 421).

Viele Beobachter haben bei Nomaden das Phänomen der Überstockung ("over-stocking") oder Vieh-Thesaurierung bemerkt, was bedeuten soll, daß die Nomaden mehr Vieh auf die Weiden brächten, als sie wirtschaftlich benötigten. Die beiden häufigsten Erklärungen für Vieh-Thesaurierung sind:

a) Vieh-Thesaurierung geschehe aus irrationalen Motiven der Viehzüchter, z.B. Prestigedenken[1]; oder

b) sie geschehe aus einem Sicherheitsbedürfnis, d.h. je mehr Vieh ein Haushalt besitze, desto geringer sei für ihn die Gefahr, in Krisenzeiten unter das viehzüchterische Existenzminimum zu fallen[2].

Diese Beobachtungen und Erklärungen sind sicher z.T. richtig, vielfach spiegeln sie aber wohl nur mangelnde und undifferenzierte Kenntnisse über die Wirtschaftsweise von Viehzüchtern wieder, denn bevor von Überstockung und Vieh-Thesaurierung gesprochen werden kann, muß erst genau festgestellt werden, wie groß der Viehbesitz eines Haushaltes oder einer nomadischen Wirtschaftsgemeinschaft tatsächlich sein m u ß , damit die Nomaden bei ihren ökologischen, technischen, sozialen und politischen Gegebenheiten überleben können.

Vieh-Thesaurierung oder Überstockung habe ich bei den Nomaden von Gharjistān nicht bemerkt, was aus den vorangegangenen Angaben dieses Abschnitts zu erklären ist. Im Falle ökologischer Krisen wären gerade die reichen Viehbesitzer gegenüber den ärmeren relativ im Nachteil, denn in klimatischen Krisen (die hier die häufigsten Ursachen für Viehverluste sind) würde alles Vieh, das das Arbeitspotential eines Haushalts übersteigt, zu Grunde gehen, wie groß auch immer der Viehbesitz vorher war. Die Möglichkeit der Viehleihe, die ein Ausweg wäre, gibt es hier nicht. Nomaden, die materiell dazu in der Lage sind, ihrem Sicherheitsbedürfnis nachzugehen, investieren ihre Überschüsse aus der Viehzucht in Ackerland.

3.6.3 Arbeitsorganisation über die Haushaltsebene hinaus

Umfangreiche Arbeiten, die die Arbeitskräfte eines Haushaltes für viele Tage beanspruchen würden, wie Schur (s. Abschn. 3.4.1.4 und 3.4.3.2), Einfetten der Lämmer (s. Abschn. 3.4.6), Getreideernte, Herbeischaffen von Brennmaterial, Errichten von Lehmhütten, Ställen und Speichern, Ausbauen der Winterhöhlen; oder Frauenarbeiten wie Weben

---

1) Zur Kritik an dieser "Erklärung" s. GRAY (1968: 279).
2) Z.B. bei HERZOG (1963: 164 f) und STAUFFER (1965: 293).

und Filzherstellung werden in nachbarschaftlicher Zusammenarbeit bei
jeweils einem Haushalt durchgeführt. Es helfen sich dabei Nachbarn,
Angehörige des gleichen oder auch benachbarter Lager. Diese gemeinschaftlichen Arbeiten werden *ashar* genannt; die Teilnahme daran ist
freiwillig, beruht auf Gegenseitigkeit und ist nicht durch verwandtschaftliche oder andere soziale Beziehungen definiert, es sei denn
durch das Fehlen feindschaftlicher Beziehungen. Zum *ashar* eines Haushaltes kann jeder kommen, der davon erfahren hat, der die notwendige
Zeit erübrigen kann, der das Bedürfnis hat, soziale Beziehungen zu
dem Haushalt, bei dem das *ashar* stattfindet oder zu den anderen Helfern zu unterhalten, dem auf einem eigenen *ashar* von jenem Haushalt
geholfen worden ist und von dem deshalb nun eine Gegenleistung erwartet wird oder der sich Helfer für sein eigenes, späteres *ashar* ver-
pflichten möchte.

Wenn Haushalt A Arbeitskräfte zum *ashar* für Haushalt B schickt, kann
Haushalt A damit rechnen, daß Haushalt B einem *ashar* von Haushalt A
ebensoviele Arbeitskräfte für ebenso lange Zeit zur Verfügung stellen
wird. D.h. die Hilfe im *ashar* beruht zu einem wichtigen Teil auf Gegenseitigkeit.

Die Helfer erhalten keine Bezahlung, aber mindestens eine warme Mahl-
zeit mit Fleisch und Getränken wie Tee und Buttermilch. Beim Frauen-
ashar werden die Helferinnen ebenfalls mit Tee und Essen bewirtet.
Auch Aymāq und Paschtunen helfen sich gegenseitig im *ashar*, nicht aber
ihre Frauen. Gemeinsames *ashar* von paschtunischen Nomaden und Seßhaften scheint nicht überall selbstverständlich zu sein; die Hazārah in
Zentralafghanistan z.B. helfen zwar den paschtunischen Nomaden beim
Scheren, werden aber mit einem Zwanzigstel der geschorenen Wolle bezahlt (FERDINAND 1962: 13o).

Ein *ashar* dauert stets nur einen Tag, wer Hilfe für längere Zeit
benötigt, muß für jeden Tag erneut zum *ashar* aufrufen und kann nicht
damit rechnen, daß jeweils die selben Helfer kommen.

Will ein Haushalt ein *ashar* durchführen, besucht der Haushaltsvorstand einen oder mehrere Tage zuvor die Haushalte seines Lagers, oft
auch der Nachbarlager, und verkündet, daß er für den Tag X zum *ashar*
einlade. Zuvor vergewissert er sich, daß an jenem Tag nicht ein anderes
ashar stattfindet.

Das *ashar* ist auch bei anderen Paschtunen verbreitet, z.B. führen
die seßhaften, ackerbauenden Safi (Paschtunen) in Ostafghanistan so
einen Teil ihrer Feldarbeiten durch[1]. Auch bei anderen Ethnien Ostaf-
ghanistans[2] und bei den Hazārah in Zentralafghanistan[3] ist *ashar* belegt.

---

1) Persönliche Mitteilung von Herrn Jeffrey Evans.
2) Persönliche Mitteilung von Herrn Dr. Peter Snoy.
3) CANFIELD 1973: 74 ff.

Die Institution des *ashar* ergibt sich m.E. nicht zwingend aus der nomadischen Wirtschaftsweise. Rein wirtschaftlich gesehen besteht z. B. kein Grund, warum die Schafe eines Haushaltes nicht an mehreren Tagen hintereinander, jeweils mittags, wenn sie ohnehin an der Anbindeleine *(wandar)* auf das Melken warten, von den Männern dieses Haushaltes allein geschoren werden. Die Männer könnten die dazu notwendige zusätzliche Arbeitszeit dadurch gewinnen, daß sie nicht zum *ashar* fremder Haushalte gingen. Auch die Frauen eines Haushaltes könnten alleine weben und Filz herstellen, allerdings bei entsprechend längerer Arbeitszeit. Anders als etwa bei kooperierenden Handwerkern in afghanischen Bazaren wird die Arbeit im *ashar* nicht arbeitsteilig gegliedert[1]; im *ashar* tut jeder zur gleichen Zeit die gleiche Arbeit, d.h. die gleiche Arbeit könnte auch eine Arbeitskraft bei entsprechend längerer Arbeitszeit bewältigen. Die Bedeutung des *ashar* kann also eher, wenn auch in begrenztem Maß, im sozialen Bereich gesehen werden: *ashar* ist eine Gelegenheit, soziale Kontakte über Herdengemeinschaften, Lager und Verwandtschaftsgruppen hinaus zu pflegen. Diese sozialen Kontakte sind aber partikularistisch und meist dyadisch jeweils zwischen *ashar*-Geber und Helfer oder auch zwischen einzelnen Helfern. Die sozial relativ diffuse, sich jeweils ad hoc bildende und ephemere Zusammensetzung der Teilnehmerschaft am *ashar* und das Fehlen von Arbeitsteilung, die eine Zusammenarbeit spezialisierter Produzenten bedeuten würde, läßt die Institution des *ashar* nicht zur Bildung und Organisation sozialer Gruppen und auch kaum zur Stärkung von Gruppenkohäsion beitragen. Anstöße zu einer über dyadische soziale Kontakte hinausgehenden sozialen Organisation, wie sie etwa ein arbeitsteiliger Produktionsprozess bewirken oder erfordern würde, gehen vom *ashar* nicht aus. Auch arbeitspsychologische Faktoren mögen eine Rolle spielen, es ist angenehmer und kurzweiliger, größere Arbeiten gemeinschaftlich durchzuführen und mit Gesprächen aufzulockern, als eine entsprechend längere Zeit allein zu arbeiten.

Gemeinsame Arbeiten, deren Ergebnis nicht einem Einzelhaushalt sondern einer Gemeinschaft zugute kommt, sind äußerst schwierig zu organisieren und werden meist nur getan, wenn sie tatsächlich unumgänglich sind (z.B. die Reparatur eines unpassierbar gewordenen Canyon-Steigs). Die organisatorische Schwierigkeit liegt u.a. darin, daß jeder, der die Initiative zu solcher Arbeit aufbringt, oder der versucht, die Arbeit zu organisieren und zu koordinieren, sich dem Verdacht eigennütziger Motive aussetzt.

Von jedem künftigen Nutznießer einer gemeinsamen Arbeit, z.B. von jedem, der einen zu bauenden Brunnen künftig nutzen will, wird eine der Haushaltsgröße proportionale Beteiligung an der Arbeit erwartet;

---

1) S. R. KÖNIG 1971.

wer diese nicht aufbringen will oder kann, muß eine Kompensation bezahlen, deren Festlegung und Verteilung oft zu Streitigkeiten führt. Besonders die Organisation der Reparatur von Canyon-Steigen ist immer wieder Anlaß zu heftigen Auseinandersetzungen und Lagerspaltungen bei den Nomaden der Ebenen Kawrēj und Nakhčirestān (s. ausführlich Abschn. 6.1).

Von ähnlichen Schwierigkeiten für Nomaden, Gemeinschaftsarbeiten durchzuführen, berichten auch andere Autoren, so scheint es z.B. bei den Basseri unmöglich zu sein, Brunnen zu graben, um neue Weiden nutzbar zu machen (BARTH 1961: 1o2); und YATE (19oo: 276) berichtet, daß die Yomut-Turkmenen von Gumush-Tapa so sehr unter dem Mangel einer eigenen Zentralgewalt "litten", daß sie z.B. trotz ausreichender eigener Arbeitskräfte nicht in der Lage waren, selbst die Arbeiten zum Ausbau eines Wassergrabens zu organisieren und deshalb den persischen Kaiser um Hilfe rufen mußten, um einer Wasserknappheit in ihrem Gebiet zu entgehen.

4. WEIDE-, BODEN- UND WASSERRECHT

> "The land use patterns of nomads
> appear to vary greatly in different
> ecologic circumstances, and are
> generally poorly understood."
> (BARTH 1959/6o: 1)

Im multiethnischen Staat Afghanistan existieren außer dem staatlichen und hanafitischen islamischen Recht noch zahlreiche davon abweichende traditionelle Rechtssysteme der einzelnen Ethnien nebeneinander. Da die staatliche Autorität nicht in allen Teilen Afghanistans und nicht in allen Lebensbereichen gleich stark verbreitet ist, überwiegt in der Rechtswirklichkeit häufig das traditionelle Recht der einzelnen Ethnien. In Gebieten, wo sich verschiedene Ethnien direkt berühren, können die verschiedenen traditionellen Rechtssysteme untereinander und mit dem staatlichen Recht konkurrieren, sich durchdringen und eine komplexe Rechtswirklichkeit schaffen, die von Gebiet zu Gebiet und auch zeitlich variiert. Dies gilt ganz besonders auch für das Weiderecht in Afghanistan.

Die von meinen Informanten immer wieder explizit geäußerten Normen der paschtunischen Nomaden zum Weiderecht stimmen zwar weitgehend mit dem staatlichen Weiderecht[1] überein, aber die Rechtswirklichkeit wird vom abweichenden Weiderecht benachbarter Seßhafter, von Sonderinteressen einzelner nomadischer Gruppen und Individuen und vom Wasser-, Höhlen- und Wegrecht modifiziert und eingeschränkt.

Das traditionelle Weiderecht im geographischen Raum der hier beschriebenen Nomaden beschränkt sich nicht nur auf das Nutzungsrecht von Weideflächen, sondern umfaßt ebenso das Nutzungsrecht von Wasserstellen, den Zugang dazu und das Nutzungsrecht von Winterhöhlen. Diese Bereiche können kaum von einander getrennt werden: Ein Steppengebiet oder eine Wiese wird erst dann zur Viehweide, wenn auch die Möglichkeit gegeben ist, das Vieh ausreichend zu tränken, und im Jawand-Gebiet wird im Winter ein Stück Land nur dann als Weide bezeichnet, wenn auch für das Vieh die Möglichkeit gegeben ist, in seiner Reichweite Schutzhöhlen aufzusuchen. In allen Diskussionen über Weiderecht wird von den Nomaden stets die Nutzung von Weideflächen, von Wasserstellen, der Zugang zu diesen und die Nutzung von Winterhöhlen als Einheit betrachtet.

---

1) Das afghanische Weidegesetz vom 1o. März 197o s. Anhang.

4.1 <u>Im Jawand-Gebiet (Nordwest-Gharjistān)</u>

4.1.1 Allgemeine Regeln

Im Jawand-Gebiet (Nordwest-Gharjistān) leben die paschtunischen Nomaden und die seßhaften Aymāq gebietsweise von einander getrennt (s. Karte in Abschn. 2.2.3), sodaß eine Konkurrenz zwischen Seßhaften und Nomaden um Weiden nur in den Grenzgebieten entsteht. In den von den Paschtunen beherrschten Steppen hat die Zahl der Herden noch nicht die Grenze der Tragfähigkeit der Weiden erreicht, ein nach Personengruppen, etwa nach Clans definiertes Weiderecht wie im Hazārajāt (vgl. FERDINAND 1969b: 135) existiert nicht; vielmehr gilt faktisch, wenn auch mit Einschränkungen, das staatliche Weiderecht (s. Anhang), das den traditionellen Rechtsauffassungen der paschtunischen Nomaden[1] sowie ihren wirtschaftlichen Bedürfnissen weitgehend Rechnung trägt.

Dieses Gesetz bestimmt in § 1, Art, 2, daß Weideflächen Staatsland sind und von der Bevölkerung allgemein genutzt werden können. Prinzipiell bedeutet das, daß jeder afghanische Staatsbürger jedes beliebige Stück unkultivierten Landes in Afghanistan als Viehweide benützen darf, es sei denn, das Vieh eines anderen weidet gerade darauf ("ius primi occupantis"[2]), oder es sei denn, das betreffende Stück Land wurde vom Staat mit schriftlicher Bestätigung *(fermān)* bestimmten Personengruppen zur ausschließlichen Nutzung überlassen. Solches verbrieftes ausschließliches Nutzungsrecht an Weiden scheint heute in Afghanistan auf den Hazārahjāt und den Osten des Landes beschränkt und erst von Amīr Abdurrahmān eingeführt worden zu sein[3], es wurde aber auch in das neue afghanische Weiderecht aufgenommen (s. Anhang, Weidegesetz § 3).

Das traditionelle Weiderecht der Paschtunen beschreibt BROADFOOT verkürzt aber treffend bei den nomadischen Kharōtī (ein ostpaschtunischer Clan) von Gomal in Süd-Paktya:

"Right to soil is only thought of in cultivated spots; a piece
of grazing land, however long occupied by a family, is intruded
on by a man even of a different tribe without ceremony;"
(1886: 391)

Diese Verhältnisse scheinen sich im Prinzip so bis heute in Paktya erhalten zu haben:

"Auf den Dasht-Flächen der Provinz Paktia weiden sowohl Nomaden
als auch Seßhafte ohne irgendwelche Einschränkungen ihr Vieh.
Reine Steppenflächen werden nie und sind auch heute kein Grund
für Auseinandersetzungen zwischen den beiden Bevölkerungsgruppen,
solange die Grundregel befolgt wird: die freie Steppe endet dort,
wo Regenfeldbau einsetzt bzw. Baumbestand beginnt...."
(JANATA 1972: 33 f).

1) Vgl. auch FERDINAND 1969a: 116.
2) Vgl. HENNINGER 1959: 16.
3) Vgl. FERDINAND 1969b: 135; und 1963: 128 ff.

4.1.2 Einschränkungen des freien Weiderechts

Im Jawand-Gebiet wird die prinzipiell freie Nutzung der Weiden durch folgende Einschränkungen modifiziert:

a) Die einheimischen Nomaden versuchen regelmäßig, obwohl sie immer wieder die Freiheit der Weiden betonen, Weideschonung (kūrəgh) für bevorzugte Weiden während ihrer Abwesenheit durchzusetzen, und bemühen sich auch in der übrigen Zeit, den Zuzug Fremder zu kontrollieren.

b) Im Radius von 500 bis 1500 m um Winterlager und Dörfer haben deren Bewohner ausschließliches Weiderecht, jedoch nur in der Zeit, in der sich die Herden der Siedlung tatsächlich in der Reichweite und nicht etwa noch im Sommergebiet befinden. Die Grenzen zwischen diesen Siedlungsweiden und den freien Weiden sind fließend und richten sich im Einzelnen nach der Größe der Siedlung und der Möglichkeit der Bewohner, die Siedlungsweiden gegen Fremde auch tatsächlich zu behaupten.

c) Haushalte erwerben durch wiederholte Nutzung exklusive Besitzrechte an Winterhöhlen (gāra), verlieren sie aber bei Nichtnutzung wieder. Das Nutzungsrecht an Winterhöhlen kann verkauft oder verpachtet werden. Da die Herden im Winter nur in Reichweite von Winterhöhlen weiden können (s.u.), ist es für die Höhlenbesitzer möglich, Kontrolle über Weideflächen im Winter zu gewinnen.

d) Aus den Flüssen kann zwar frei Wasser entnommen werden, und nichtkultivierte Flußufer stehen jeder Viehherde zur freien Verfügung, aber die Nutzung der Canyon-Steige (pula) für den regelmäßigen Viehabtrieb von den Steppen zu den Flüssen oder umgekehrt, ist denjenigen Dörfern oder Lagern vorbehalten, die sich regelmäßig an der Reparatur der Steige beteiligen. Andere zahlen pro Herde ein Schaf plus ein halbes sēr (3,5 kg) Butterschmalz jährlich als Wegegeld an die für die Erhaltung des Steiges hauptsächlich verantwortliche Siedlung. Gelegentliche Nutzung der Steige (weniger als einmal monatlich) ist frei.

Um Kollisionen auf den dicht frequentierten Steigen zu vermeiden, werden Zeitpläne für alle regelmäßigen Benutzer aufgestellt. Für den Steig des Lagers Qala-i Khambar gilt ein 48-Stunden-Turnus, d.h. jede Herdengemeinschaft hat das Recht, alle 48 Stunden den Steig zum Auf- und Abtrieb der Herde zu benutzen und zwar zu festgelegten Zeiten.

Der Zeitplan wird zu Anfang der Wintersaison auf einer Ratsversammlung (majles), an der Angehörige aller betroffenen Haushalte teilnehmen, aufgestellt.

e) Die Einheimischen versuchen häufig, Neueinwanderern das Weiderecht streitig zu machen und nötigen diese, sich in Abhängigkeit eines schon bestehenden Lagers oder eines politisch einflußreichen Mannes (khān)[1] zu begeben und pro Herdengemeinschaft und Saison 600 - 1000 Afs. (DM

---

1) s. Abschn. 6.2.3.

24.- bis 4o.-) oder ein *sēr* Butterschmalz an den *khān* oder das Lager zu entrichten.

4.1.3 Winterhöhlen

Im Kalk- und Schiefergestein der Canyonwände im Jawand-Gebiet, auch in den Talwänden und Schluchten kleinerer, sporadisch fließender Flüsse in den Ebenen, finden sich zahlreiche gallerieartige natürliche Höhlen, die für den Schutz der Herden in besonders kalten Winternächten genutzt werden. Einige sind groß genug, um ganzen Herden bis zu 500 Schafen Platz zu bieten. Höhlen, die relativ viel Platz bei einer relativ kleinen Öffnung nach außen aufweisen, werden bevorzugt; und zahlreiche Höhlen erhalten nach außen Schutzmauern aus Steinen und Lehm. In einigen Höhlen sind auch Schutzräume für die Hirten eingebaut.

Schema einer ausgebauten Winterhöhle:

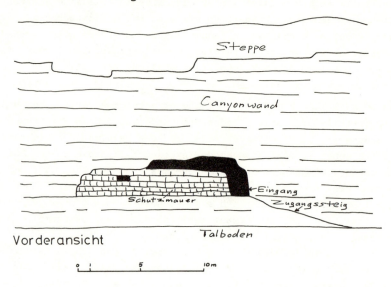

Vorderansicht

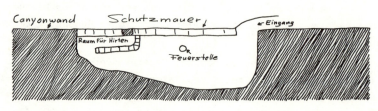

Grundriß

Als günstig gelten besonders solche Höhlen, die auf der sonnenbeschienenen Seite eines Tals oder in Lee der vorherrschenden Windrichtung liegen. Wenn sich solche Höhlen außerdem in der Reichweite der Winterlager befinden, sind sie in der Regel in Privatbesitz einzelner Haushalte und werden von diesen entweder selbst benutzt, der eigenen Herdengemeinschaft zur Verfügung gestellt oder verpachtet und können auch verkauft oder verschenkt werden. Fremde, die sich aus den oben genannten Gründen in Abhängigkeit bzw. in den Schutz eines Einheimischen oder eines Lagers begeben, erhalten Winterhöhlen zur befristeten Nutzung zugewiesen. Außerdem haben die Höhlen eine entscheidende Bedeutung für die Brennstoffversorgung der Bevölkerung. Der von den Tieren im Winter in den Höhlen hinterlassene und festgestampfte Mist *(sirī)* wird, nachdem er im Sommer getrocknet ist und holzartig hart wurde, im Herbst mit Beilen aus den Höhlen gehauen (s. Abschn. 3.4.6). Die plattenförmigen Stücke ergeben ein hochwertiges, heiß und lang brennendes brikettähnliches Brennmaterial.

Die beschriebene Art der Höhlennutzung konnte ich auch bei viehzüchtenden Aymāq im Jawand-Gebiet feststellen. Es ist anzunehmen, daß die paschtunischen Nomaden sie bei ihrer Einwanderung von den Aymāq übernommen habe, da sie eher für den geographischen Raum als für die Viehzucht der paschtunischen Nomaden charakteristisch ist.

Die Bedeutung der Winterhöhlen zeigt sich an folgendem Beispiel: Der südliche Teil der Ebene Nakhčiristān (s. Karte), in dem sich keine Nomadenlager befinden, gilt wegen seines guten Lößbodens mit langen, im Winter relativ warmen Südhängen, geschützten Schluchten und geräumigen Winterhöhlen als besonders günstige Winterweide. Da aber alle Winterhöhlen in diesem Gebiet im Privatbesitz einiger weniger (etwa 5) Haushalte aus dem Kōča-Tal und aus Kawrēj sind, kann dieser Teil von Nakhčirestān im Winter ausschließlich von den Höhlenbesitzern selbst oder ihren Pächtern genutzt werden, sodaß das Gebiet im Winter praktisch Privateigentum dieser wenigen Nomaden ist.

Im Winter 1970/71 betrug die Pacht *(ʾalafčar)* einer Höhle in Nakhčiristān, in der etwa 200 Schafe Platz finden, 800 - 900 Afs. (DM 32.- bis 36.-).

4.1.4 Ein Konfliktfall um Weiderecht

Am 3.8. 1970, morgens gegen vier Uhr prügelten sich A.A., zwei seiner Söhne, sein Bruder B.A. und dessen Sohn, alle aus Qala-i Khambar, mit drei fremden Hirten, die eine Herde von verschiedenen Besitzern aus dem Kōča-Tal nach Kawrēj in die Nähe von Qala-i Khambar getrieben hatten. Nach der Prügelei mußten sich die Eindringlinge zurückziehen. An den folgenden beiden Tagen wiederholte sich diese Szene, und schließlich verhandelten die fremden Hirten mit den Bewohnern von Qala-i Kham-

bar, aber ohne Erfolg. Die Hirten waren der Ansicht, daß die Weiden von
Kawrēj frei seien, aber die Leute von Qala-i Khambar meinten, Kawrēj sei
den regulären Bewohnern der Ebene vorbehalten, und die hätten in diesem
Sommer Weideschonung bis Mitte September für ganz Kawrēj beschlossen,
deshalb sei auch das Vieh von Qala-i Khambar noch im Sommergebiet, und
man würde keine fremden Herden dulden. Weideschonung (kürəgh) sei in
diesem Jahr wegen der Trockenheit notwendig. Eine Einigung konnte nicht
erzielt werden, und die fremde Herde erschien nicht mehr.

In der Zwischenzeit erhob der Sprecher der Besitzer der fremden Herde
bei den Behörden in Jawand (Čahār Tāq) eine schriftliche Anklage ('arīza)
gegen A.A., B.A. und deren Söhne wegen unrechtmäßiger Reservierung von
freien Weiden und wegen Körperverletzung eines Hirten. Die Anklage kam
vor den Subgouverneur (hākim) von Jawand, der zu der Zeit aber verreist
war. Am 9.8.1970 machte der hākim auf der Rückkehr von seiner Reise
im Kōča-Tal Rast und ließ die Beklagten und den Kläger zu sich kommen.
Außerdem fanden sich verschiedene politisch einflußreiche Nomaden der
Umgebung ein.

Der Subgouverneur zeigte sich nicht informiert über die Probleme
des Weiderechts; er entschied, daß die Beteiligten die Angelegenheit
unter sich selbst regeln sollten und erhob für diesen Schiedsspruch eine
Gebühr von 1000 Afs. (DM 40.-), die von den Beteiligten insgesamt zu
zahlen war. Die streitenden Parteien beschlossen daraufhin, sich am
übernächsten Tag zu einer Ratsversammlung (majles) in Qala-i Khambar
zu treffen, um einen von allen freiwillig akzeptierten Frieden (jōnɟa)[1]
herbeizuführen, und beauftragten Mulla J.P. mit dem ehrenvollen Amt
des Schlichters.

Am folgenden Tag wurde die Angelegenheit von den Bewohnern von Qala-i
Khambar bei verschiedenen informellen Zusammenkünften beraten. Bei allen Gesprächen hörte ich deutlich die Befürchtung, daß sich der Streit
ausweiten könne, mit nachteiligen Folgen für alle Beteiligten, z.B.
langanhaltenden Fehden und Intervention staatlicher Behörden. Man beschloß, auf dem majles des folgenden Tages konziliant zu sein, sich einer
Mehrheitsmeinung zu beugen und den Streit in jedem Fall friedlich beizulegen.

Ich beschreibe das majles ausführlicher, als es in diesem Zusammenhang nötig wäre, weil es gleichzeitig als Fall zur Illustration von
Abschnitt 6.1 ("Gruppenentscheidungen") dienen soll.

Am 11.8.1970 nachmittags versammelten sich im Zelt des A.A. in Qala-i
Khambar folgende Männer zur Ratsversammlung:
Auf der Seite der Bevölkerung von Qala-i Khambar:
A.A., B.A., H.S.O.[2] und S.O.[3]; (Anmerkungen auf der nächsten Seite)

---

1) jōnɟa ist ein durch Verhandlungen herbeigeführter Friede, der für
alle Parteien ehrenvoll ist und von allen freiwillig akzeptiert
wird.

auf der Seite der Herdengemeinschaft, die sich das Weiderecht in Kawrēj
erstreiten wollte:
Az.K. aus dem Kōča-Tal als Sprecher dieser Partei, Ab.K. und S.K.
(zwei Angehörige dieser Herdengemeinschaft);
Als Schlichter: Mulla J.P. aus dem Kōča-Tal und als Beobachter mein
Assistent B. Atsak. Ich selbst nahm nicht teil, weil nicht auszuschlies-
sen war, daß meine Anwesenheit die Versammlung beeinflußt hätte.

Die Sitzordnung der Teilnehmer war nicht geplant, man setzte sich
weder nach Parteizugehörigkeit noch nach Rang, sondern in der Reihen-
folge des Erscheinens:

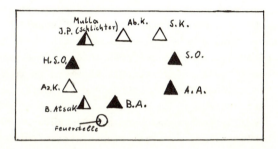

Sitzordnung bei der Ratsversammlung über einen
Weiderechtsstreit am 11.8.1970 im Zelt des A.A.
in Qala-i Khambar.

Zeichenerklärung:

 Partei der Nomaden von Qala-i Khambar

 Partei der Herdengemeinschaft aus dem Kōča-Tal, die sich
das Weiderecht in Kawrēj erstreiten wollte.

 Neutrale

Die Atmosphäre der Versammlung war betont freundlich, alle Anwesenden drückten mehrfach ihren Willen aus, in jedem Fall zu einem für
alle Beteiligten ehrenvollen Frieden (jŏṇla) zu kommen. Während der

---

2) Hājī Sultān 'Omarzay Es'hāqzay, einer der politisch einflußreich-
sten und größten Grundbesitzer des Jawand-Gebietes. Er ist zwar
kein Nomade, nahm an diesem *majles* aber teil, da er größeren Besitz
an Trockenfeldern in Kawrēj hat, also auch an Bodenrechtsproblemen
interessiert ist und sich bemüht, politischen Einfluß unter den Nomaden dieser Ebene zu erlangen, weshalb er sich auf die Seite der
Nomaden von Kawrēj stellte. Außerdem ist er Schwager (ZH) von A.A.
und B.A.

3) Ein Cousin (FBS) von H.S.O.

Versammlung, die etwa eine Stunde dauerte, enthielten sich die Hauptvertreter der Parteien, A.A. und Az.K., weitgehend der Stimme und erklärten nur, daß sie zur Aussöhnung bereit seien. Im Namen Qala-i Khambars sprach vorwiegend H.S.O. und im Namen der Herdengemeinschaft, die sich das Weiderecht erstreiten wollte und übrigens im Kōča-Tal siedelte, Ab.K. Beide bemühten sich trotz ihrer Parteizugehörigkeit um Lösungen, die jeweils auch von der anderen Seite akzeptiert werden konnten und enthielten sich jeder Polemik.

Die Hauptargumente der Leute von Qala-i Khambar waren: Die Steppe von Kawrēj sei zwar freie Weide, aber in ihrer Nutzung bevorrechtigt seien diejenigen Nomaden, die dort regelmäßig ihre Winterlager hätten und auch diejenigen, die dort zwar nicht wohnten, aber Ackerland und Winterhöhlen besäßen. Die Nomaden von Kawrēj hätten dieses Jahr zu Beginn des Sommers beschlossen, die Weiden von Kawrēj bis Mitte September zu schonen, ihr eigenes Vieh so lange noch in den Sommergebieten zu halten und in dieser Zeit allen anderen Viehzüchtern zu verbieten, ihre Tiere in Kawrēj zu weiden. Deshalb hätten sie die Herde der Leute aus dem Kōča-Tal vertrieben.

Die Hauptargumente der Herdengemeinschaft aus dem Kōča-Tal waren: Kawrēj sei wie alle Gebiete in diesem Teil Afghanistans freies Weideland, und jeder Afghane könne hier sein Vieh nach Belieben weiden, ganz besonders aber die Leute des Kōča-Tals, das quasi noch zu Kawrēj gehöre. Die Leute des Kōča-Tals hätten sich auch an der Reparatur der Canyon-Steige beteiligt. Die Nomaden von Kawrēj lagerten häufig auch im Kōča-Tal und tränkten dort ihre Tiere im Fluß. Außerdem sei Reservierung von Weideflächen grundsätzlich unzulässig, auch in unmittelbarer Umgebung von Lagern, wenn deren Vieh sich nicht in Reichweite befände.

Während der Versammlung ergriff häufig der neutrale *mulla* das Wort und versuchte, die Gegensätzlichkeit der Meinungen abzubauen; schließlich verkündete er seinen Kompromißvorschlag, der von allen Beteiligten durch Verzicht auf Gegenrede angenommen wurde:

Kawrēj solle freie Weide bleiben, aber diejenigen Nomaden, die regelmäßig in Kawrēj und im Kōča-Tal überwintern, seien bevorzugt nutzungsberechtigt. Eine Weideschonung *(kūrəgh)* müsse von allen Betroffenen, also auch von den Viehzüchtern des Kōča-Tals, beschlossen werden. Das sei dieses Jahr nicht geschehen; deshalb sei die Weideschonung unzulässig. Dies gelte auch für die Weiden in unmittelbarer Umgebung der Lager, solange deren Vieh nicht in Reichweite sei.

Zwar hätten auch fremde Nomaden das Recht auf freie Weide in Kawrēj, man solle aber dennoch versuchen, den Zuzug Fremder zu begrenzen und zumindest dafür sorgen, daß alle Fremden, die hier überwintern wollen, die Einheimischen um Erlaubnis fragen und ihnen Abgaben zahlen. Das gelte ganz besonders in diesem Trockenjahr.

Unmittelbar nach diesem Beschluß schickten die Nomaden von Qala-i

Khambar Boten nach Ghōr, wo sich das Vieh der meisten befand, um die
Hirten zur sofortigen Rückkehr mit den Herden nach Kawrēj zu veranlassen. Die Herden trafen um den 29.8. in Kawrēj ein.

4.1.5 Zusammenfassung zum Weiderecht im Jawand-Gebiet

Zwischen dem Ideal der freien Weiden, das meine Informanten in
Übereinstimmung mit dem staatlichen Weiderecht (s. Anhang) ständig
betonten, und der Weiderechts-Wirklichkeit besteht eine Diskrepanz.

Die "Freiheit" der Weiden wird so sehr durch Privatbesitz an Winterhöhlen, durch Versuche der Einheimischen, exklusives Nutzungsrecht
und Weideschonung durchzusetzen, den Zuzug Fremder zu kontrollieren
und von ihnen Abgaben zu fordern, beschränkt, daß de facto die Weiden
im Jawand-Gebiet unter Kontrolle der Einheimischen stehen, d.h. derjenigen Nomaden, die durch regelmäßiges Überwintern dieses Gebiet als
ihre Heimat *(watan)* betrachten. Erst nach wiederholtem Überwintern
in mindestens drei aufeinander folgenden Jahren erwirbt ein Fremder
Heimatrecht.

Sehr wesentlich ist aber die Tatsache, daß Weidenutzung im Jawand-Gebiet, und nach meinen Informationen auch in den meisten anderen Gebieten Nordwest-Afghanistans, weder ethnisch noch clanmäßig definiert
ist. Die ethnisch und clanmäßig heterogene Zusammensetzung der Lager
ist ein sinnfälliges Zeichen dafür (vgl. Abschn. 3.2.8).

4.1.6 Bodenrecht für kultiviertes Land

Die Weiden in den Lößsteppen des Jawand-Gebietes sind prinzipiell
auch für Trockenfeldbau *(lalmī)* geeignet, aber die Grenzen zwischen
Weiden und Feldern liegen traditionell fest. Die paschtunischen Nomaden haben diese Einteilung fast unverändert von den Fīrūzkūhī-Aymāq
übernommen. Das Verhältnis von Weiden zu Ackerland ist nach meiner
Schätzung etwa 3 : 1; genaue Messungen waren mir nicht möglich; Weiden und Ackerland können optisch nicht deutlich von einander unterschieden werden, weil zahlreiche Äcker brachliegen und vorübergehend
als Weiden genutzt werden. Den Einheimischen sind die Grenzen zwischen
Weiden und Ackerland auch ohne optische Markierungen bekannt, obwohl
einzelne Äcker seit Jahrzehnten nicht mehr bestellt wurden.

Es ist ausnahmslos verboten, Weideflächen unter den Pflug zu nehmen, dennoch versuchen Bauern häufig, ihre Felder alljährlich um einige Pflugfurchen zu erweitern.

Dazu erklärte mir Herr Muhammad Gul Ibrāhīmkhēl, Gouverneur von
Bādghis, Ende August 1970 in Qala-i Naw, daß es leider ständig Streit
zwischen *lalmī*-Bauern und Nomaden um Bodenrecht gebe, und daß die Bauern ständig versuchten, neue *lalmī*-Felder in den Weidegebieten anzu-

legen, was eine Beeinträchtigung der für die Provinz sehr wichtigen Viehzucht bedeute. Er wolle dafür sorgen, daß ein richtiges Kataster angelegt werde und daß von Staats wegen die Grenzen zwischen Weiden und Ackerland ein für allemal festgelegt und dann ständig überwacht werden sollten.

Während Privatbesitz und damit Veräußerung und Verpachtung von Weiden nicht möglich ist, es sei denn indirekt über Winterhöhlen (s.o.), sind alle Ackerflächen in Privatbesitz. Gemeinbesitz, etwa von Siedlungen oder Verwandtschaftsgruppen an Ackerböden gibt es ebensowenig wie Moscheebesitz. Ackerböden können veräußert oder verpachtet werden, jedoch stehen brach liegende Äcker den Herden des Gebietes nach den gleichen Regeln zur Verfügung, als handele es sich um Weiden. Erst durch wirkliche Bearbeitung entsteht der Anspruch des Eigentümers auf ausschließliche Nutzung eines Feldes.

Obwohl die Felder nicht vermessen sind, führen die Behörden in Jawand ein provisorisches Grundbuch, und jeder Grundstückskäufer erhält einen staatlich beglaubigten Kaufvertrag (*shera'ī qabāla*).

Bei Land-, Haus- und Höhlenverkäufen gilt das Vorkaufsrecht näher Wohnender: Wenn zwei oder mehr Kaufinteressenten gleiche Angebote machen, erhält derjenige den Zuschlag, dessen ständiger Wohnort (bei Nomaden das Winterlager) räumlich am nächsten am Verkaufsobjekt liegt. Dieses Recht ist staatlich sanktioniert[1].

Nach meiner Schätzung besitzen etwa 25% aller nomadischen Haushalte in Gharjistān eigenes Ackerland und zwar vorwiegend Trockenfelder. Weitere 30 - 50% pachten Ackerland, die restlichen betreiben ausschließlich Viehzucht.

Der Pachtzins für Trockenfelder (*lalmī*) beträgt ausnahmslos 10% der Jahresernte.

Die kultivierbaren und durchwegs bewässerten Böden in den Flußtälern sind ebenso wie die *lalmī*-Felder in Privateigentum. In dem Gebiet, das auf der zweiten Karte in Abschn. 2.2.3 als vorwiegend von Paschtunen besetzt eingetragen ist, besteht die Tendenz einer fortschreitenden Eigentumskonzentrierung der irrigierten Böden in der Hand einiger weniger reicher Paschtunen. Pächter auf irrigiertem Land sind durchweg durch Verarmung seßhaft gewordene ehemalige Nomaden.

Die drei folgenden Pachtsysteme sind für irrigiertes Land üblich:

a) *panjāka*:

In der Regel werden Ackerflächen, die 100 *sēr* (707 kg) Saatgetreide benötigen, an je einen Haushalt verpachtet. Der Landeigner stellt dem Pächter folgendes zur Verfügung: das Land, das Saatgut, die Arbeitstiere, das Werkzeug, 45 *sēr* Weizen und 1/2 *sēr* Butterschmalz für den

---

1) Vgl. CANFIELD 1973: 51; und ANDERSON 1974: 16.

Eigenbedarf, eine Milchkuh (leihweise) und zusätzlich ein Stück Land, das 5 *sēr* Weizensaat benötigt und auf dem der Pächter ohne Abgaben pflanzen kann, was er will. Der Pächter erhält 1/5 und der Grundbesitzer 4/5 der Jahresernte.

b) Ein Pachtmodus, der ebenfalls *panjáka* genannt wird, obwohl die Ernte in einem umgekehrten Verhältnis an Pächter und Grundbesitzer verteilt wird:
Der Eigner stellt nur das Land, der Pächter das Saatgut, die Arbeitstiere und das Gerät. In diesem Fall erhält der Pächter 4/5 und der Grundbesitzer 1/5 der Jahresernte.

c) *nīmáy*:
Der Grundbesitzer stellt das Land, die Hälfte des Saatgutes und die Hälfte der benötigten Zugtiere. Pächter und Grundbesitzer erhalten je die Hälfte der Ernte. Dieser Modus kann auch so variiert werden, daß der Grundbesitzer das gesamte Saatgut, dafür aber keine Arbeitstiere stellt.

Meine Informanten betonten, daß sie diese Pachtsysteme aus ihrer früheren Heimat in Südafghanistan mitgebracht und nicht etwa von den Aymāq übernommen hätten.

Eigentümer von Ackerland, ungeachtet ob von irrigiertem oder *lalmī*-Land, genießen de facto das Recht, ihr Vieh im weiteren Umkreis ihres Besitzes stets unangefochten zu weiden, ohne sich unter den Schutz eines *khān* oder Lagers begeben zu müssen, auch wenn sie noch keine drei Jahre in dem Gebiet leben (vgl. Abschn. 4.1.2). Als "weiterer Umkreis" gilt in diesem Fall ein Gebiet mit dem Radius, den eine Herde an einem Tag zurücklegen kann, also 10 km. Besitz von Ackerland ist keine Voraussetzung, aber eine Stärkung und Festigung des Anspruchs eines Haushaltes auf dauerhafte freie Weidenutzung.

4.2 Weiderecht in Nord-Ghōr (Süd-Gharjistān)

4.2.1 Allgemeine Regeln

Das Weiderecht in Nord-Ghōr ist komplexer als im Jawand-Gebiet, weil in Nord-Ghōr im Sommer paschtunische Nomaden und bäuerliche Aymāq in engem räumlichen und sozialen Kontakt miteinander leben.

Die meisten Weiden, die für das Vieh der Aymāq nutzbar (d.h. die ausreichend fruchtbar und in Reichweite der mobilen Sommerlager der Aymāq gelegen) sind, werden von den Aymāq als Gemeinde- oder auch Individualbesitz beansprucht[1]. Besonders in fruchtbaren Tälern weiden

---

[1] Zum Weiderecht bei den Fīrūzkūhī-Aymāq s. ausführlicher KUHN 1970, Kap. 4, Abschn. "External contracts of leaders".

ausschließlich die Aymāq ihre Rinder. Auf weniger fruchtbaren Weiden in Dorf- oder Lagernähe weiden sie ihre Ziegenherden; die übrigen, von ihnen nicht genutzten Weiden werden, einschließlich des Nutzungsrechts für Wasserstellen, an Paschtunen verpachtet. Es kann dabei häufig nicht unterschieden werden, ob in erster Linie die Weideflächen oder die Wasserstellen verpachtet werden. Nur Weideflächen, von denen aus die Tiere schlecht getränkt werden können, weil der Weg zur nächsten Wasserstelle relativ weit ist, sind frei.

Einige Nomaden sichern sich ihr Weiderecht dadurch, daß sie Wasserstellen, und damit das Nutzungsrecht an den umliegenden Weideflächen, durch Kauf oder im *grawī*-System (s.u.) von den Aymāq erwerben.

Die Zusammenhänge von Weide- und Wasserrecht werden im Vergleich mit gut dokumentierten Parallelen von anderen Nomaden des Trockengürtels deutlicher, z.B.:

> "Für die Nutzung der Wasserstellen [bei den Beduinen] gilt im großen und ganzen das gleiche wie für die Weidegründe; höchstens kann man sagen, daß das Eigentumsrecht hier noch klarer unterschieden ist. [Anm.:] Auch Autoren, die kein Bodeneigentum des Stammes gelten lassen, erkennen das Vorhandensein von Wasserrechten an;" (HENNINGER 1959: 16)

> "In nomadic Arabia, there is no property, strictly so called, in desert pastures, but certain families or tribes hold the watering places without which the right of pasture is useless.." (W.R.SMITH 1907: 104f, zit. nach HENNINGER 1959: 16)

Eine gute Einsicht in diese Zusammenhänge vermittelt W. KÖNIG:

> "Nach Ansicht der Turkmenen stellte das Weideland eine Natureinheit dar, an das keinerlei Eigentumsrechte gebunden waren... Diese Vorstellung von der 'Besitzlosigkeit' des Weidelandes findet ihre Parallele in der Vorstellung der *tschomur* vom unbewässerten Oasenland, das ebenfalls als eigentumsloses Naturelement betrachtet wird, und sie kennzeichnet hier wie dort augenscheinlich die Wertlosigkeit des Landes an sich, wenn es nicht in Verbindung zum Wasser gebracht wird. Allein das Verhältnis zum Wasser bestimmte das zum Boden, und in dieser Richtung hatten die Turkmenen durchaus konkrete Eigentumsvorstellungen." (W. KÖNIG 1962: 91)

Ohne auf das sehr komplizierte Weiderecht der Aymāq einzugehen, beschreibe ich im folgenden die Situation, der sich die paschtunischen Nomaden in Ghōr gegenüber gestellt sehen:

Die guten Weiden, die Wasserstellen und die Karawanenwege werden von den Aymāq kontrolliert, und die Nomaden, die im Sommer nach Ghōr ziehen, müssen sich zumindest das Wohlwollen der Aymāq einholen. Die Aymāq sind dabei sowohl wirtschaftlich und politisch als auch strategisch in einer stärkeren Position: wirtschaftlich, weil die marktorientierten Nomaden von den relativ subsistenten Aymāq weit mehr abhängig sind, als umgekehrt die Aymāq von den Nomaden, und weil die Nomaden die Weiden in Ghōr dringender benötigen, als die Aymāq die Nähe der Nomaden und deren Pachtabgaben; politisch, weil die Aymāq im Gegensatz zu den paschtunischen Nomaden auf lokaler Ebene und z.T. auch auf

Clan- und Subclanebene zentrale politische Instanzen haben, die ein koordiniertes Handeln der Aymāq ermöglichen; strategisch, weil sich die Aymāq in Konfliktfällen stets in ihre nahen festen Dörfer zurückziehen können, weil die relativ großen und nachts auf den Weiden lagernden Herden der Nomaden schwerer vor gegnerischen Übergriffen zu schützen sind als die Herden der Aymāq, die nachts in den Siedlungen gehalten werden, und weil die Nomadenkarawanen, besonders in engen Tälern und auf Pässen, von Einheimischen leicht zu attakieren sind.

Die Nomaden erlangen das Wohlwollen oder zumindest ein neutrales Verhalten der Aymāq nicht nur dadurch, daß sie Pachtabgaben zahlen, sondern auch dadurch, daß sie Geschenke an politisch prominente Aymāq entrichten, in deren Nähe sie lagern oder wandern. Außerdem kaufen die Nomaden von den Aymāq Reiseproviant wie Mehl, Hühner, Eier und Obst, Körnerfutter für die Last- und Reittiere, und entrichten kleinere Abgaben und Geschenke für die Erlaubnis, die mitgeführten Tiere auf die Weiden der Aymāq zu treiben, wenn sie auf der Wanderung sind. Darüber hinaus versucht jeder nomadische Haushalt, möglichst viele "Freundschaften" zu einzelnen Aymāq zu pflegen. Die Freundschaften werden durch bevorzugte Handelsbeziehungen aufrecht erhalten, z.B. indem die Nomaden regelmäßig und gegen Barzahlung Getreide von ihren "Freunden" einkaufen oder es besonders günstig gegen tierische Produkte tauschen. Für die Aymāq scheinen solche individuelle Freundschaften mit Paschtunen neben wirtschaftlichen Vorteilen auch Sozialprestige zu bringen[1]. Die nomadischen Haushalte, die ich befragen konnte, unterhielten je zwischen drei und 15 solcher Freundschaften zu einzelnen Aymāq. Freundschaften zu politisch prominenten Aymāq waren nicht häufiger oder begehrter als zu "commoners" (vgl. dazu Absch. 3.4.3.4).

Selbstverständlich bleiben Konflikte über Weiderecht zwischen Nomaden und Aymāq und auch zwischen verschiedenen Nomadengruppen nicht aus. Die weitaus meisten Konflikte, über die ich Informationen sammeln konnte, endeten zu Gunsten der Aymāq[2], was aus den oben genannten Gründen erklärbar ist.

Auffällig bei allen Konflikten ist, daß sie nicht zu anhaltenden Feindschaften zwischen Aymāq und Nomaden geführt haben und stets lokal begrenzt blieben. Auch FERDINAND (1962: 140; 1969b: 148) betont die friedlichen Beziehungen zwischen Nomaden und Seßhaften in Ghōr im Gegensatz zum Hazārajāt.

---

1) Vgl. KUHN 1970, Kap. 4, Absch. "External contracts of leaders".
2) Auf Seite 199 wird allerdings ein Beispiel für das Gegenteil geschildert.

4.2.2 Das Sommerlager Pombakar als Beispiel

Das Sommerlager Pombakar liegt auf einem Hochplateau ca. 2o km nördlich von Čaghčarān in einer für die Gegend typischen flachen grasbewachsenen Senke, in der der Grundwasserspiegel auch in trockenen Jahren nur ca. 15o cm unter der Talsohle liegt. Hier lagerten im Sommer 197o 39 Haushalte paschtunischer Nomaden in schwarzen Zelten und 51 Haushalte von Khodayār-Fīrūzkūhī (Aymāq) in ihren Sommerjurten.

Pombakar hat eine ganzjährig fließende Quelle, die einen kleinen Bach speist, der aber schon nach ca. 15o m in einer sumpfigen Wiese versickert. An jedem anderen Punkt der Senke können ohne Schwierigkeiten Brunnen in den Lehmboden gegraben werden.

Das Plateau um Pombakar ist nominell freie Weide, seine Nutzung wird aber dadurch begrenzt, daß jeder, der sein Vieh in diesem Gebiet weiden will, es in einer der Senken wie Pombakar tränken muß, und die Wasserstellen dort in Privatbesitz sind. Das bedeutet, daß jeder Nomade, der im Gebiet von Pombakar sein Vieh weiden will und nicht selbst Eigentümer einer Wasserstelle ist, mit einem solchen Eigentümer einen Vertrag zur regelmäßigen Nutzung einer Wasserstelle schließen muß. Damit erhält er auch Schutz und Vertretung seiner Interessen gegenüber Seßhaften und Behörden sowie Beistand in Konfliktfällen. Er wird für die Dauer des Vertrages - stets nur für eine Sommersaison - Klient (*hamsaya*) des Wasserstellenbesitzers. Auch vom Klienten wird während der Vertragsdauer Loyalität bei Konflikten erwartet, aber nicht immer gewährt. Für die Wasserstellenbesitzer bedeutet das Sammeln von Klienten nicht nur politische Stärkung, sondern auch materiellen Gewinn: Die Abgaben (*'alafčar*) sind beträchtlich : pro Herdengemeinschaft wurden 197o 1ooo Afs. (DM 4o.-), ein Lamm, ein *sēr* (7.o7 kg) Butterschmalz und fünf *sēr* Trockenbuttermilch (*kwrət*) bezahlt.

Das Wasserrecht in Pombakar besitzen zwei Männer: Hājī Sultān 'Omarzay Es'hākzay aus Qala-i Niyāz Khān (Dahan-e Kōča im Jawand-Gebiet), paschtunischer Großgrundbesitzer und Viehzüchter, dessen verstorbener Bruder die Quelle von Pombakar vor sechs Jahren gekauft hatte und Dust Mohammad[1], der *godamdār*[2] von Kāsī, ein Khodayār Fīrūzkūhī Aymāq, der der politische Führer der Aymāq des Gebietes nördlich von Čaghčarān ist. Dust Mohammad besitzt die Brunnen, nicht die Quelle, von Pombakar und das alleinige Recht, dort weitere Brunnen graben zu lassen.

Der *godamdār* ist auch das politische Oberhaupt der Aymāq-Gruppe, die mit etwa 5o Haushalten alljährlich in Pombakar ihr Sommerlager von Anfang Mai bis Mitte August aufschlägt. Ihr Winterdorf ist Mābeyn-e Kāsī

---

1) Für Informationen zu Dust Mohammad danke ich Herrn Dr.A. Janata.
2) *godamdār* bedeutet Verwalter eines staatlichen Weizenspeichers (*godam*), in diesem Fall des Weizenspeichers von Čaghčarān.

im mittleren Kāsī-Tal, ca. 10 km südlich von Pombakar. Diese Aymāq treiben in Pombakar hauptsächlich Rinderzucht; die Rinder werden in den benachbarten und z.T. unbewohnten Talsenken geweidet und abends zurück ins Lager getrieben.

Hājī Sultān 'Omarzay besitzt mit der Quelle auch das Recht, neben seinem eigenen Haushalt, die seiner nächsten Verwandten mitzubringen; 1970 waren das, einschließlich seines eigenen, 9 Zelte. Für alle weiteren Klienten muß Hājī Sultān die Erlaubnis des *godamdār* einholen und ihm Abgaben entrichten, die er zuvor selbst bei seinen Klienten einzieht. Außerdem bringt der *hājī* dem *godamdār* jährlich Geschenke mit; 1970 war es z.B. ein Gebetsteppich, den er von seiner Mekka-Wallfahrt mitgebracht hatte.

Zu den Klienten von Hājī Sultān in Pombakar gehörten zwei Atsəkzay-Haushalte aus Qala-i Khambar, mit denen er affinal verwandt ist, die ihm zwar keine Abgaben entrichten, ihm aber im Sommer stets politische Loyalität entgegenbringen und schon in der zweiten Generation Pombakar als regelmäßiges Sommerlager aufsuchen; außerdem 28 Es'hākzay-Haushalte verschiedener Subclans, die die oben genannten Abgaben zahlen und nicht regelmäßig im Sommer nach Pombakar kommen.

Gegen Ende unseres Aufenthalts in Pombakar bahnte sich ein Konflikt zwischen den paschtunischen Nomaden dort und dem *godamdār* und auch unter den paschtunischen Nomaden selbst an. Die Aymāq von Pombakar beschwerten sich beim *godamdār*, daß Hājī Sultān von Jahr zu Jahr mehr Klienten mitbringe und daß so die umliegende Steppe überweidet würde. Daraufhin machte der *godamdār* dem *hājī* entsprechende Vorhaltungen.

Hājī Sultān reagierte verärgert und ließ den *godamdār* über Mittelsmänner wissen, daß er nächstes Jahr noch mehr Klienten mitbringen und keine Aymāq mehr in Pombakar dulden würde; er hätte genügend Männer, um Pombakar und die umliegenden Weiden Tag und Nacht mit Waffengewalt zu verteidigen. Darauf schickte der *godamdār* als Zeichen der Unfreundlichkeit den Gebetsteppich, den er einige Wochen zuvor als Geschenk von Hājī Sultān erhalten hatte, zurück.

Gleichzeitig deutete der *hājī* seinen paschtunischen Klienten gegenüber an, daß er nicht sicher sei, ob er ihnen nächstes Jahr wieder in Pombakar Weide- und Wasserrecht gewähren könne, evtl. müsse er höhere Abgaben fordern, da wegen seines Streits mit dem *godamdār* hohe materielle Kosten zu erwarten seien. Dies löste wiederum Unruhe und Unzufriedenheit unter den Klienten aus, und ein Teil von ihnen beschloß, sich von Hājī Sultān zu trennen und andere Sommerweiden zu suchen, andere wollten dem *hājī* Widerstand leisten und sich ihr Weiderecht nicht einschränken lassen. Ein Versuch des *hājī*, alle Nomaden zum gemeinsamen Aufbruch zur Herbstwanderung zu bewegen und mit allen eine gemeinsame Karawane zu bilden, um die Loyalität seiner Klienten zu testen, mißlang fast vollständig; mit Hājī Sultān brachen schließlich nur die Gruppe seiner engen agnatischen Verwandten und die beiden Atsəkzay-Haushalte gemeinsam auf (s. Abschn. 3.4.4.1).

Die Meinung der unzufriedenen Klienten und ihre Unsicherheit bezüglich des Weiderechts in Ghōr drückt sich deutlich in der Aussage des Informanten B.E. aus, der bis dahin sowohl in Pombakar als auch im Jawand-Gebiet Klient des Hājī Sultān gewesen war, im Herbst 1970 aber aus Gründen, die in seiner Aussage deutlich werden, zu Hājī Sultāns Widersacher Aqā Jō in Brəj, Kawrēj überging:

> "Vor vielen Jahren kaufte der Bruder des Hājī Sultān vom *godamdār* nur die Quelle in Pombakar zusammen mit dem Recht, seine eigenen Verwandten daran partizipieren zu lassen, darüber hinaus erwarb er keinerlei Ansprüche. Nach dem Tod des Bruders brachte Hājī Sultān [der sein Erbe war] viele Klienten, wie z.B. mich selbst, mit nach Pombakar, die aber ihre Brunnen selbst graben mußten. Die Weiden um Pombakar sind frei, über sie kann Hājī Sultān nicht bestimmen, ebenso wenig wie über unsere Brunnen, die ihm ja gar nicht gehören, denn wir Klienten zahlen deswegen Abgaben an den *godamdār* [allerdings über Hājī Sultān]. Nach und nach erhob Hājī Sultān Anspruch auf ganz Pombakar und wollte dieses Jahr alle seine Klienten vertreiben. Die Klienten, auch ich, haben sich daraufhin selbst zusammengesetzt und unter der Wortführerschaft von G.E. beschlossen, nicht zu weichen. Wir sagten, wenn Hājī Sultān Gewalt anwenden würde, seien wir stark genug, um ihm entgegenzutreten; wir hätten genug Männer, um gegen Hājī Sultāns Männer zu kämpfen. Wenn Hājī Sultān versuchen sollte, bei der Regierung (*hokumat*) Unterstützung zu finden, würden wir erklären, daß Hājī Sultān erst einmal sein Recht über ganz Pombakar, die umliegenden Weiden und die Brunnen beweisen solle! Wenn uns die Regierung etwa sagen würde, daß die Weiden und das Wasser in Pombakar dem Hājī Sultān gehörten, dann soll sie einmal deutlich machen, welches Land, welche Weiden und welche Wasserstellen wem gehören und welche frei sind, damit wir dort unser Vieh weiden können. Sind wir etwa keine Afghanen? Gibt es für uns keinen Platz in Afghanistan?!
>
> Es gibt hier viele, die sich irgendwie irgendwelches Land angeeignet haben und jetzt auch noch alles Land umher beanspruchen, uns zu ihren Klienten (*hamsaya*) machen wollen und uns keine Gelegenheit mehr geben, noch irgendwo unsere Zelte aufzuschlagen. Ich warte auf den Tag, an dem die Regierung kommt und alles Boden- und Weiderecht einmal klar stellt."

Es fällt auf, daß der Informant den Konflikt zwischen Hājī Sultān und dem *godamdār* nicht erwähnt, es ist möglich, daß die bisherigen Klienten des Hājī Sultān im Pombakar planten, im nächsten Jahr direkte Pachtverträge mit dem *godamdār* abzuschließen, darüber wollte mir aber der Informant keine Auskunft geben.

4.2.3 Das *grawī*-System

Einige Nomaden von Gharjistān haben in Nord-Ghōr von den Aymāq Wasserstellen im *grawī* erworben; *grawī* bedeutet:
A leiht B Geld, dafür erhält A ein Stück Land oder eine Wasserstelle zum Pfand, und anstatt Zinsen für das verliehene Geld zu erheben, darf A das Pfand wirtschaftlich nutzen. Ist das Pfand Ackerland, bearbeitet

es B häufig wie ein Pächter weiter und gibt einen Ernteanteil an A. Wenn das geliehene Geld nicht innerhalb einer vorher festgelegten Frist, meist 20 Jahre, zurückgezahlt wird, geht das Pfand in den festen Besitz von A über; in anderen Gebieten Afghanistans ist das *grawī* unbefristet[1].

Um eine Wasserstelle im *grawī* zu erwerben, sind etwa 10 000 Afs. (DM 400.-) nötig.

4.3 Zusammenfassende Bemerkungen zum Weiderecht

Die z.T. divergierenden Weiderechts-Verhältnisse im Jawand-Gebiet und in Ghōr haben den folgenden sehr wesentlichen Punkt gemeinsam: In beiden Gebieten haben die Nomaden kein Nutzungsrecht an Weideflächen, das nach Clans, Subclans oder anderen Verwandtschaftsgruppen definiert wäre.

Im Jawand-Gebiet erwirbt man sich das Weiderecht begrenzt durch Gewohnheitsrecht, durch Kauf von Höhlen und Ackerland oder durch Verträge mit reichen und informell politisch einflußreichen Persönlichkeiten *(khān)* oder mit Lagern.

In Ghōr erwirbt man Weiderecht in der Regel durch Kauf von Wasserstellen (und dem dazu gehörigen Weiderecht) oder durch befristete Verträge mit Land- und Wasserstellenbesitzern. FERDINAND charakterisiert diesen Sachverhalt in Ghōr folgendermaßen:

> "No division of grazing lands has officially [m.W. auch de facto] been undertaken between the different nomadic tribes or between the Pashtuns and the Aimaqs. This situation appears to be rather unsatisfactory for the nomads. As they have no confirmed rights in their summer grazing lands, it is quite frequently found that the Durrani nomads must pay the Aimaq population for the grazing,..." (1969b: 148f).

Wie wenig Begriffe wie "Privat-" oder "Gemeineigentum" oder "corporate estate" ausreichen, um in allen Fällen Weiderecht zu kennzeichnen, zeigt auch das Beispiel der Somali (nach STÖBER 1965: 209, 211), wo de iure zwar alles Weideland "Stammeseigentum" ist, de facto aber keine Grenzen zwischen den Weiden der verschiedenen Stämme und Gruppen bestehen; de facto hat nur Weiderecht, wer es auch wirklich nutzt und wer in der Lage ist, es nach außen zu verteidigen.

Wenn die nomadische Bevölkerung in einem Gebiet so groß ist, daß die Weiden knapp werden, und der Wettbewerb verschiedener Haushalte und Nomadengruppen zu groß wird, daß solche Regelungen wie bei den Somali oder bei den Nomaden von Gharjistān noch funktionieren würden, kann entweder eine Monopolisierung von Weiden durch Einzelne wie bei einigen Nomaden in Mittelasien[2] eintreten, oder ganze korporative Grup-

---

1) Vgl. FERDINAND 1962: 133f, 140.
2) STÖBER 1965: 209.

pen z.B. Verwandtschaftseinheiten, stecken sich die Grenzen ihrer Weidegebiete fest ab, wie es z.B. BACON beschreibt:

> "In general a [nomad] tribe has a definite territory within which it migrates and within this, subtribal groups may have well established orbits." (1954: 55).

Im Extremfall definieren sich umgekehrt sogar nomadische soziale Gruppen nach ihren Weidegründen, wie bei den Shāh-Sawān in persisch Āzarbāyjān:

> "Tribe and section are usually territorial defined groups both in winter and summer quarters." (R.L.TAPPER 1971: 37).

BARTH verweist auf die sich aus den Weideverhältnissen ergebende politische Organisation nomadischer Gruppen in Süd-Persien:

> "The association of every tribe with a corporate estate in the form of shared grazing rights has important implications for the political forms developed in the area." (BARTH 1968: 415)

Daraus ist zu folgern, daß nomadische Gruppen, die weder "corporate estate" noch monopolisiertes Privateigentum an Weiden haben[1], zu anderen politischen Organisationsformen tendieren als z.B. BARTHs Basseri[2]. Bei den paschtunischen Nomaden in Nordwestafghanistan kann sich z.B. kaum eine zentralisierte politische Organisation aufgrund einer zentralen Koordination der Nutzung g e m e i n s a m e r Weiden oder deren Abgrenzung und Verteidigung nach außen bilden; eine der Hauptfunktionen zentraler politischer Institutionen bei anderen nomadischen Gruppen entfällt hier also, womit nicht ausgeschlossen werden soll, daß sich eine politische Zentralisierung bei Nomaden auch aus anderen Gründen bilden kann (s. ausführlicher Kapitel 6).

---

1) Obwohl Tendenzen in dieser Richtung bei den hier untersuchten Nomaden erkennbar sind.
2) Vgl. auch BARTHs Hinweis auf die von den Basseri abweichende politische Organisation bei östlichen Gruppen der Khamseh Konföderation, deren Weidenutzung ebenfalls nicht zentral zu organisieren oder gegen Fremdgruppen abzugrenzen ist (BARTH 1961: 129f; vgl. JETTMAR 1969: 83f).

5. VERWANDTSCHAFT

Die Verwandtschaftsbeziehungen bei den Paschtunen sind wie bei zahlreichen anderen muslimischen Völkern West- und Mittelasiens durch strikte patrilineare Deszendenz gekennzeichnet, die die gesamte Gesellschaft in ein einheitliches genealogisches Schema gliedert, und durch das Fehlen von Exogamieregeln, ja geradezu durch eine bevorzugte Lineage - E n d o g a m i e .
Die Schwerpunkte dieses Kapitels liegen deshalb auf den Gebieten der patrilinearen Deszendenz, des Clan- und Lineagesystems und der Heirat. Daneben soll die Verwandtschaftsterminologie und die verwandtschaftliche Zusammensetzung der Haushalte bei den untersuchten Nomaden wiedergegeben werden.

Im Unterschied zu zahlreichen anderen Viehzüchtervölkern ist Verwandtschaft bei den Nomaden von Gharjistān nur einer der Faktoren zur Bildung und Organisation lokaler sozialer und politischer Gruppen und ist häufig dem wirtschaftlichen nachgeordnet, so daß verwandtschaftlich heterogene Herdengemeinschaften und Lager durchaus üblich sind.

5.1 Unilineare Deszendenz, das Clan-System und die nationale Genealogie der Paschtunen

Zu den wesentlichen Merkmalen der paschtunischen Kultur gehört die Vorstellung, daß alle Paschtunen patrilineare Deszendenten eines gemeinsamen Vorfahren seien. Jeder Paschtune ist zudem Mitglied einer Serie von unter- und übergeordneten patrilinearen Deszendenzeinheiten, die ich, unabhängig von ihrer Größenordnung, als Clans, oder genauer, als konische Clans bezeichne, soweit sie nicht auf der untersten Ebene auch dem Begriff der Lineage entsprechen.

5.1.1 Die Begriffe Clan, konischer Clan und Obok

Unter C l a n ist eine soziale Einheit zu verstehen, deren Mitglieder sich durch unilineare Deszendenz von einem gemeinsamen realen oder fiktiven Vorfahren verbunden fühlen, deren Mitglieder aber im Unterschied zur Lineage[1] die genealogischen Stufen zum gemeinsamen Vorfahren und die verwandtschaftlichen Verbindungen untereinander nicht lückenlos angeben können. Dieser Clanbegriff entspricht im Wesentlichen dem von DURKHEIM[2] und dem der moderneren britischen Sozialethnologie[3].

---

1) Unter Lineage verstehe ich eine unilineare Deszendenzgruppe, die ausschließlich Personen umfaßt, die ihre genealogischen Verbindungen untereinander und zum gemeinsamen Vorfahren l ü c k e n l o s angeben können.
2) DURKHEIM 1893: 19o ff.
3) z.B. EVANS-PRITCHARD 194ob: 284 ff; RADCLIFFE-BROWN 195o: 4of; ...

Heiratsnormen mache ich n i c h t zum Bestandteil der Clan-Definition[1].

Um die paschtunischen Clans genauer zu kennzeichnen, ist der von KIRCHHOFF[2] geprägte Begriff "konischer Clan" ("conical clan") geeignet, der am treffendsten von DURKHEIM - allerdings nicht unter dieser Bezeichnung - charakterisiert wird:

> "... chacun d'eux [clans] est emboîté dans un groupe plus vaste qui, formé par la réunion de plusieurs clans, a une vie propre et un nom spécial; chacun de ces groupes, à son tour, peut être emboîté avec plusieurs autres dans un autre agrégat encore plus étendu, et c'est de cette série d'emboîtements successifs que résulte l'unité de la société totale." (DURKHEIM 1893: 193f)

Diese Charakterisierung entspricht vollständig den paschtunischen Clans.

In diesem Zusammenhang muß auch auf Elizabeth E. BACONs "Obok"-Begriff eingegangen werden.

In ihrer 1947 fertiggestellten, aber erst 1958 publizierten komparativen Analyse asiatischer und europäischer unilinearer genealogischer Deszendenzsysteme (BACON 1958) führte sie den aus dem Mongolischen entnommenen Terminus "Obok" ein. Sie bezeichnet damit unilineare, nach genealogischen Modellen gegliederte und zueinander gruppierte Deszendenzeinheiten, die nicht unbedingt exogam und die in ihrer Zusammensetzung - z.B. durch genealogische Manipulation - flexibel sind. Sie stellt Obok explizit in Gegensatz zu einem Clan- (bzw. "sib"-)Begriff, wie ihn die amerikanische Ethnologie bis 1950 verwendet hat, zu dem als eines der wesentlichen Kriterien Exogamie gehörte (s.o.). Ich möchte aber aus folgenden Gründen den Terminus "Obok" für die Paschtunen nicht übernehmen:

a) der Clan-Begriff, wie ihn DURKHEIM und seit etwa 1950 die britische

---

... FIRTH 1951: 53; FORTES 1953: 25; MIDDLETON und TAIT 1958: 4; GLUCKMAN 1965: 93; FOX 1967: 50, 90.
  Dagegen verwenden einige, vor allem amerikanische Autoren für diesen Begriff den von LOWIE (1921: 105f) und MURDOCK (1949: 46f, 67f) eingeführten Terminus "sib" und bezeichnen mit "clan" eine Lokalgruppe, die aus einem Kern von patrilinear verwandten Männern oder matrilinear verwandten Frauen besteht plus deren unverheirateten Kindern und den Ehegatten.

1) Exogamie wird heute von einem Großteil der Sozialethnologen nicht mehr als Bestandteil der Clandefinition verwendet:
   "Exogamy and totemism are often given as defining attributes [to clan], but this is unnecessary, even though exogamy may be a norm of clanship in a particular society." (MIDDLETON und TAIT 1958: 4).
   EVANS-PRITCHARD definiert 1940 noch Clan als e x o g a m e Deszendenzgruppe (1940a: 192), wendet aber 1949 den Terminus auch für die präferenziell e n d o g a m e n Deszendenzgruppen der Araber an (1949 56f).

2) .... Nach FRIED 1957: 4.

Ethnolgie verwendet (s.o.), deckt vollständig die paschtunischen Deszendenzeinheiten, ich sehe deshalb keine Notwendigkeit, einen alternativen Terminus zu verwenden, der sich bisher noch nicht durchgesetzt hat[1]. Zur genaueren Kennzeichnung der paschtunischen Clans ziehe ich einen adjektivischen Terminus (z.B. "konisch") einem völlig neuen substantivischen ("Obok") vor.

Auch BACON selbst räumt ein, daß KIRCHHOFFs "konischer Clan" ihrem "Obok" entspricht: "... the 'conical clan' is essentially the *obok* structure..." (BACON 1958: VII).

b) Einige Eigenschaften, die BACON dem Obok zuschreibt, treffen für den paschtunischen Clan nicht zu, z.B. sollen sich beim Obok-System eingeheiratete Frauen mit der Lineage ihres Ehemanns identifizieren, ja sogar Mitglieder darin werden (BACON 1958: 184). Bei den Paschtunen bleiben die Frauen aber ihr Leben lang Angehörige der Deszendenzgruppe ihres Vaters, Wechsel der Clan-Zugehörigkeit ist für Paschtunen auch durch Heirat undenkbar.

5.1.2 Die nationale Genealogie der Paschtunen

Zur Gliederung und Systematisierung der paschtunischen Clans dient wie bei zahlreichen anderen altweltlichen Völkern[2] ein genealogisches Modell, das die gesamte Ethnie[3] umfaßt und als nationale Genealogie[4] bezeichnet werden kann. Diese nationale Genealogie darf nicht mit der sozialen oder mit der historischen Wirklichkeit verwechselt werden; sie ist ein indigenes M o d e l l, das, ähnlich den wissenschaftlichen analytischen Modellen, nicht die Wirklichkeit selbst wiedergibt, sondern nur geeignet ist, Teilaspekte der Wirklichkeit zu beschreiben und zu erklären, das aber darüber hinaus normative Eigenschaften hat und so das Verhalten und die Denkweise der Individuen einer Gesellschaft beeinflußt und teilweise bestimmt[5].

Den Modellcharakter des paschtunischen genealogischen Clan-Systems für die politische Organisation der Paschtunen erkannte ELPHINSTONE bereits vor über 150 Jahren (1839 I: 215).

---

1) Zu den wenigen, die den Terminus "Obok" verwenden, gehören DOSTAL (1958, 1974) und SPOONER (1973).
2) Siehe u.a. EVANS-PRITCHARD 1940a; VLADIMIRTSOV 1948; L. BOHANNAN 1952; FORTES 1953; BACON 1958; BUXTON 1958; MIDDLETON und TAIT 1958; PETERS 1960; LEWIS 1961a, 1965; W. KÖNIG 1962; KRADER 1963; JETTMAR 1964b, 1966b: 88, 1969: 82f; MÜHLMANN 1964: 57; GLUCKMAN 1965; BARTH 1969a; MALAMAT 1973 etc.
3) Begriff nach MÜHLMANN (1964: 57) und BARTH (1969a)
4) Terminus nach LEWIS 1965: 89.
5) Auch SNOY (1972: 186f, 190) betont, daß die paschtunischen Genealogien keine historischen Aussagen sind, sondern die Selbsteinschätzung der Paschtunen wiedergeben.

PETERS charakterisiert sehr treffend indigene Modelle am Beispiel des "lineage model"[1] der Cyrenayca-Beduinen:

> ".. the lineage model is not a sociological one, but ... is a frame of reference used by a particular people to give them a common-sense kind of understanding of their social relationships." (1967: 261)[2].

In diesem Sinn ist das paschtunische Genealogie- und Clanmodell zu verstehen, das im folgenden knapp beschrieben werden soll:

Die genealogischen Tafeln auf den nächsten Seiten sollen das paschtunische genealogische Clanmodell teilweise darstellen; deshalb teilweise, weil unter den Paschtunen unterschiedliche Vorstellungen über die Gliederungen der Clans im einzelnen bestehen; ein von a l l e n Paschtunen akzeptiertes Genealogiesystem gibt es nicht, die genealogischen Experten der Paschtunen haben zwar detaillierte und feste Vorstellungen über die Clans, denen sie selbst angehören, aber variierende Meinungen über entferntere Deszendenzeinheiten. Auch unter den Angehörigen e i n e s Clans können Meinungsverschiedenheiten zur Gliederung und Zuordnung ihres Clans zu einer größeren Einheit entstehen, etwa wenn die direkte Kommunikation zwischen Teilen des Clans abbricht und sich diese Teile demographisch ungleich entwickeln.

Eine einheitliche, vollständige und von allen Paschtunen akzeptierte Genealogie wird wohl grundsätzlich nie geschrieben werden können. Alle Genealogien geben immer nur die Meinung e i n e r Gruppe oder e i n e s Genealogen wieder. Allerdings gab es Genealogen, die eine relativ allgemeine Anerkennung bei den Paschtunen gefunden haben, zu ihnen gehört NI'MAT ULLAH (s. Anm. 1 zu Tafel 1). Seine weite Akzeptierung ist nur möglich, weil sein genealogisches Werk die Ebene der meisten heute sozial und politisch relevanten und lokalisierbaren Clans nicht mehr oder nur sehr allgemein berührt, also die Dynamik dieser sozial und lokal relevanten Clans nicht behindert oder festschreibt. So ist NI'MAT ULLAHs Genealogie für die soziale Alltagsrealität recht un-

---

1) "lineage model" entspricht nach der von mir verwendeten Terminologie dem "genealogischen Clan-Modell".

2) P. BOHANNAN (1957) spricht in diesem Zusammenhang von "folk-systems" im Gegensatz zu "analytical systems", macht jedoch lt. PETERS (1967: 279, Anm. 1) den Fehler, beide "Systeme" nicht analytisch klar zu trennen. Das analytische System des Ethnologen braucht nach PETERS (a.a.O.) nicht daran gemessen zu werden, ob es mit dem "folk-system" übereinstimmt, es kann ein "folk-system" analysieren und erklären, soll es aber nicht nur widerspiegeln oder übersetzen.
MALINOWSKI bezeichnet Genealogiemodelle in Bezug auf ihren normativen Charakter als "genealogic charter" (nach JETTMAR 1964b: 2; vgl. auch L. BOHANNAN 1952; BARTH 1961: 56; JETTMAR 1969: 82f).

Den fiktiven Charakter der Genealogiemodelle hebt W. KÖNIG besonders deutlich am Beispiel der Turkmenen hervor:
> "...Organisationsformen [werden] verzerrt in der Ideologie als ein ideales genealogisches Schema in Form des Stammbaumes widergespiegelt und in eine traditionelle Gentil-Organisation ge- ...

verbindlich, dient aber als eine integrative Ideologie[1], in dem sie
Verwandtschaft aller Clans zu einander und zum eponymen Ahnen aller
Paschtunen aufzeigt und andererseits ein Vorbild für die weitere (und
veränderbare) Untergliederung der sozial relevanteren Clans bietet[2].
Z.B. gliedert NI'MAT ULLAH die Abdālī (Durrānī), den heute politisch
bedeutendsten paschtunischen Clan, höchst unzulänglich (s.Tafel 2).
Die heute weitgehend gültige Gliederung der Durrānī gebe ich in Tafel
3 wieder, wobei die Allgemeingültigkeit dieser Tafel allerdings nur
für die Generationsebenen V-VII gilt. Das System von Tafel 3 kann ohne
weiteres in NI'MAT ULLAHs Genealogie eingefügt werden, ohne diese im
Kern zu verändern, indem sie an Abdāl (Tafel 2, Generationsebene V)
angeschlossen wird.

Ich hielt es für notwendig, als Kontrast den elaborierten und nur
Spezialisten bekannten Genealogien der Tafeln 1 - 3 ein "folk-modell"
gegenüber zu stellen, nämlich das genealogische Wissen der Bewohner
eines paschtunischen Nomadenlagers, das - wie zu erwarten - sich in
seiner geringen Elaboriertheit erheblich von NI'MAT ULLAHs Modell unterscheidet (Tafel 4). Strukturell sind diese Modelle jedoch gleich,
indem sie eine Serie von einander über- und untergeordneten Clans, aus-
gehend von einem eponymen Ahnen, nach einem sich verzweigenden patrilinearen Filiationsprinzip gliedern. Meine Informanten nannten mir ein
System, das nur die Clans enthält, die jemals in ihren Gesichtskreis
getreten sind und die für sie soziale Relevanz haben. Auf der höchsten
ihnen bekannten Generationsebene (unterhalb von Abdurrashīd Pashtun)
sind ihnen z.B. nur Durrānī und Ghilzay bekannt, und in der Tat gehören m.W. fast alle ständig in Bādghis und Ghōr lebenden Paschtunen
einem dieser beiden großen Clans an. Die Untergliederung der Ghilzay
war für meine Durrānī-Informanten uninteressant, da für sie alle Ghilzay gleich Ghilzay sind; Untergliederungen eines Clans haben nur für
Angehörige des Clans selbst Bedeutung. Daß in Tafel 4 sowohl die Atsəkzay, als auch die Es'hākzay recht detailliert gegliedert sind, liegt
daran, daß ich Informanten aus beiden Clans befragt habe.

Weitere Einzelheiten zu den Tafeln sind den Anmerkungen zu entnehmen.

... kleidet." (1962: 63).

1) Vgl. JETTMAR 1969: 82f und SNOY 1972: 19o
2) Clans, die NI'MAT ULLAH nicht nennt, können durch Zwischengenealo-
gien mit seinem System verbunden werden.

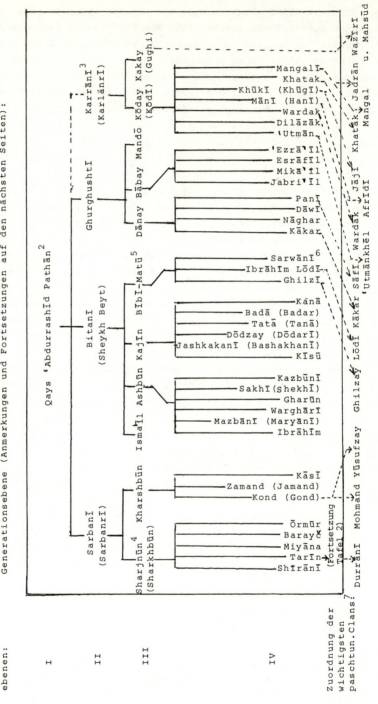

Anmerkungen zu Tafel 1:

1) Khwāja NIʿMAT ULLAH b. Khwāja Habīb Ullah al-Harawī schrieb zu Beginn des 17. Jh. in Indien eine Geschichte und Genealogie der Paschtunen unter den Titeln *"tarīkh-e Khān Jahānī"* und *"makhzan-i Afhānī"* in persischer Sprache. Trotz einiger Unstimmigkeiten im Werk selbst und vieler Veränderungen in der paschtunischen Clangliederung seit jener Zeit gilt NIʿMAT ULLAH heute noch als die wichtigste Autorität für die Genealogie und Clangliederung bei den Paschtunen selbst. Allerdings überschreitet die genealogische Tiefe bei NIʿMAT ULLAH - von Qays ʿAbdurrashīd aus gerechnet - nur in Einzelfällen neun Generationen. Die meisten Clans der untersten Ebenen (z.B. Ardozay Atsəkzay) sind deshalb nicht mehr aufgeführt.

Für die Zusammenstellung dieses Diagramms verwendete ich die Ausgabe von IMĀM UD-DĪN (NIʿMAT ULLAH 1962). Die Angaben in dieser Ausgabe widersprechen z.T. denen der Übersetzung von DORN (NIʿMAT ULLAH 1965 [erste Ausgabe 1829-36]); IMĀM UD-DĪNs Ausgabe ist aber der sehr lückenhaften DORNschen Übersetzung vorzuziehen.

In Klammern gebe ich häufig vorkommende alternative Schreibungen an.

2) Qays ʿAbdurrashīd Pathān, der eponyme Vorfahr der Paschtunen soll nach NIʿMAT ULLAH (1962) zu Mohammads Zeit und 221 Generationen nach Adam gelebt haben sowie in der Patrilinie von Yaʿqūb Isrāʾīl abstammen. Noch heute besteht daher die Tradition, daß die Paschtunen einer der Stämme Israels (Binī Isrāʾīl) seien (vgl. ELPHINSTONE 1839 I: 2o5f; CAROE 1958: 5f).

Der Name Pathān ist die indische Fremdbezeichnung für Paschtunen und wohl in der Umgebung NIʿMAT ULLAHs in Indien gebräuchlich gewesen. Daß NIʿMAT ULLAH den Namen Pathān irrtümlich verwendet, weil er selbst kein Paschtu verstanden habe, wie CAROE (1958: 8) meint, ist sicher nicht richtig, denn als Vertrauter und Günstling des paschtunischen Generals der Moghul-Armee Khān Jāhān Lōdī (IMĀM UD-DĪN im Vorwort zu NIʿMAT ULLAH 1962: 21) wird ihm wohl kaum die Eigenbezeichnung der Paschtunen entgangen sein; den gleichen Vorwurf kann sich auch CAROE selbst machen, da er ja sein Buch auch "The Pathans" betitelt und nicht etwa "The Pašhtāna" oder "The Pukhtāna", wie es korrekt hieße.

3) Karrānī (Karlānrī) soll ein Findelkind nichtpaschtunischer Herkunft gewesen und von einem Paschtunen des Ōrmūr-Clans adoptiert und mit dessen Tochter verheiratet worden sein (NIʿMAT ULLAH 1962 II: 638f); NIʿMAT ULLAHs Angaben über die Zuordnung der Karrānī sind unklar. Meist werden die Karrānī, denen einige der bekanntesten paschtunischen Clans angehören, auf eine Ebene mit den Sarbanī, Bitanī und Ghurghushtī gestellt.

Die Traditionen über die Verbindung der Karrānī mit den Paschtunen durch Adoption und affinale Beziehungen spiegelt möglicherweise eine historische Begebenheit wider, bei der evtl. größere fremdethnische Gruppen in die Paschtunen inkorporiert wurden. Auch heute sind Unterschiede in der Kultur und Sprache verschiedener paschtunischer Gruppen deutlich erkennbar, z.B. in der Verwandtschaftsterminologie (Abschn. 5.3), so daß eine ethnisch heterogene Entstehung der Paschtunen nicht auszuschließen ist.

4) Der Name ist in der Ausgabe von IMĀM UD-DĪN (NIʿMAT ULLAH 1962 II: 551) mit Sarjnūn (سرجنون) wiedergegeben, bei DORN (NIʿMAT ULLAH 1965 III: 41) mit Sharkhbun und bei BELLEW (1891) und CAROE (1958) mit Sharkbun.

5) Nach NIʿMAT ULLAH (1962 II: 594ff) heiratete Bībī Matū, die Tochter von Bitanī, einen Nicht-Paschtunen aus der Dynastie der Sūrī von Ghōr: Shāh Husayn. Unter Umgehung der sonststrikten patrilinearen Deszendenz leiten die Ghilzay, Lōdī und Sarwānī (auch Matī genannt)

also ihre Zugehörigkeit zu den Paschtunen über einen w e i b l i -
c h e n Ahnen ab, jedoch soll Shāh Husayn von Bitanī (Sheykh Beyt)
adoptiert worden sein (NI'MAT ULLAH a.a.O.), wodurch dem Prinzip
der patrilinearen Deszendenz wieder Genüge geleistet ist.

6) Sarwānī (Sarbanī) ist nach der Ausgabe von IMĀM UD-DĪN (NI'MAT
ULLAH 1962 II: 619) Sohn von Bībī Matū, nach der DORNschen Über-
setzung (NI'MAT ULLAH 1965 III: 48) Sohn von Mūhī, der zweiten
Frau von Shāh Husayn (S. Anm. 5).

7) Soweit nicht aus NI'MAT ULLAH selbst ersichtlich, erfolgte die Zuordnung nach BELLEW (1891) und CAROE (1958).

T a f e l 2

Das Genealogie- und Clanmodell der Tarīn mit den Abdālī (Durrānī)
nach NIʿMAT ULLAH 1:

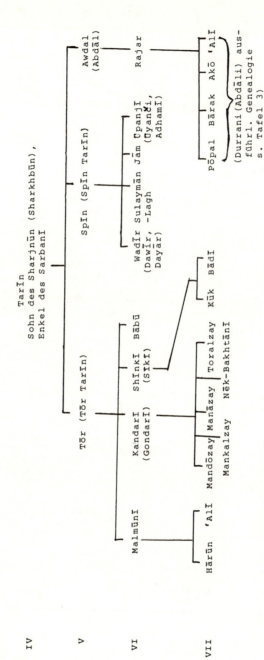

Generationsebenen ab Qays Abdurrashīd:

IV Tarīn
    Sohn des Sharjnūn (Sharkhbūn),
    Enkel des Sarbanī

V   Tōr (Tōr Tarīn)   Spīn (Spīn Tarīn)   Awdal (Abdāl)

VI Malmūnī   Kandarī (Gondarī) Shīnkī (Sīkī) Bābū   Wadīr Sulaymān Jām Upanjī Rajar
                                                        (Dawīr, -Lagh   (Uyanǰi,
                                                        Dayār)   Adhamī)

VII Hārūn ʿAlī Mandōzay Manāzay Toralzay Kūk Bādī   Pōpal Bārak Akō ʿAlī
               Mankalzay Nēk-Bakhtānī   (Durrani(Abdālī) ausführl. Genealogie s. Tafel 3)

1) s. Anm. 1 zu Tafel 1. Diese genealogische Tafel gibt NIʿMAT ULLAHS Genealogie
   der Tarīn vollständig wieder, nur die Söhne von Hārūn, Sohn des Malmūnī, sind
   bei NIʿMAT ULLAH noch angegeben.

113

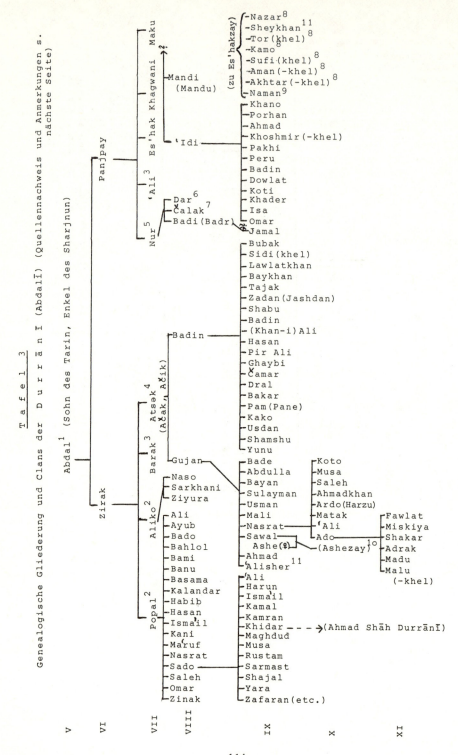

Anmerkungen zu Tafel 3:

Allgemeine Hinweise:

NIʿMAT ULLAHs Genealogie der Abdālī (Durrānī) (Tafel 2) gibt nur einen Teil der heutigen Durrānī wieder, auch fehlt dort die Zweiteilung des Clans. Die Ursache hierfür ist in der historischen Entwicklung der Abdālī (Durrānī) seit NIʿMAT ULLAHs Zeit zu suchen, in deren Verlauf die Durrānī zum politisch bedeutendsten Clan der Paschtunen wurden. Ihr politischer Aufstieg ist vermutlich mit Clanfusionen einhergegangen, was aber im einzelnen noch historisch nachzuweisen wäre.

Bei den Namen und der Gliederung der Generationsebenen V, VI und VII der Durrānī, die ich in Tafel 3 wiedergebe, stimmen fast alle Autoren seit ELPHINSTONE überein (ELPHINSTONE 1839 II: 95f; BELLEW 1891: 16of; CAROE 1958: 12), sie entsprechen auch den Angaben meiner Durrānī-Informanten (s. Tafel 4). In ihren Angaben zu den Generationsebenen VIII und den folgenden unterscheiden sich die Autoren jedoch deutlich voneinander; ich verwende deshalb unterschiedliche, mir jeweils am zuverlässigsten erscheinende Quellen (s.u.).

In diesem Diagramm verzichte ich auf diaktritische Zeichen, weil die Angaben dazu in der Literatur z.T. zu unzuverlässig sind.

Aus den Namen in dieser Tafel sind durch Hinzufügen der Endung "-zay" die Clannamen zu bilden, außer wo in Klammern "-khel" angegeben ist und außer bei Zirak, Panjpay, Khagwani und Maku.

Die Anmerkungen im einzelnen:
1) Der gemeinsame Vorfahr der Durrānī ist Abdāl oder Awdal, wie es in einigen Dialekten ausgesprochen wird.

   Der Name Durrānī ("Perlen") ist lt. ELPHINSTONE (1839 II: 95) erst von Ahmad Shāh Durrānī eingeführt worden.

2) Untergliederung der Pōpalzay und Alikōzay nach BELLEW (1891).

3) Für die Untergliederungen der Bārakzay, Alīzay, Khagwānī und Mākū konnte ich keine ausreichend zuverlässigen Angaben finden.

   Die Bārakzay gelten als der zahlenmäßig größte Clan der Durrānī, sein Subclan Mohammadzay stellte das letzte afghanische Königshaus.

4) Die Untergliederung der Atsəkzay habe ich nach Gazetteer of Afghanistan, Pt. V, Kandahar-Province... (1908 V: 3-11) vorgenommen, sie entspricht im Prinzip den Angaben meiner Atsəkzay-Informanten (s. Tafel 4).

   Nach ELPHINSTONE (1839 II: 98) waren die Atsəkzay ursprünglich ein Subclan der Bārakzay und wurden von Ahmad Shāh von diesen getrennt, weil die Bārakzay zu groß geworden waren.

5) Die Untergliederungen der Nūrzay und Esʾhākzay stellte ich nach den Angaben meiner Nūrzay- und Esʾhākzay-Informanten in Gharjistān zusammen; sie sind unvollständig. Außerdem füge ich einige Clans der Esʾhākzay nach R.L. und N.S. TAPPER (s.u.) hinzu.

6) "Dar" nach Informantenangabe. Der Chef der Darzay in Nordwestafghanistan, Tāj Mīr Khān, sei gleichzeitig Chef aller Nūrzay in diesem Gebiet; die Informanten konnten mir aber nicht seine faktische politische Funktion und Macht beschreiben.

7) Čalak nach BELLEW (1891: 164).

8) Diese Subclans der Esʾhākzay nach R.L. und N.S. TAPPER (1972), die genealogische Verbindung dieser Subclans zu Esʾhāk ist mir unklar.

9) Nach Informantenangaben; die genealogische Einordnung der Nāmanzay in die Es'hākzay war den Informanten unbekannt.

1o) "Asha was the wife of Sawal, and the Ashazais are said to have been named after Asha instead of after Sawal on account of Asha's superior intelligence." (Gazetteer of Afghanistan... 19o8 V: 5).

11) Nach Informantenangaben.

Tafel 4

Konzeption meiner Informanten über das paschtunische Genealogie- und Clansystem (Anmerkungen nächste Seite):

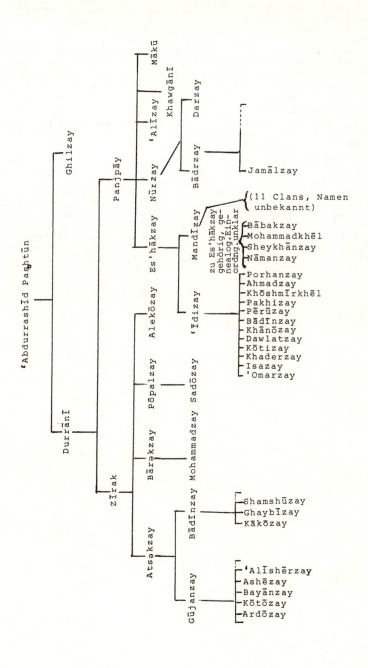

117

Anmerkungen zu Tafel 4:

Dieses Diagramm repräsentiert die Summe des Wissens bzw. der Vorstellungen der Bevölkerung des Lagers Qala-i Khambar über die paschtunische Genealogie und Cangliederung. Sie ist das Ergebnis mehrerer Gruppeninterviews im Lager, an denen jeweils die gleichen und in Fragen des Clan-und Genealogiesystems als kompetent geltenden Männer teilnahmen; unter ihnen bezeichnete sich aber keiner als besonderer genealogischer Spezialist. Es waren je ein Angehöriger der Ardōzay Atsəkzay, Kōtōzay Atsəkzay, ʻOmarzay ʻIdizay Esʻhākzay, Nāmanzay Esʻhākzay und Jamālzay Nūrzay.

Die Angaben hinterfragte ich in weiteren Einzelinterviews, ohne daß dabei aber andere als die unten genannten Abweichungen aufgetreten wären; die einzelnen Informanten wußten lediglich weniger detailliert Bescheid.

Meinungsverschiedenheiten gab es darüber, ob die Bārəkzay ein selbständiger Clan n e b e n den Atsəkzay, ein Subclan der Atsəkzay, oder ob die Atsəkzay ein Subclan der Bārəkzay seien. Manchen Informanten war unklar, ob die Kākō-, Ghaybī- und Shamshōzay zu den Bādīnzay oder zu den Gūjanzay gehören. Die Esʻhākzay-Informanten erklärten mir, daß die Esʻhākzay in zwei Gruppen, nämlich ʻĪdizay und Mandīzay, geteilt und diese in je 11 Subclans gegliedert seien; für die ʻĪdizay wurden mir aber 12 Namen genannt, dagegen waren die Namen der Mandīzay-Subclans unbekannt. Bei vier weiteren Esʻhākzay-Subclans konnten die Informanten nicht die genaue genealogische Zuordnung angeben, obwohl einer der Informanten zu diesen Subclans gehörte.

5.1.3 Die paschtunischen Termini für Deszendenzeinheiten

Die von mir untersuchten Nomaden verwenden für patrilineare Deszendenzeinheiten jeder Größenordnung den Terminus *qawm*, für Clans auf unterster Ebene und Lineages auch *khēl*. Die Bedeutungen der Termini *qawm* und *khēl* sind von einander nicht scharf abgegrenzt. *Qawm* ist der Oberbegriff für Clans aller Abstufungen und *khēl* wird als relativer Begriff zu *qawm*, nämlich für kleinere Clans, besonders für Clans auf unterster Ebene, die nicht mehr in weitere Deszendenzeinheiten untergliedert werden, und für Lineages verwendet. *Qawm* bezeichnet auch ganze Ethnien, die die Paschtunen als patrilineare Deszendenzeinheiten auffassen.

Wichtig ist die Tatsache, daß hier e i n Terminus zur Bezeichnung von Deszendenzeinheiten aller Größenordnungen dient und daß, wie BACON betont[1], keine terminologische Möglichkeit besteht, unilineare Deszendenzeinheiten auf den einzelnen Ebenen terminologisch genau zu fixieren.

Die Angaben der verschiedenen Autoren über die Bedeutung der Worte *qawm* und *khēl* bei den Paschtunen sind uneinheitlich, was wohl der unterschiedlichen Verwendung der Termini bei verschiedenen Paschtunengruppen entspricht. Nach RAVERTY bedeutet *qawm* im Paschtu: "A tribe, a sect, a people, a nation, a family." (1860: 768) und *khēl*: "A tribe, a clan, a sept, the division or part of a clan." (1860: 447). Die Es'hākzay von Sar-e Pūl benutzen *qawm* nur für ethnische Einheiten, dagegen das Wort *tayfa*, das meine Informanten nicht kannten, für Clans verschiedener Abstufungen (R.L. und N.S. TAPPER 1972: 23). Sowohl die Ghilzay in Ostafghanistan (ANDERSON 1974: 23) als auch die Marrī-Balūj (PEHRSON 1966: 34) benutzen *qawm* wieder ähnlich wie meine Informanten. ELPHINSTONE (1839 II: 113) und BROADFOOT (1886: 356) geben *khēl* als Bezeichnung für Nomadenlager und Herdengemeinschaften an; dagegen ist *khēl* bei den Swat-Paschtunen der allgemeine Ausdruck für patrilineare Deszendenzgruppen (BARTH 1959a: 24). Die Verwendung von *khēl* bei den Andarābī-Tājik (keine Paschtunen) in Nordafghanistan deckt sich wiederum z.T. mit der meiner Informanten; *khēl* bezeichnet dort Lineages von meist vier bis fünf Generationen Tiefe (UBEROI 1971: 405); *qawm* verwenden die Andarābī wie die westpaschtunischen Nomaden für soziale Einheiten verschiedener Ebenen, allerdings nicht für Deszendenz- sondern für Lokaleinheiten:

---

[1] "The terms *qaum* and *táifa* [among the Hazara] are applied to groups at all levels from the lineage on up, and there is no terminological means of distinguishing a group at one level from that at another." (BACON 1958: 41).

CANFIELD (1973: 34f) stellte bei den Hazarah allerdings einen begrenzteren, lokalbezogeneren Gebrauch des Wortes *qawm* fest.

"The local community is called *qaum* at any level (village section, village, sub district, district)."(UBEROI 1971: 4o5).

5.1.4 Beschreibung und Charakterisierung des paschtunischen genealogischen Clansystems

Das genealogische Clanmodell der Paschtunen ist mit folgender Konzeption verbunden: Jeder Paschtune ist gleichzeitig Mitglied einer Serie von einander übergeordneten Clans, die, wie auf den Tafeln 1 - 4 ersichtlich, nach dem Filiationsprinzip gereiht sind; d.h. jeder Clangründer ist ein Sohn des Gründers des nächst übergeordneten Clans und Bruder oder Cousin der Gründer der gleichgeordneten Clans. Wenn z.B. Clan X-zay[1] dem Clan Y-zay unmittelbar übergeordnet ist, so wird angenommen, daß Clangründer X Vater von Clangründer Y war. Wenn sich z.B. Clan X-zay in die zwei untergeordneten Clans Y-zay und Z-zay gliedert, so wird dies damit erklärt, daß Clangründer X zwei Söhne hatte: Y und Z, die nun ihrerseits Clangründer wurden.

Wenn ein Paschtune nach seinen Ahnen gefragt wird, nennt er zunächst seine unmittelbaren patrilinearen Vorfahren, von denen meine Informanten meist nur drei, maximal fünf namentlich kannten; dann alle Namen der Gründer der Clans, deren Mitglied er ist, bis hin zu Qays ʿAbdurrashīd Pathān (oder Pashtūn), dem gemeinsamen Ahnen aller Paschtunen. Evtl. setzt er seine Ahnenreihe noch über ʿAbdurrashīd hinaus fort, über Yaʿqūb Isrāʾīl, Ibrahīm etc. - je nach Kenntnis der koranisch-biblischen Ahnentafel der "Binī Isrāʾīl" bis zu Adam, denn es besteht die Vorstellung, daß die Paschtunen einer der Stämme Israels und daß alle Völker der Erde patrilineare Deszendenzgruppen seien, die von Adam abstammten[2].

Das Clanmodell der Paschtunen beinhaltet auch, daß die Clangründer aller Ebenen selbst Angehörige einer weitverzweigten Lineage waren, für die also - entsprechend der Lineage-Definition in Abschn. 5.1.1 - die genealogischen Verbindungen untereinander und zum gemeinsamen Vorfahren lückenlos angebbar sind, wenigstens für die genealogischen Spezialisten. Dieses Lineageprinzip setzt sich jedoch zumindest bei den von mir untersuchten Paschtunen[3] nicht bis zu den Lebenden fort; d.h. das

---

1) "-zay" ist das Suffix für die meisten paschtunischen Clannamen.
2) Ähnliche Vorstellungen bestehen bei zahlreichen anderen altweltlichen Völkern, siehe u.a. L. BOHANNAN 1958: 36f; BACON 1958; KRADER 1963; MALAMAT 1973: 127f etc.
3) Das folgende gilt sowohl für die Durrānī-Paschtunen in Gharjistān als auch für die von mir befragten ostpaschtunischen Nomaden im Kabultal. Ich nehme daher an, daß dieses pattern zumindest für den nomadischen Teil der Paschtunen weitgehend zutrifft. Für die seßhaften Paschtunen sind meine Informationen nicht ausreichend; bei ihnen scheint das Genealogiemodell elaborierter zu sein und bei einigen - z.B. bei den Swat-Paschtunen (BARTH 1959a: 26) - die leben- ...

Clansystem insgesamt, sowie alle Clans außer denen der untersten Ebene sind nach einem Lineagemodell strukturiert. Die Clans der untersten Ebene bleiben aber ungegliedert, sie entsprechen nicht mehr dem Begriff des "konischen Clans", eher KIRCHHOFFs Begriff des "equalitarian clan", von dem sie sich aber durch fehlende Exogamie unterscheiden.

"Equalitarian clans" sind lt. KIRCHHOFF (nach FRIED 1957: 4) durch unilineare Abstammung von einem gemeinsamen Ahnen verbundene Gruppen, deren Angehörige bezüglich ihrer Gruppenmitgliedschaft gleich sind, da die genealogische Nähe und die Abstammung im einzelnen von gemeinsamen Ahnen als unwesentlich erachtet wird und unbekannt ist. Als weiteres Kriterium führt KIRCHHOFF die Exogamienorm an, die beim konischen Clan fehlt.

Insgesamt ist das Clansystem der Paschtunen am treffendsten als konisch zu bezeichnen, da auch alle Clans der untersten Ebene Bestandteile von übergeordneten konischen Clans sind und die Tendenz haben, sich bei demographischem Wachstum zu untergliedern und zu konischen Clans zu werden.

Zwischen den lebenden Individuen und den Gründern der Clans der untersten Ebene bestehen also keine genealogischen Verbindungen, die durch Ahnenketten anzugeben wären, und auch kein "telescoping" (s.u.). Die Mitglieder der Clans auf unterster Ebene wissen lediglich, daß sie vom Clangründer patrilinear abstammen, das Wie ist aber unbekannt und gilt als unwichtig.

Ohne diese genealogische Unklarheit auf unterster Clanebene oder "area of ambiguity", wie PETERS (1960: 4of) ein vergleichbares Phänomen bei den Cyrenayca-Beduinen nennt, könnten alle Paschtunen, etwa analog den Nuer (EVANS-PRITCHARD 1940a), als eine einzige Lineage bezeichnet werden.

Bei den Paschtunen existiert das Lineageprinzip also auf zwei Ebenen:

a) Als Strukturprinzip kleinerer Verwandtschaftsgruppen, deren Mitglieder nachweislich von einem gemeinsamen patrilinearen Vorfahren, der meist nur vor wenigen Generationen gelebt hat, abstammen und die ihre Verwandtschaftsbeziehungen untereinander exakt nachweisen können.

b) Als indigenes Modell der Gliederung der paschtunischen Gesellschaft und ihrer einzelnen Clans.

Zwischen der wohl als fiktiv anzunehmenden Lineage der Clangründer und den Lineages der Lebenden besteht keine direkte genealogische Verbindung, nur eine "area of ambiguity" (s.o.), die von einer vagen und undetaillierten Konzeption patrilinearer Deszendenz überbrückt wird.

---

3) ...den Individuen lückenlos mit dem gemeinsamen Ahnen aller Paschtunen zu verbinden.

Zur Illustration gebe ich die Ahnenliste eines Informanten wieder:

```
           ⎧ ʿAbdurrashīd Pashtūn (eponymer Ahne der Paschtunen)
           ⎪ Abdāl (Durrānī) (Gründer der Durrānī)
 Bereich   ⎪ Zīrak (Gründer des Zweigs der Zīrak)
    C      ⎨ Atsək (Gründer der Atsəkzay)
           ⎪ Gūjan (Gründer der Gūjanzay)
           ⎩ Ardō  (Gründer der Ardōzay)
 Bereich   ⎧  ¦
    B      ⎨  ¦
           ⎩  ¦
           ⎧ Gulistān
           ⎪ Bustān
 Bereich   ⎨ Sarwar
    A      ⎪ Yar Mahmad
           ⎩ Barakhān (der Informant)
```

Tafel 5: Die Ahnenreihe des Informanten Barakhān
Erläuterungen:

Bereich A:

Die unmittelbaren patrilinearen Vorfahren des Informanten.

Bereich B:

"Area of ambiguity"; der Informant weiß nur, daß er und seine unmittelbaren Vorfahren patrilinear von Ardō abstammen; er ist sich aber über die dazwischenliegende Generationstiefe und Ahnenkette im unklaren und glaubt nicht, daß irgend ein lebender Ardōzay seine Ahnen lückenlos zu Ardō zurückverfolgen könne.

Bereich C:

Die Genealogie der Clangründer; der Informant glaubt, hier die Generationsfolge der Gründer der Clans, deren Mitglied er ist, lückenlos angegeben zu haben. Mit dieser Ahnenreihe gibt er zugleich seine Deszendenz vom eponymen Ahnen der Paschtunen an.

Für alle genealogischen Clansysteme, die Relevanz für die reale soziale, politische oder territoriale Organisation haben, besteht die Notwendigkeit, sich immer wieder an demographische und politische Veränderungen anzupassen. Clans können demographisch so sehr wachsen, daß eine räumliche und soziale Teilung notwendig wird, oder zahlenmässig abnehmen und die Tendenz zur Fusion mit anderen Clans oder zum Abgleiten auf eine niedrigere Clanebene entwickeln. Auch können sich nicht-verwandte oder entfernt verbundene Clans aus politischen und militärischen Gründen zu Konföderationen zusammenschließen und nun als

"Bruderclans" zusammen einen Großclan bilden. Wegen der unterschiedlichen sozialen, politischen und territorialen Bedeutung des Clansystems für verschiedene paschtunische Gruppen ist das Ausmaß der Veränderungen dieses Systems und der damit verbundenen Genealogien ungleich.

Die Anpassung des paschtunischen Genealogiemodells an die wechselnden sozialen und politischen Bedingungen geschieht vor allem durch mehr oder weniger bewußte Manipulation. Sie wird durch Stellen oder Zonen im System erleichtert, die unklar oder nicht genealogisch definiert sind. Diese Schaltzonen oder "areas of ambiguity" liegen, wie erwähnt im Bereich der Clans der untersten Ebene (s.o.); aber auch an anderen Stellen der Genealogie sind Manipulationen möglich. Z.B. gibt NI'MAT ULLAH eine Reihe der Namen in seiner Genealogie (s. Tafel 1) als "adoptiert" (khwānda) an, z.B. Karrānī. Hier ist anzunehmen, daß eine Integration von Fremdgruppen oder eine Umgruppierung von paschtunischen Clans tatsächlich stattgefunden hat und nachträglich genealogisch gerechtfertigt wurde (s. ausführlicher Anm. 3 zu Tafel 1)[1]. Beachtenswert ist auch die Verbindung der Ghilzay, Lōdī und Sarwānī mit der paschtunischen Genealogie über eine Frau: Bībī Matū; auch wenn dies durch eine Adoption des nichtpaschtunischen Ehemanns von Bībī Matū gerechtfertigt wird (s. Anm. 5 von Tafel 1).

Ich selbst konnte bei den Nomaden von Gharjistān keine genealogischen Manipulationen unmittelbar feststellen, jedoch hielten meine Informanten solche Manipulationen für möglich, z.B. wurde mir berichtet, daß die Atsəkzay und Bārəkzay ursprünglich e i n Clan gewesen wären, der Clan unter Ahmad Shāh getrennt worden sei und nun Atsək und Bārək als Brüder gälten, obwohl ursprünglich Atsək Vater von Bārək gewesen sei[2].

BARTH berichtet, daß bei den Swat-Paschtunen keine offensichtlichen genealogischen Manipulationen vorkämen (1959a: 29), und

> "The patrilineal genealogy places every Pakhtun in a fixed
> position." (BARTH 1959a: 3o)

Diese Angaben legen die Vermutung nahe, daß willkürliche Genealogie-Manipulationen in Swat als Fevel gelten mußten, weil die Genealogie der Yusufzay als Grundlage zur zyklischen Landumverteilung diente, also jede willkürliche Veränderung der Genealogie die unmittelbare Lebensgrundlage eines Teils der Bevölkerung berührt hätte.

Besonders deutliche Hinweise für die Fiktivität und Manipulierbarkeit von nationalen Genealogien fand W. KÖNIG bei den Turkmenen, die ihre gemeinsame Genealogie erst zwischen dem 14. und 16. Jh. nach einer

---

1) "... daß die Ursprünge der Paschtunen nicht einheitlich sind, verraten sogar die Genealogien." (SNOY 1972: 19o).
2) Nach anderen Traditionen war Bārək Vater von Atsək (s. ELPHINSTONE 1839 II: 98).

politischen Konföderation verschiedener Turkmenengruppen entwickelten.

> "Diese durch Abhängigkeit, Unterwerfung oder freiwilligen Zusammenschluß entstandenen Gebilde [bei den Turkmenen]... schufen zum Zwecke der bewußtseinsmäßigen Festigung und Erhaltung der geschaffenen Einheit ein genealogisches Schema, das auf der Vorstellung der Abstammung von einem gemeinsamen Stammvater und der durch Filiation entstandenen Blutsverwandtschaft der einzelnen Stammesglieder beruhte. Dieser Stammbaum, der zuerst Stammbaum der herrschenden Gruppe, des Kerns der sich neu formierenden Einheit war, wuchs sich im Laufe der Zeit in dem Maße, wie weitere Vereinigungen ... in den Verband Eingang fanden, zu einem vielzweigigen genealogischen Schema aus, in dem die neuen Elemente allmählich ihre eigene Genealogie mit der des 'Wirtsstammes' verflochten. Spaltungen, Vermischungen, Umsiedlungen, Vergrößerung der Bevölkerung auf natürlichem Wege, ließen zudem ständig neue Gruppierungen entstehen, die als weitere Glieder in das bereits existierende System eingefügt wurden." (W. KÖNIG 1962: 63).

Ähnliches stellt ANDERSON bei den ostpaschtunischen Ghilzay fest:

> "... Pashtun society is organized in ramifying acephalous patrilineages which are fluid schema notorious for their discrepancies between theory and practice and for their manipulability." (1974: 7).

Bei den Waigalī-Nūristānī (Nicht-Paschtunen in Ostafghanistan) werden solche Veränderungen im Clan- und Lineagesystem explizit und öffentlich vorgenommen; Fusionen von Deszendenzgruppen werden sogar durch ein besonderes Fest, das *eken-tay-dūl* ("joining together feast") sanktioniert (JONES 1974: 47).

Allgemein bemerkt JETTMAR zu diesem Problem:

> "Nomaden haben fremde, oft anderssprachige Stammessplitter bedenkenlos inkorporiert, die Konstruktion eines einheitlichen Stammbaums diente dann der Integration." (1969: 82f)[1].

Bevor ich auf die integrative Bedeutung des genealogischen Clansystems bei den westpaschtunischen Nomaden weiter eingehe, sollen noch einige weitere formale Merkmale beleuchtet werden.

Anders als z.B. bei zahlreichen afrikanischen Völkern[2], den Arabern[3], den biblischen Juden[4] fehlt bei den Paschtunen die Fixierung der genealogischen Länge von Ahnenreihen, wie sie etwa BACON beschreibt:

> "Among the Bedouins... was a 'sliding lineage'; that is, at each generation the most distant collateral line was dropped from the responsible kin unit, while a new collateral line was added from within." (1958: 177f)

Oberflächlich betrachtet scheinen zwar die minimalen Lineages der westpaschtunischen Nomaden den genannten "sliding lineages" zu glei-

---

1) Vgl. auch BACON 1958: 178; BOBEK 1959: 273; LEWIS 1961b: 94; MÜHLMANN 1964: 61ff; MALAMAT 1974: 132 (letzterer über Manipulationen in den biblisch-jüdischen Genealogien).
2) Siehe z.B. EVANS-PRITCHARD 1940a; GLUCKMAN 1965: 274f.
3) Siehe z.B. PETERS 1960; BACON 1958.
4) Siehe z.B. MALAMAT 1974.

chen, auch hier überschreiten die Lineages selten die geringe Tiefe von meist drei bis fünf Generationen; aber die Generationentiefe ist nicht kulturell fixiert, sondern richtet sich nach lokalen, ökologischen und ökonomischen Gegebenheiten, Paschtunen mit intensivem Bewässerungsfeldbau, der eine größere Bevölkerungsdichte zuläßt, haben z.B. Lineages mit erheblich größerer Generationentiefe (s. BARTH 1959a: 22-3o) als Nomaden mit ihrer geringen Gruppenkohäsion und Tendenz zu sozialen Zersplitterung.

Auch werden bei den Paschtunen die Lebenden nicht durch eine fixierte Zahl von Generationen und durch "telescoping"[1] genealogisch mit den Clan-Gründern verbunden, sondern, wie bereits dargestellt, durch ein allgemeines Konzept patrilinearer Abstammung, das keine festgelegten Vorstellungen der Generationentiefe enthält. "Telescoping" kommt nur innerhalb der Clangliederung vor, d.h. Generationsebenen in der Clangliederung können gelöscht oder einfach vergessen werden, wenn die ihnen entsprechenden Clans für die Menschen eines bestimmten Gebietes keine Relevanz haben; z.B. lassen die Nomaden von Gharjistān Abdāl (Durrānī) Sohn von ʿAbdurrashīd sein, weil alle dazwischenliegenden Generationsebenen und die ihnen entsprechenden Clan-Einheiten (s.Tafel 1 und 4) in Gharjistān keine Bedeutung haben und unbekannt sind.

Die meisten Gesellschaften mit konischer Clan-Organisation werden bezüglich ihrer politischen Organisation als "segmentäre Gesellschaften", "segmentary societies" oder "segmentary lineage organizations" bezeichnet. Die Paschtunen entsprechen jedoch nicht diesem Typus. Der Terminus geht auf DURKHEIM [2] zurück und könnte nach dessen Definition zwar auch auf die Paschtunen angewendet werden, heute aber wird "segmentäre Gesellschaft" üblicherweise im Sinne von FORTES gebraucht:

> "In [segmentary societies] ... the lineage[3] is not only a corporate unit in the legal or jural sense but is also t h e p r i m a r y p o l i t i c a l a s s o c i a t i o n. Thus the individual has no legal or political status except as a member of a lineage; or to put it in another way, all legal and political relations in the society take place in the context of the lineage system." (FORTES 1953: 26; Hervorhebung durch mich)[4]

Oder im Sinne der Definition von SIGRIST:

> "... [ich] definiere ... 'segmentäre Gesellschaft' als: eine akephale ... Gesellschaft, deren politische Organisation durch politisch gleichrangige und gleichartig unterteilte mehr- oder vielstufige Gruppen vermittelt ist." (1967: 3o)

---

1) Terminus von EVANS-PRITCHARD 194oa.
2) Nach SIGRIST 1967: 21ff.
2) "Lineage" ist hier im Sinne von unilinearer Deszendenzeinheit (z.b. auch Clan) gemeint.
4) Vgl. auch MIDDLETON und TAIT 1958: 7f; LEWIS 1961b: 94; SAHLINS 1961.

Das paschtunische Genealogie- und Clansystem hat bei den von mir untersuchten Nomaden aber kaum Bedeutung für die politische Organisation, wie unten im einzelnen noch deutlich gemacht werden soll. Zu einem ähnlichen Ergebnis kommt BARTH bei den Swat-Paschtunen:

> "It should ... be emphasized that they [the Pakhtun descent croups] do not normally form corporate groups for the purpose of political action..." (1959a: 3o).

Entsprechend fehlt auch das Phänomen der segmentären oder "komplementären" Opposition, das die Deszendenzgruppen in vielen segmentären Gesellschaften in jeweils zwei rivalisierende Untergruppen teilt[1] und das von einigen Autoren[2] zu einem Kriterium segmentärer Gesellschaften gemacht wird.

Auch sind die paschtunischen Clans nicht paarweise unterteilt, wie etwa die der Turkmenen (W. KÖNIG 1962: 67 oder lt. CHELHOD (1969: 93ff) die arabischer Beduinen.

5.1.5 Zur Rigidität von genealogischen Modellen bei Nomaden (Kritik an SPOONER)

In seiner kürzlich erschienenen Analyse nomadischer Gesellschaften (SPOONER 1973) entwickelt SPOONER als Bestandteil seines "generativen Modells" u.a. folgende Hypothese:

> "... - in particular, the problems of herd composition and herding - generates a fluid society based on essentially unstable local groupings. The paradox that many nomadic societies have r i g i d s o c i a l s t r u c t u r e s forms the subject of the section of social organization below." (SPOONER 1973: 15; Hervorhebung durch mich).

Dort ist dann zu lesen:

> "... i n s t a b i l i t y is at the statistical level of the actual working of the society. ... the native models of n o m a d i c societies tend toward comparative r i g i d i t y[3]. The hypothesis advanced here is that rigidity in the native model is a predictable cultural adaptation to ecological instability." (a.a.O.: 23; Hervorhebungen durch mich);

und:

> "Instability at the level of local grouping is balanced by conceptual stability at the level of larger social grouping (the native model of social organization) and the nomadic identity." (a.a.O.: 41).

SPOONER meint hier unter "rigidity in the native model" besonders

---

1) Anschauliche Beschreibung bei EVANS-PRITCHARD 194oa: 143f.
2) z.B. von SAHLINS 1961: 33o.
3) Es wird in SPOONERs Text nicht immer ganz deutlich, ob er Rigidität als Eigenschaft oder Inhalt der indigenen Modelle versteht.

die Rigidität in den genealogischen Clansystemen, die, wie er einleuchtend feststellt, bei den meisten Nomadenvölkern, zumindest den rezenten, zu finden ist.

Aus dem Kontext geht hervor, daß SPOONER auch den dritten Satz im zweiten Zitat auf Nomaden bezieht; aber rigide soziale Modelle im allgemeinen und rigide genealogische Clanmodell im besonderen sind keine typischen Merkmale nomadischer Gesellschaften sondern sehr viel allgemeiner verbreitet. Ich erinnere an das schriftlich fixierte genealogische Clanmodell der (nichtnomadischen) alttestamentarischen Juden[1], das in seiner Rigidität die meisten nomadischen Genealogiesysteme übertrifft; an die frühislamischen, ebenfalls schriftlich fixierten Genealogien der nur z.T. nomadischen Araber, die über 6000 Clans umfassen[2]; an das bekannte genealogische Clansystem der seßhaften Tiv[3] etc. etc.

Von den Paschtunen ist hinzufügen, daß hier die Seßhaften in der Rigidität und Elaboriertheit ihrer Genealogien und ihres Clansystems die Nomaden übertreffen.

Nicht die Rigidität ihrer indigenen Modelle ist also typisch für Nomaden und durch irgendein auf Nomaden und ihre Ökologie bezogenes "generatives Modell" zu erklären, sondern eher die von SPOONER m.E. richtig erkannte besondere I n s t a b i l i t ä t nomadischer Gruppen auf lokaler Ebene. Daß eine solche Instabilität eine gewisse Diskrepanz zu rigiden indigenen sozialen Modellen mit sich bringt, ist ein Gemeinplatz und in ähnlicher Weise bereits von CHELHOD (1969: 89) formuliert worden. SPOONER versucht, ein allgemein - zumindest weit über Nomaden hinaus - verbreitetes Merkmal (Rigidität in indigenen sozialen Modellen) aus spezifischen, nur für Nomaden zutreffenden Bedingungen zu erklären.

5.1.6 Die Bedeutung des genealogischen Clan-Modells für die soziale Organisation der untersuchten Nomaden

Das genealogische Clanmodell der hier untersuchten Nomaden ist weder historisch noch (abgesehen von der grundsätzlichen Problematik funktionaler "Erklärungen") funktional aus dem Nomadismus, d.h. aus der Gesellschaft der paschtunischen Nomaden selbst zu erklären. Ihr Clansystem ist nicht das von Nomaden, sondern das der Paschtunen, von denen nicht anzunehmen ist, daß sie jemals vorwiegend Nomaden waren[4].

---

1) Altes Testament, 1. Mose (Genesis) 1o und 1. Chronika 1 - 8.
2) MALAMT 1973; über das (rigide) genealogische Clansystem rezenter seßhafter Araber s. DOSTAL 1974.
3) L. BOHANNAN 1952.
4) Die meisten Autoren nehmen heute an, daß die Paschtunen bis etwa zum 11. Jh. n.Chr. als seßhafte Bauern im Sulaymān Gebirge (heute Pakistan) lebten und erst danach in ihre heutigen Gebiete expandierten,...

Die paschtunischen Nomaden, die ja nur ein Bestandteil der paschtunischen Gesellschaft sind, gehören also diesem Clan-System als Paschtunen und nicht als Nomaden an. Auch gibt es keinen paschtunischen Clan, der ausschließlich nomadisch wäre[1].

Die Frage, wie und warum die Clanorganisation und das entsprechende Genealogiemodell bei den Paschtunen entstanden ist, kann weder aus den vorhandenen historischen und ethnographischen Quellen noch mit meinem Feldmaterial beantwortet werden, und Spekulationen darüber lassen sich kaum empirisch überprüfen. Im Rahmen dieser Arbeit ist deshalb vor allem die Frage zu klären: Was bedeutet das durch ihre ethnische Zugehörigkeit zu den Paschtunen g e g e b e n e genealogische Clansystem und -Modell für die untersuchten Nomaden?

Die integrative Bedeutung des Genealogiemodells für die Paschtunen liegt, wie bereits angedeutet wurde, darin, daß es zumindest ideologische Verbindungen zwischen den einzelnen paschtunischen Gruppen herstellt, die in einem ethnisch heterogenen Raum mit beträchtlicher geographischer Ausdehnung leben und die sich in ihrer Wirtschaftsweise z.T. stark von einander unterscheiden. Im Falle wirtschaftlicher und politischer Verbindungen oder gemeinsamer militärischer Aktionen dieser Gruppen bietet das genealogische Clanmodell eine Ideologie verwandtschaftlicher Verbundenheit.

> "Wie immer man die paschtunischen Genealogien betrachten mag, zusammen mit den Wertungen und Regeln des Paschtunwali bilden sie die ideologische Basis für die ethnische Einheit der Paschtunen, für das paschtunische Wir-Gefühl." (SNOY 1972: 19o)

Für die Nomaden bedeutet dieses Modell im besonderen eine Ideologie der verwandtschaftlichen Verbundenheit zu der übrigen, (in diesem Fall) mehrheitlich seßhaften Bevölkerung der gleichen Ethnie, von der die meisten Nomaden wirtschaftlich in stärkerem Maße abhängig sind als die Seßhaften von den Nomaden (s. Einleitung zu Kapitel 3)[2].

Die ideologische Bestärkung wirtschaftlicher Beziehungen zwischen Gruppen unterschiedlicher Wirtschaftsweise ist allerdings nicht die Funktion, sondern eine für einige Gruppen günstige Auswirkung des ge-

---

4) ... daß erst danach Teile von ihnen zum Nomadismus übergingen und daß die Paschtunen evtl. auch fremde nomadische Gruppen inkorporierten (vgl. SCHURMANN 1962: 39-4o). REISNER (1954: 1o2) dagegen hält die Paschtunen für ursprünglich nomadisch, was aber weniger auf historischen Tatsachen, als eher auf REISNERs etwas naivem Evolutionismus beruht, demzufolge der Nomadismus in jedem Fall dem seßhaften Bodenbau vorausgehe, was aber seit HAHN (1896) wohl als widerlegt gelten kann.

1) Vgl. ROBINSON 1935: 8.

2) Auch nach BESSAC (1965) sind die genealogischen Clanorganisationen (die er "segmentary lineage systems" nennt) der zentralasiatischen Nomaden nicht aus dem Nomadismus selbst, sondern aus den Beziehungen von Nomaden mit Seßhaften zu verstehen.

nealogischen Clanmodells, denn z.B. die Nomaden von Gharjistān unterhalten Wirtschaftsbeziehungen vor allem mit ethnisch Fremden (s. Abschn. 3.4.3.4).

Eine weitere Bedeutung des genealogischen Clanmodells für die Paschtunen liegt in seiner Eigenschaft, Solidaritätsgruppen zu rekrutieren: Wenn A in Streit mit B gerät, muß C demjenigen beistehen, dem er der Genealogie nach näher steht; gerade für Nomaden mit ihrer geringen territorialen Organisation kann ein solches System von Vorteil sein[1]. Nach diesem Schema konnten sich paschtunische Clans in der Geschichte mehrmals, wenn auch nur kurzfristig, zu recht eindrucksvollen militärischen Operationen zusammenschließen (z.B. Die Ghilzay bei der Eroberung Persiens, Anfang des 18. Jh.). Da aber diese genealogische Solidaritätsideologie nicht über akute Streitfälle gegenüber Dritten hinausgeht und interne Konflikte nicht verhindern kann, hat das genealogische Clanmodell zur Bildung s t a b i l e r politischer und militärischer Einheiten bei den Nomaden wenig Bedeutung.

Bei den Nomaden von Gharjistān konnte ich kaum Beispiele finden, wo durch das genealogische Clanmodell konkrete, wenn auch nur ephemere Solidaritätsgruppen gebildet worden wären, wenngleich meine Informanten den Solidaritätseffekt des Clansystems immer wieder betonten.

Für die Bildung politischer Einheiten in Gharjistān hat das paschtunische Clansystem also kaum erkennbare Bedeutung; dagegen konnte ich eine wenn auch sekundäre Wirkung des Modells auf die Bildung von Lokalgruppen, d.h. von Lagern und Herdengemeinschaften erkennen. In erster Linie schließen sich die autonom wirtschaftenden nomadischen Haushalte zwar nach ökonomischen Gesichtspunkten zusammen (s. Absch. 3.2.4), aber wenn die Wahl zwischen wirtschaftlich gleichwertigen Alternativen besteht, bevorzugt man Bindungen mit Clanverwandten. Wenn Nomaden in ein fremdes Gebiet kommen, suchen sie zuerst Kontakt zu Clanverwandten, und es besteht eine wenn auch nicht immer eingehaltene Norm, clanverwandten Fremden Weiderecht zu gewähren oder wenigstens bei der Suche nach Weideplätzen behilflich zu sein.

Beispiel:

Im September 1970 hat ein bis dahin unbekannter Atsəkzayhaushalt, der auf seiner Herbstwanderung durch das Lager Qala-i Khambar zog, dort um Aufnahme und Weiderecht. Um das Aufnahmegesuch zu beraten, fand wie üblich eine Ratsversammlung der Männer des Lagers statt, auf der neben den Atsəkzay von Qala-i Khambar auch Angehörige anderer Clans anwesend waren. Die Atsəkzay plädierten für die Aufnahme mit der Begründung, daß sie einen Clangenossen *(tarbūr)*[2] nicht wegschicken dürf-

---

1) Vgl. LEWIS 1959: 280.
2) *tarbūr* wörtlich: "patrilinearer Cousin", im übertragenen Sinn auch "Clangenösse".

ten. Die Nicht-Atsəkzay des Lagers votierten aber gegen die Aufnahme, und da Beschlüsse von Ratsversammlungen einstimmig gefaßt werden müssen, konnte der fremde Haushalt nicht aufgenommen werden.

Diese Tendenz bevorzugter sozialer Bindungen zu Clanverwandten, die aber von zahlreichen anderen, vor allem wirtschaftlichen Faktoren durchbrochen wird, führt zwar zu räumlicher Schwerpunktbildung in der Verteilung der Clans der paschtunischen Nomaden[1], verhindert aber nicht heterogene Lokalgruppen im einzelnen.

Die praktische soziale Bedeutung des Clanmodells für die Nomaden von Gharjistān scheint besonders gering zu sein, was evtl. mit der Pazifizierung von Nordwestafghanistan durch den afghanischen Staat seit Amīr 'Abdurrahman zusammenhängt (s. Abschn. 2.2.2). Aber auch bei meiner Erhebung bei Nomaden im Kabul-Tal konnte ich eine deutliche clanmäßige und sogar ethnische[2] Differenzierung der Nomaden auf engem geographischen Raum und sogar auf Lagerebene erkennen, die nicht nur durch eingeheiratete clanfremde Frauen zu erklären ist.

BARTH 1959a: 23) betont auch die sehr bedingte Bedeutung der patrilinearen Deszendenz für die politische Organisation der Paschtunen von Swat; aber

> "Though descent groups are not corporate political bodies, membership in them influences political choices." (BARTH 1959a: 22).

5.2 Die minimalen Lineages

Unter Lineages verstehe ich, wie in Abschnitt 5.1.1 definiert, eine unilineare Deszendenzgruppe, die ausschließlich Personen umfaßt, die ihre genealogischen Verbindungen untereinander und zum gemeinsamen Vorfahren lückenlos angeben können.

M i n i m a l e Lineages[3] sind kleinste, nicht mehr weiter segmen-

---

1) Für die meisten paschtunischen Clans lassen sich geographische Gebiete finden, in denen ihre Angehörigen statistisch besonders häufig auftreten, die als geographische Zentren oder Schwerpunktgebiete der Clans bezeichnet werden können. Das Zentrum der Atsəkzaynomaden liegt z.B. zwischen Kandahār und Quetta, sowie in geringerem Maße zwischen Kandahār und Shīndand. Ein weiteres Schwerpunktgebiet für diesen Clan ist seit der Paschtunisierung von Nordafghanistan Bādghis, wo sich allerdings gleichzeitig auch Schwerpunkte der Es'hākzay und Nūrzay befinden. (Vgl. ELPHINSTONE 1839 II: 98, 127f; Baluchistan District Gazetteer...V, 1907: 70; Gazetteer of Afghanistan V, Kandahar Province 1908: 3f; Census of India IV, Baluchistan Pt. 1 1913I: 52, II: 54; CAROE 1958: 12, 372; N.S. TAPPER 1973: 55ff).

2) Ich traf dort z.B. auch arabische Nomaden an, die in enger Nachbarschaft zu paschtunischen Nomaden lebten und bei denen nicht zu erkennen war, daß sie durch ihre ethnische Differenz zu den in jeder Hinsicht dominierenden Paschtunen Nachteile erlitten.

3) Begriff nach EVANS-PRITCHARD 1940b: 285.

tierte Lineages. Während bei den meisten Gesellschaften mit Lineageorganisation[1] die minimalen Lineages die untersten Glieder eines kontinuierlich sich verzweigenden Systems von Clans, "maximal lineages", "major lineages", "segments of major lineages" etc.[2] sind, besteht bei den paschtunischen Nomaden zwischen dem auf dem Lineage-Prinzip beruhenden Clansystem und den minimalen Lineages keine genealogische Kontinuität, wie bereits in Abschnitt 5.1.4 ausführlich erläutert wurde.

Die minimalen Lineages sind hier auch ohne das Clansystem denkbar, da sie nicht auf einem abstrakten genealogischen Modell beruhen, sondern reale Verwandtschaftsgruppen sind, d.h. nur Kinder, Enkel und Urenkel von Personen umfassen, von denen mit einiger Sicherheit anzunehmen ist, daß sie tatsächlich gelebt haben.

Zahlreiche Herdengemeinschaften und Lager der Nomaden von Gharjistān werden von einer Reihe von Haushalten gebildet, deren Vorstände Angehörige der gleichen minimalen Lineage sind (s. Diagramme in Abschn. 5.5). Zahlreiche Kernfamilien leben aber auch losgelöst von ihren Lineages als Einzelhaushalte unter Lineage- und Clanfremden.

Das Nebeneinander von Einzelhaushalten und lokal lineagegebundenen Haushalten in Nomadenlagern entsteht durch die folgenden Eigenschaften der minimalen Lineages der paschtunischen Nomaden: Wenn die Söhne eines Nomaden eigene Haushalte gegründet haben, sind sie frei, Lager- und Herdengemeinschaften zu bilden mit wem sie wollen (vgl. Abschn. 3.2.7). Es besteht aber die Tendenz, in der Nähe des väterlichen Haushaltes zu bleiben und wenn es wirtschaftlich möglich ist, mit den väterlichen und brüderlichen Haushalten Lager- und Herdengemeinschaften zu bilden. Solche Gemeinschaften können, wie z.B. im Fall der Nūrzay von Qala-i Khambar[3] drei oder mehr Generationen überdauern, sie bilden dann Lokalgruppen auf der Basis einer minimalen Lineage, die auch als "Sippe" oder "extendierte Familie" bezeichnet werden können.

Wenn aber diese Lokalgruppen auf Lineage-Basis so sehr anwachsen, daß sie weiterhin keine sinnvollen Wirtschaftsgemeinschaften mehr bilden können, so spalten sie sich entweder in zwei oder mehr neue Lineages bzw. Lokalgruppen auf Lineage-Basis oder sie atomisieren sich in die einzelnen Haushalte, die nun mit Fremden Lager- und Herdengemeinschaften bilden und aus denen selbst neue Lineages entstehen können. Solche Lineagespaltungen sind grundsätzlich F i s s i o n e n und keine Segmentationen, d.h. die alten Lineages werden nicht zu übergeordneten Einheiten mehrerer neuer minimaler Lineages, sondern die alte Lineageeinheit geht bei Spaltungen verloren, und auch das Bewußt-

---

1) Vgl. FORTES und EVANS-PRITCHARD 1940; FORTES 1953; MIDDLETON und TAIT 1958.
2) Vgl. EVANS-PRITCHARD 1940b: 284f.
3) S. Tafel 6 am Ende dieses Kapitels

sein der ehemaligen Lineageverbundenheit verliert sich in den neuen Lineages nach kurzer Zeit.

Anders als bei seßhaften Paschtunen, z.B. den Swat-Paschtunen (s. BARTH 1959a), wo sich z.T. die minimalen Lineages kontinuierlich zu größeren Lineages und schließlich zu Clans gruppieren, ist bei den westpaschtunischen Nomaden aufgrund meines Feldmaterials kaum anzunehmen, daß sich ihre minimalen Lineages je zu Clans erweitern könnten oder erweitert hätten.

5.3 Verwandtschaftsterminologie

Die folgende Liste der Verwandtschaftstermini der Durrānī - Paschtunen von Gharjistān entstand aus Befragungen meiner Atsəkzay-Informanten aus Qala-i Khambar. Zur Kontrolle führte ich die gleichen Befragungen bei Nūrzay und Es'hākzay in Kawrēj durch. Als Vergleich füge ich die Verwandtschaftsterminologie der Taymūrī von Qala-i Khambar hinzu, die nur geringfügig von der der Durrānī abweicht.

Zur Bezeichnung der Verwandtschaftsbeziehungen verwende ich die in der Verwandtschaftsethnologie üblichen Abkürzungen:

B	= Bruder	W	= Ehefrau
D	= Tochter	Z	= Schwester
F	= Vater	FW	= Frau des Vaters (nicht Mutter von Ego)
H	= Ehemann	HW	= zweite oder frühere Frau des Ehemanns
M	= Mutter		
S	= Sohn	MH	= zweiter Mann der Mutter (nicht Vater von Ego)

Zusammengesetzte Zeichen: z.B. "FBD" bedeutet "Vaters Bruders Tochter", analog sind die übrigen zusammengesetzten Zeichen zu verstehen.

Die angegebenen Termini sind Referenztermini, daneben in Klammern gebe ich die Anredetermini an. Steht neben einem Referenzterminus keine weitere Angabe, sind Referenz- und Anredeterminus identisch; ein (-) neben dem Referenzterminus bedeutet, daß in der Anrede kein Verwandtschaftsterminus, sondern nur der Eigenname verwendet wird.

Verwandtschaftstermini der D u r r ā n ī - P a s c h t u n e n von
Gharjistān - konsanguinale Termini:

plār (bābā, bābə́y)	F
mōr (adē)	M
wrōr (lālā)¹	B
khōr (dādā)²	Z
zúy (-)	S
lūr (-)	D
bābū	FF, MF, FMB, MMB
anā	FM, MM, FFM, FMM, FMZ, MFM, MFZ, MMM, MMZ
ākā	FB
māmā	MB
ʿamā	FZ
khāla	MZ
mlasə́y (-)	SS, DS, SSS, SDS, DSS, DDS, BSS, BDS, ZSS, ZDS ³
mlasē (-)	SD, DD, SDD, SSD, DDD, DSD, BSD, BDD, ZSD, ZDD
wrārə (-)	BS, FBSS
wrēra (-)	BD, FBSD
khurəyéy (-)	ZS, FBDS
khūrdəa (-)	ZD, FBDD
nīkə	FFF, FFB, FMF, MFF, MFB, MMF, FFFB, FMFB, MFFB, MMFB
də ākā zúy (lālā)⁴	FBS
tarla (dādā)⁵	FBD
də ʿamā zúy (-)	FZS
də ʿamā lūr (-)	FZD
māmāzúy (-)	MBS
māmālūr (-)	MBD
baδekhāla (-)⁶	MZS
dokhtarkhāla (-)⁶	MZD
(khpəl; khpəlwān	agnatische Verwandtschaft; die Agnaten)

Anmerkungen auf der übernächsten Seite:

Verwandtschaftstermini der D u r r ā n ī - P a s c h t u n e n von
Gharjistān - affinale Termini:

Term	Relations
māyna (-)	W
mīnja (-)[1]	H
bən (-)[2]	HW
akhṣhéy	WB, WBS, ZH[3]
khūṣhīna	WZ, WBW, WBD
khusər (ākā, bābey)	WF, WFF, WFB, WMF, WMB, HF, HFF, HFB, HMF, HMB
khwā́ṣhē (khwáṣhē, trūri, ā́mā)	WM, WFM, WFZ, WMM, WMZ, HM, HFM, HFZ, HMM, HMZ
bāja	WZH
də khūṣhīna zúy (-)	WZS
də khūṣhīna lūr (-)	WZD
mx̌ōr (-)	SW, SSW, DSW, BSW
khēṣh (-)[4]	SWF, SWB, DHF, DHB, BWF, BWB, ZHF, ZHB, HWF
khḗṣha (-)[5]	SWM, SWZ, DHM, DHZ, BWM, BWZ, ZHM, ZHZ, HWM
zūm (-)	DH, SDH, DDH, BDH, HZH
wriēndār	BW
meyra	FW
bābā āndar (bābā oder də mōr mīnja)	MH
bənzúy (-)	HWS
bənlūr (-)	HWD
lēwar (lālā)	HB
yōr (lālānāwī)[6]	HBW
endrūr (wriēndā́rī)	HZ
də lēwar zúy (-)	WBS
də lēwar lūr (-)	WBD
də endrūr zúy (-)	WZS
də endrūr lūr (-)	WZD
māmī	MBW

(khēṣh; khēṣhān .... affinale Verwandtschaft; die Affinalen)

Anmerkungen auf der nächsten Seite:

Anmerkungen zur Seite 133:

1) Anredeterminus wird nur gebraucht, wenn B älter als Ego ist.
2) Anredeterminus wird nur gebraucht, wenn Z älter als Ego ist.
3) Die männlichen Nachkommen von Ego und von Egos Geschwistern werden für gewöhnlich ab der zweiten absteigenden Generation als *mlaséy* bezeichnet, wenn jedoch die Generation genau angegeben werden soll, wird nur für die zweiten Generation *mlaséy* verwendet, für die dritte Generation *kaṇlwōséy* und für die vierte Generation *kōséy*.
4) Anredeterminus wird nur gebraucht, wenn FBS älter ist als Ego. Für patrilaterale Parallelcousins aller Grade (FBS, FFBSS, FFFBSSS etc.) und für Clanverwandte im allgemeinen wird auch *tarbūr* (Plural *tarbrūna*) verwendet. *də ākā zūy* kann ebenfalls in diesem allgemeineren Sinn gebraucht werden.
5) Anredeterminus wird nur gebraucht, wenn FBD älter ist als Ego.
6) Die Termini für MZS und MZD sind persisch.

Anmerkungen zur Seite 134:

1) H wird weder mit Namen noch mit *mīṇla* angeredet, sondern entweder gar nicht, oder, wenn er einen Sohn hat, mit *də XY plārə* ("Vater des XY").
2) Wenn zwei Ehefrauen desselben Mannes etwa gleichaltrig und gleichrangig sind, reden sie sich mit Namen an. Bei deutlichem Alters- und Rangunterschied redet die ältere Frau die jüngere mit *nawakéy* an und die jüngere die ältere mit *dādā* oder mit *də XY mōr* ("Mutter des XY").
3) Als *akhṣhéy* wird auch ein Clanfremder bezeichnet, der ein Mädchen aus Egos Clan geheiratet hat.
4) *khēṣh* wird meistens mit seinem Namen angeredet; wenn *khēṣh* älter als Ego ist, und wenn eine besonders herzliche Beziehung betont werden soll, lautet die Anrede *khēṣhə*, *ākā* oder *kākā*.
5) Wie bei *khēṣh*; wenn *khēṣha* älter als Ego ist und eine besonders herzliche Beziehung betont werden soll, ist die Anrede *khēṣhī*.
6) HBW wird nur mit *lālānāwī* angeredet, wenn sie älter als Ego ist.

Verwandtschaftstermini der nichtpaschtunischen (persisch sprechenden
T a y m ū r ī von Qala-i Khambar - konsanguinale Termini:

padar (ata)	F
mādar (apa)	M
brār (lālā)[1]	B
khwār (dādā)	Z
bača (-)	S
dokhtar (-)	D
bābū	FF, FFB, FMB, MF, MFB, MMB
anā	FM, FFM, FFZ, FMM, FMZ, MFM, MFZ, MMM, MMZ
kākā oder *ʿamū*	FB
māmā	MB
ʿama	FZ
khāla	MZ
nomāsa (-)	SS, SD, DS, DD, SSS, SSD, SDS, SDD, DSS, DSD, DDS, DDD, BSS, BSD, BDS, BDD, ZSS, ZSD, ZDS, ZDD
burārzāda (-)	BS, BD
khwārzāda (-)	ZS, ZD
nīka (bābū, nīka)	FFF, FMF, MFF, MMF, FFFB, FMFB, MFFB, MMFB
bače kākā	FBS
dokhtar-e ʿamū	FBD
bače ʿama	FZS
dokhtar-e ʿama	FZD
bače māmā	MBS
dokhtar-e māmā	MBD
bače khāla	MZS
dokhtar-e khāla	MZD

---

1) B wird nur mit *lālā* angeredet, wenn er älter als Ego ist.

Verwandtschaftstermini der T a y m ū r ī von Qala-i Khambar -
affinale Termini

Term	Relations
zan (-)[1]	W
shū (-)	H
anbāgh (-)	HW
dōmād (-)	WB, ZH, DH, SDH, DDH, BDH, ZDH
khōshlīča (-)	WZ, HZ
khusar	WF, HF, WFF, WFB, WMF, WMB, HFF, HFB, HMF, HMB, HZH
khushū	WM, WFM, WFZ, WMM, WMZ, HFM, HFZ, HMZ
bāja	WZH
sunō	SW, SSW, DSW, BSW, ZSW
khēsh	SWF, SWM, DHF, DHM, BWF, BWM, ZHF, ZHM, ZHB, ZHZ
wriēndār	BW, MHSW
meyra	FW
brār, brār andar (-)	FWS, MHS
khwār, khwār andar (-)	FWD, MHD
piār andar (-)	MH
khālū	FWB
khāla	FWZ
trūrī	FBW
anā	HM, HMM, MHM
bābū	MHF
brārzāda (-)	MHSS, MHSD
bače anbāgh, bače andar (-)	HWS, WHS
dokhtar anbāgh, dokhtar andar (-)	HWD, WHD
khusarzāda (lālā)	HB
zan-e khusarzāda (wriēndārī)	HBW
bače khusarzāda (-)	HBS
dokhtar-e khusārzada (-)	HBD
māmī	MBW

---

1) Wenn neuverheiratet: '*arūs*.

Formal ist auf zwei Merkmale der Verwandtschaftsterminologie der Paschtunen von Gharjistān besonders hinzuweisen, die sie von den Terminologien benachbarter Ethnien und auch anderer Paschtunen unterscheidet:

a) In der zweiten aufsteigenden Generation werden die männlichen Konsanguinalen terminologisch in zwei Klassen zusammengefaßt, nämlich *bābū* (= FF, FMB, MF, MMB) und *nīkə* (= FFB und MFB). Der Terminus *nīkə* bezeichnet aber zugleich a l l e männlichen Konsanguinalen der dritten aufsteigenden Generation. D.h. alle Großväter und die Brüder der Großmütter werden durch e i n e n Terminus zusammengefaßt *(bābū)*, und a l l e Brüder der Großväter haben mit allen männlichen Konsanguinalen der dritten aufsteigenden Generation einen weiteren Terminus *(nīkə)* gemeinsam. Bei den Taymūrī von Gharjistān dagegen gibt es e i n e n Terminus *(bābū)* für a l l e männlichen Konsanguinalen der zweiten aufsteigenden Generation und einen anderen Terminus *(nīkə)* für alle männlichen Konsanguinalen der dritten aufsteigenden Generation. Diesem System der Taymūrī entspricht auch das der Sāfī-Paschtunen in Ost-Afghanistan, hier heißen die männlichen Konsanguinalen der zweiten aufsteigenden Generation *bābā* und die der dritten aufsteigenden Generation *nīkə* oder *warnīkə*[1]. Die Durrānī-Paschtunen von Sar-e Pūl (Nord-Afghanistan) dagegen bezeichnen alle männlichen Konsanguinalen der zweiten u n d der dritten aufsteigenden Generation mit *nīkə*[2]. Nach BARTH (1959a: 11o) werden auch bei den Yūsufzay-Paschtunen von Swat FF und FFB ebenso wie FM als *nīkə* bezeichnet, leider fehlt ein Hinweis auf die Termini für FMB, MFB, MMB und für die Konsanguinalen der dritten aufsteigenden Generation.

b) Die Paschtunen von Gharjistān unterscheiden ebenso wie die Taymūrī und Hazārah[3] terminologisch FZ und MZ. Entsprechend werden auch die Kinder von FZ und MZ differenziert. Die Terminologie entspricht auf Grund der Cousin-Termini dem "s u d a n e s i s c h e n T y p u s" nach MURDOCK (1949: 224) und ist auf Grund der Termini der ersten aufsteigenden Generation als "b i f u r c a t e c o l l a t e r a l" (MURDOCK 1949: 141) zu bezeichnen. Das gleiche trifft auch für die Sāfī-Paschtunen in Ostafghanistan[4] und für die Atsəkzay von Uruzgān[5] zu.

---

1) Briefliche Mitteilung von Herrn Jeffrey Evans vom 15.2.1972.
2) Briefliche Mitteilung von Herrn Dr.R.L.Tapper vom Juni 1973; er schreibt außerdem, daß für die männlichen Konsanguinalen der dritten aufsteigenden Generation auch der Terminus *warnīkə* bekannt sei. Vermutlich wird zwischen *nīkə* und *warnīkə* nur differenziert, wenn auf den Generationsunterschied ausdrücklich hingewiesen werden soll.
3) Verwandtschaftsterminologie der zentralafghanischen Hazārah bei BACON (1958: 37).
4) Briefliche Mitteilung von Herrn Jeffrey Evans vom 15.2.1973.
5) Briefliche Mitteilung von Herrn Bayazid Atsak vom 8.2.1973.

Im deutlichen Unterschied dazu verwenden aber nach BARTH (1959a: 11o) die Paschtunen von Swat und nach LATIMER[1] die Paschtunen allgemein im Nordwesten des heutigen Pakistan für FZ und MZ den g l e i c h e n Terminus *(trōr)*, und ihre Kinder werden nach BARTH (a.a.O.) mit dem gleichen Terminus wie Bruder und Schwester bezeichnet *(wrōr* und *khōr)*; lediglich für die Kinder von FB und MB existieren differenzierende Termini. Nach LATIMER[1] werden die Kinder von FZ und MZ terminologisch zusammengefaßt, aber von B und Z geschieden; die Kinder von FB und MB erhalten auch hier jeweils spezifische Termini.

Die Terminologie der Paschtunen von Gharjistān, von Uruzgān und der Sāfī-Paschtunen unterscheidet sich damit nach der von MURDOCK (1949) für die Klassifizierung der Verwandtschaftsterminologien als besonders wichtig erachteten Tanten- und Cousintermini sehr deutlich von der der Paschtunen im Nordwesten des heutigen Pakistan. Es wäre zu fragen, ob diesen Diskrepanzen in der Verwandtschaftsterminologie verschiedener paschtunischer Gruppen auch Unterschiede in den verwandtschaftlichen Interaktionen entsprechen, was aber z. Zt. mangels Vergleichsmaterials nicht beantwortet werden kann. Auch historische Spekulationen lassen sich daran anschließen: Die Differenzen in der Verwandtschaftsterminologie könnten ein Hinweis auf eine heterogene Ethnogenese der Paschtunen sein; dabei bliebe aber zu bedenken, daß die verschiedenen paschtunischen Gruppen nach ihrer beträchtlichen räumlichen Ausbreitung auch unterschiedlichen Einflüssen von außen (Indien, Persien, Mittel- und Zentralasien) ausgesetzt waren.

5.4   Heirat und Ehe

5.4.1 Eheschließung

Üblicherweise wählen die Väter die Heiratspartner ihrer Kinder aus und führen die Heiratsverhandlungen. Dies kann schon gleich nach der Geburt des Kindes geschehen, gewöhnlich aber bei Töchtern erst einige Jahre vor der Pubertät, bei Söhnen einige Jahre danach[2]. Ein Vater kann sowohl bei der Suche nach einer Braut für seinen Sohn als auch bei der Suche nach einem Bräutigam für seine Tochter selbst die Initiative ergreifen. Die Auswahlkriterien für die Heiratspartner werden im nächsten Abschnitt ausführlich erläutert. Wünsche der Heiratskandidaten spielen eine untergeordnete Rolle (s.u.).

---

1) Im Census of India 1911, Vol. XIII, North-West Frontier Province, 1912I: 148.

2) Eine Statistik des Heiratsalters konnte ich aus technischen Gründen nicht durchführen, ich verweise aber auf die Heiratsstatistik der Paschtunen in der ehemals britisch-indischen North-West Frontier Province im Census of India 1911, XIII, NWFP 1912I: 167f.

Ein erwachsener Mann, der nicht mehr im Haushalt seines Vaters lebt, kann zwar die Initiative zur Brautsuche ergreifen, aber die Heiratsverhandlungen nicht selbst führen, er beauftragt dazu einen engen Agnaten (z.B. F, B oder FB).

Wenn ein Mädchen oder ein unmündiger Knabe keinen Vater hat, übernimmt der älteste Bruder oder der Vaterbruder dessen Rolle.

Ein Mann soll erst dann eine polygyne Ehe eingehen, wenn alle seine heraitsfähigen und in seinem Haushalt lebenden Söhne verheiratet sind. Er braucht sich bei der Brautsuche für seine Söhne nicht an deren Altersreihenfolge zu halten.

Die Institution des *nāra* ermöglicht es einem jungen Mädchen, bei der Wahl des Bräutigams gegen den Willen ihres oder des Auserwählten Vaters die Initiative zu ergreifen: Das Mädchen verläßt heimlich das Zelt ihrer Eltern, läuft ins Zelt des Auserwählten und muß in Gegenwart von Zeugen ausrufen:
"Abdul ist mein Mann, ich will keinen anderen haben!"[1] Damit ist eine unlösbare Heiratsverbindung geschaffen, und die Familie des Bräutigams muß einen von der Familie der Braut festgesetzten Brautpreis zahlen. Bei einer solchen Brautpreisverhandlung ist die Familie der Braut in stärkerer Position und kann die Höhe des Brautpreises bestimmen; deshalb versucht die Familie des jungen Mannes ein *nāra* rechtzeitig zu verhindern. *Nāra*, so wurde mir versichert, kommt sehr selten vor, meine Informanten konnten mir nur einen Fall präzise beschreiben.

Will ein junger Mann ein bestimmtes Mädchen gegen den Willen beider Väter heiraten, trifft er sich heimlich mit seiner Auserwählten, schneidet eine Locke ihrer Stirnhaare ab und präsentiert sie seinem Vater, der dadurch verpflichtet ist, sofort die Heiratsverhandlungen mit dem Vater des Mädchens aufzunehmen. Meine Informanten schätzten, daß etwa eine unter 40 Heiraten auf diese Weise zustande käme.

Der Ablauf der Eheschließung gliedert sich in drei Abschnitte:

a) *kōzda*, die ich in Ermangelung eines besseren Ausdrucks mit "Verlobung" übersetze,

b) *dasmāl*, die Vorhochzeit und

c) *wādə*, die Hochzeit.

a) Verlobung *(kōzda)*:

Nachdem die informellen Heirats- und Brautpreisverhandlungen zwischen den Vätern oder Vertretern der Heiratspartner abgeschlossen sind, lädt der Vater der Braut seine engeren Verwandten, Nachbarn und den Vater des Bräutigams mit seinen engeren Verwandten in sein Zelt ein; der Bräutigam bleibt ausgeschlossen.

Während dieser Einladung werden pro forma die Brautpreisverhandlungen

---

1) Vgl. JANATA 1962/63a: 71f.

wiederholt und schließlich die Termine von Vorhochzeit und Hochzeit festgelegt. Die Diskussion darüber dauert meist etwa ein bis zwei Stunden, bis beide Parteien den ausgehandelten Bedingungen der Heirat vor Zeugen zustimmen. Feierlich erklärt daraufhin einer der Gäste, der keiner der beiden Parteien angehört, daß z.B. Maynā nun die Frau von Abdul sei. Ein *mulla* beschließt die Sitzung mit einem kurzen Gebet. Damit ist offiziell die Verlobung geschlossen; eine Auflösung der Verlobung ist nur durch Tod oder formelle Scheidung (s.u.) möglich. Die Braut bleibt aber bis zur Hochzeit, d.h. bis der volle Brautpreis bezahlt ist, im Haushalt ihrer Eltern und darf den Bräutigam nicht sehen.

Nach der Verlobungsfeier erhält der Delegierte des Bräutigams eine bunte Stoffschleife, die die Mutter der Braut vor der Feier an den mittleren Zeltpfosten gebunden hat, und bringt sie dem Bräutigam als Zeichen der Verlobung.

Nach der *kōzda* gibt man zunächst im Zelt der Braut und anschließend im Zelt des Bräutigams ein Essen.

b) Die Vorhochzeit *(dasmāl)*:

Nach der Bezahlung der Hälfte des Brautpreises, aber frühestens acht Monate vor dem festgesetzten Hochzeitstermin, findet im Zelt der Braut das Fest *dasmāl* statt.

Die wichtigste rechtliche Konsequenz des *dasmāl* ist, daß der Bräutigam von diesem Tag an freien se uellen Zugang zur Braut erhält; die Braut bleibt aber weiterhin im Zelt ihrer Eltern und darf bis zur eigentlichen Hochzeit *(wādə)* das Zelt des Bräutigams nicht betreten; es gilt als Schande *(badnāmī)*, wenn die Braut noch vor der Hochzeit niederkommt. Deshalb findet *dasmāl* erst statt, wenn feststeht, daß die Hochzeit spätestens nach acht Monaten stattfinden kann.

Wenn die Familie des Bräutigams schon bei der Verlobung die Hälfte des Brautpreises übergibt und die Familie der Braut überzeugen kann, daß die Hochzeit innerhalb von acht Monaten stattfinden kann, feiert man *kōzda* und *dasmāl* gleichzeitig.

Die Brautfamilie richtet das *dasmāl*-Fest aus, an dem nur Männer teilnehmen.

Zur Feier kommen vor allem die Verwandten und Freunde des Bräutigams und Nachbarn aus dem Lager der Braut. Aus der Verwandtschaft der Braut erscheinen nur die engsten Agnaten. Man erklärte mir, die Familie der Braut hätte eigentlich keinen Grund zum Feiern, das "Glück" *(khōshālī)* sei auf seiten der Familie des Bräutigams, denn *dasmāl* ebne den Weg zur Braut. Deshalb tanzen und singen auf der Feier nur die Angehörigen des Bräutigams und die Gäste, die keiner der beiden Familien angehören.

Die Feier beginnt morgens mit einem Festessen. Danach wird getanzt, gesungen und gespielt[1], bis sich zum Höhepunkt der Feier alle Gäste in

---
1) z.B. Wett-Zielschießen.

einem Kreis um den *mulla* und den Vertreter der Braut, z.B. ihren Vater
oder Vaterbruder, versammeln. Neben dem *mulla* steht eine mit einem bunt-
bedruckten Baumwolltuch *(dasmāl)* bedeckte Silberschale.

Der *mulla* fragt nun in die Runde:

"Wer ist der Vertreter *(wakīl)* der Braut?"

Darauf verlassen drei der Gäste, die weder mit Braut noch Bräutigam
verwandt sind, die Versammlung und gehen zur Braut, die sich in einem
Zelt in der Nähe aufhält, dort demonstrativ weint und sich von weiblichen Verwandten und Freundinnen trösten läßt. Die drei Männer fragen
die Braut, wer ihr Vertreter sei, und teilen die Antwort mit folgenden Worten der Festversammlung mit:

"Wir kommen, um Zeugnis *(shahīdī)* bei Gott abzulegen, daß
[z.B.:] Yūsuf der Vertreter *(wakīl)* der [Braut, z.B.:] Maynā
ist, der Tochter des Sūrgul und der Rangīna, und daß Yūsuf
beauftragt ist, den Brautpreis *(mahr*[1]*)* entgegenzunehmen."

Danach fragt der *mulla* nach dem Bräutigam oder seinem Vertreter. Wenn
der Bräutigam anwesend ist (meistens ist er es nicht), gibt er dies
bekannt, andernfalls erklären Zeugen mit ähnlichen Worten wie oben,
wer der Vertreter des Bräutigams ist.

Wenn der *mulla* laut festgestellt hat, daß der Vertreter der Braut
und der Bräutigam, bzw. dessen Vertreter, anwesend sind, spricht der
neben dem *mulla* sitzende Vertreter der Braut:

"Ich bin der Vertreter der Braut, die Maynā heißt, Tochter des
Sūrgul und der Rangīna ist, welche keine andere Tochter dieses
Namens haben, und die die Enkelin des Lāl und der Bībījān ist.
Ich gebe dieses Mädchen dem Abdul, Sohn des Sangīn und der
Pākīzāka, Enkel des Khānaqā und der Gulnār, für einen Braut-
preis von [z.B.:] 50 000 Afs. und 80 Schafen, wovon heute
25 000 Afs. und 40 Schafe übergeben wurden."

Der Vertreter des Bräutigams antwortet:

"Ich bin der Vertreter des Abdul, Sohn des Sangīn ... [etc., wie
oben] und stimme überein, daß Abdul das Mädchen Maynā, Tochter
des Sūrul....[etc., wie oben] für einen Brautpreis von 50 000
Afs. und 80 Schafen, wovon heute 25 000 Afs. und 40 Schafe bezahlt wurden, zur Frau erhält."

Der *mulla* spricht nun zwei Gebete *(khotba* und *doʿā)*, hebt das Tuch
(dasmāl) über der Silberschale hoch, in der Süßigkeiten und Nüsse sicht-
bar werden, und übergibt die Schale dem Vater oder Vaterbruder der
Braut, der den Inhalt an die Gäste verteilt.

Gegen Mittag ist die Feier zu Ende; am Nachmittag werden nochmal
die engeren männlichen Agnaten des Bräutigams ins Zelt der Braut ein-
geladen und erhalten Geschenke, meist Turbane.

Am Abend laden die Brauteltern den Bräutigam zum Essen ein, wobei
sich die Braut in einer Ecke des Zeltes verbirgt. In einer anderen

---

[1] Das Paschtuwort für Brautpreis ist *wəlwər*, jedoch wird bei feierlichen Anlässen das arabische Wort *mahr* verwendet.

Ecke des Zeltes ist ein Brautlager aufgeschlagen und durch Vorhänge und Gepäckstücke vom übrigen Zeltinnenraum abgetrennt.

In dieser Nacht ist es die Pflicht der Brautleute, die Ehe zu vollziehen, aber der Bräutigam muß vor Anbruch der Morgendämmerung das Brautzelt verlassen, nachdem er einen Betrag von 1000 bis 1500 Afs. (DM 40.- bis 60.-) unter der Matratze für die Frau, die das Brautbett macht (meist die Mutter oder FZ der Braut) hinterlegt hat.

Bis zur eigentlichen Hochzeit (wādə) kann der Bräutigam nachts so oft die Braut besuchen, wie er will, aber tags darf er sich nicht in der Nähe des Brautzeltes blicken lassen. Bei jedem Besuch erwartet die Braut ein Geschenk von ihm[1].

c) Die Hochzeit (wādə)

Nach der Bezahlung des vollständigen Brautpreises findet die dritte und letzte Phase der Eheschließung statt: die eigentliche Hochzeit wādə).

Wie kōzda und dasmāl findet auch die Hochzeit im Zelt der Braut statt. Neben dem Brautpreis, den Brautgeschenken und der Mitgift sind die Aufwendungen für das Fest in zwei Teile zu gliedern: 1. Dienstleistungen (khəzmat)[2], 2. materielle Aufwendungen (khōshey).

Alle Dienstleistungen (khəzmat) für das Fest sind von der Familie der Braut zu erbringen, wie Schafe schlachten, Essen zubereiten und den Gästen servieren. Alle materiellen Güter für die Hochzeit (khōshey) wie Lebensmittel und Brennmaterial werden von der Familie des Bräutigams gestellt und spätestens am Tag vor dem Fest in einer geschmückten Karawane zum Zelt der Brautfamilie geschafft.

Am Vorabend der Hochzeit bringen die engeren Verwandten und Freunde des Bräutigams - die Zahl 20 soll dabei nicht überschritten werden - den Bräutigam in einem feierlichen Zug zum Zelt der Braut, begleitet von singenden Frauen, die vor dem Zelt der Braut wieder umkehren. Während der Bräutigam und seine Begleiter in das Zelt eintreten, stellt sich ihnen die Hausfrau entgegen und fordert von jedem 10 Afs. (DM.-40); das Geld verteilt sie anschließend an die Frauen des Haushaltes, die an den Hochzeitsvorbereitungen beteiligt sind.

Die Gäste erhalten Tee und mālīda, eine Paste aus unfermentiertem Brot mit Zucker und Butterschmalz. Während und nach diesem Essen dürfen die weiblichen Gastgeber den Bräutigam necken und mit Wasser und Henna bespritzen, bis dieser die Flucht ergreift.

Nach dem Essen wird eine Schüssel mit Henna gereicht, in die alle Anwesenden die Hände tauchen. Unter Gelächter versucht man, sich gegenseitig Gesichter und Turbanenden zu färben.

---

1) Die Kasakhen bzw. Kirgisen hatten eine dem dasmāl vergleichbare Institution (RADLOFF 1893I: 477; BACON 1954: 63).
2) Bei RAVERTY "khidmat" (1860: 408); nach STEINGASS (1947: 450) von arabisch khadmat ("Dienst").

Am Morgen des nächsten Tages versammeln sich die Verwandten und Freunde des Bräutigams, die Bewohner des Lagers der Braut und der Nachbarlager, nach Frauen und Männern getrennt, vor dem Zelt der Eltern der Braut zum Festmahl und werden von den Verwandten der Braut bedient. Braut und Bräutigam nehmen an diesem Mahl nicht teil.

Nach dem Essen wird im Zeltdach der Braut, auf der vorderen Seite links, eine Naht etwa einen Meter geöffnet; durch dieses Loch reichen weibliche Angehörige der Braut die Mitgift aus dem Zeltinneren nach außen, wo die Gegenstände von männlichen Verwandten entgegengenommen und auf dem Boden aufgestapelt werden. Die Mitgift besteht meistens aus Knüpf- und Filzteppichen, Decken, Kelims, geknüpften Zeltkissen (*baləsht*), Kleidern, Schuhen und Schmuck. Schließlich werden auch neue Männerkleider und ein Turban durchgereicht, die nun der Bräutigam anzuziehen hat, während er durch einen engen Kreis von singenden Freunden und Verwandten vor Blicken geschützt wird. Anschließend entfernt sich der Bräutigam und nimmt an der restlichen Feier nicht mehr teil.

Die Agnaten der Braut führen nun ein geschmücktes Kamel vor und beladen es mit der Mitgift. Eine Frauengruppe besingt mit festgelegten Texten jeden dieser Handgriffe. Schließlich führt man die mit einem Tuch verhängte Braut aus ihrem Zelt, setzt sie auf die Ladung auf dem Kamel und führt sie in einem Festzug unter Freudenrufen, Gesang und Luftschüssen (aus Gewehren, die einige Gäste mitgebracht haben) zum Zelt des Bräutigams oder eines seiner Verwandten, falls das Zelt des Bräutigams weiter als eine halbe Tagesreise entfernt ist. Das Hochzeitskamel wird von einem älteren männlichen Agnaten der Braut, meist ihrem Vaterbruder, geführt.

Am Ziel steigt die Braut mit Hilfe weiblicher Verwandter des Bräutigams vom Kamel und wird zum Eingang des Zeltes geführt, wo sie sich zunächst weigert einzutreten, bis ihr die Hausfrau einen reich verzierten Frauenumhang (*porₙluney*) anbietet. Schließlich tritt sie zögernd ein und wird auf einen gepolsterten Platz im Mittelteil des Zeltes gesetzt, das an dem Tag nur von Frauen betreten werden darf. Die Männer verbringen den Rest des Tages mit Tanzen, Singen und Spielen.

An den folgenden drei Tagen hat die Braut verschleiert auf ihrem Platz sitzen zu bleiben, sie wird von Frauen des Haushalts des Bräutigams bedient und beim Austreten begleitet. Nachts zieht sie sich auf ein geschmücktes und durch Gepäckstücke und Vorhänge vom übrigen Zelt abgeteiltes Nachtlager zurück, wo sie vom Bräutigam besucht wird. Dabei muß sich der Bräutigam in das Zelt schleichen, möglichst ohne von anderen Lagerbewohnern bemerkt zu werden. Während dieser drei Tage darf sich der Bräutigam weder im eigenen Lager noch in dem der Brauteltern blicken lassen.

Am dritten Tag nach der Hochzeit wird die Braut entschleiert, sie hat nun normal im Haushalt mitzuarbeiten, und der Polstersitz und das

Brautlager werden entfernt. Eine kleine Feier an diesem Tag im Zelt
des Bräutigams, an der nur die engsten Verwandten des Bräutigams und
der Braut teilnehmen und bei der ein Priester ein kurzes Gebet spricht
(nikāh taṇləl), beendet die Hochzeit.

Die Eheschließung der Nomaden von Gharjistān unterscheidet sich sowohl in den meisten Einzelheiten als auch in der Kürze und geringeren
Aufwendigkeit deutlich von den Hochzeiten etwa der Bevölkerung von Kābul (S. JANATA 1962/63a).

sar aṇləwūl:

Wenn der Bräutigam zwar den Brautpreis voll bezahlt hat, aber weder einen gemeinsamen Haushalt mit der Braut gründen noch mit ihr zusammen bei Verwandten leben kann, z.B. weil er Hirte ist oder weil die
Braut noch nicht die Geschlechtsreife erreicht hat, findet keine *wādə*,
sondern *sar aṇləwūl* statt. Dabei wird nur eine kleine Feier mit den
engsten Verwandten des Brautpaares wie am dritten Tag der *wādə* (s.o.)
im Zelt der Brauteltern veranstaltet, auf der ein Priester das Hochzeitsgebet *nikāh tarləl)* spricht. Das große Fest wie bei der *wādə*
fällt aus.

Nach dieser Form der Hochzeit bleibt die Braut weiterhin im Haushalt ihrer Eltern und arbeitet dort mit wie zuvor, und der Bräutigam
kann sie besuchen so oft er will. Sobald die Voraussetzungen dafür
gegeben sind, holt er sie zu sich, aber ohne jede Feierlichkeit.

Sar aṇləwūl ist für die Brauteltern sehr vorteilhaft, weil ihnen
die Tochter als Arbeitskraft erhalten bleibt, *sar aṇləwūl* gilt aber
stets nur als ein Provisorium und als eine Übergangslösung und wird
von der Gesellschaft nicht positiv bewertet.

5.4.2 Heiratsbeziehungen

Bei den Paschtunen von Gharjistān, die zum engeren Kreis meiner
Untersuchung gehörten, notierte ich 51 Heiratsbeziehungen, einschließlich solcher, bei denen ein Ehepartner gestorben war, und einschließlich Verlobungen (*kōzda*), die von den Paschtunen als vollgültige und
nur durch den Tod oder formale Scheidung auflösbare Heiratsbeziehungen
angesehen werden:

	Zahl der Ehen	%
Sample	51	1oo
beide Partner Paschtunen	46	9o,2
Mann Paschtune, Frau Aymāq	3	5,9
Frau Paschtunin, Mann Nicht-Paschtune (hier Kalasar-Taymūrī)[1]	1	2

Fortsetzung:

	Zahl der Ehen	%
Herkunft der Frau unbekannt	1	
beide Partner Durrānī[2]	43	84,3
clanendogame Heiraten bezüglich der Clans der Ebene Atsəkzay, Es'hākzay und Nūrzay[3]	30	59
clanendogame Heiraten bezüglich der Clans der untersten Ebene	26	51
lineageendogame Heiraten (Ehepartner können ihre patrilinearen Verwandtschaftsbeziehungen zueinander exakt angeben) bzw. patrilaterale Parallelcousinenheiraten verschiedenen Grades	17	33,3
davon:		
FBD - Heiraten	7	13,7
FBSD - Heiraten	4	7,8
FFBSD - Heiraten	4	7,8
FFFBSSD - Heiraten	2	3,9
MBD - Heiraten	2	3,9
FZD - Heirat	1	2
Heiraten durch Levirat	5	9,8
Heiraten durch Frauentausch (məkhéy) (s.u.)	5	9,8
Z.Zt. meines Feldaufenthaltes bestehende Ehen, bei denen beide Ehepartner lebten (pro Ehefrau eine Ehe)	20	
davon polygyne Ehen (pro Ehefrau eine Ehe)	6	

---

1) Es besteht ein strenges Hypogamieverbot, paschtunische Mädchen dürfen grundsätzlich keine Angehörigen von Ethnien heiraten, die von den Paschtunen als rangmäßig inferior betrachtet werden und zu denen fast alle Nichtpaschtunen gehören; die Taymūrī werden jedoch von einigen Paschtunen als nahezu gleichrangig betrachtet.

2) Alle männlichen Paschtunen des Samples sind Durrānī.

3) Alle männlichen Paschtunen des Samples gehören einem dieser drei Clans an.

Heiratsbeziehungen der Nichtpaschtunen von Qala-i Khambar:

Im Lager Qala-i Khambar notierte ich außerdem 20 Heiratsbeziehungen zwischen nichtpaschtunischen Ehepartnern. 16 der männlichen Partner dieser Ehen gehören zu den Kalasar Taymūrī und vier zum Sarjānī Taymanī-Haushalt des *mulla* von Qala-i Khambar:

	Zahl der Ehen	%
Sample	20	100
beide Partner gehören der gleichen Ethnie an	13	65
clanendogame Heiraten bezüglich Kalasar-Taymūrī oder Sarjānī-Taymanī	12	60
lineageendogame Heiraten	7	35
FBD - Heiraten	2	10
FFBSSD - Heirat	1	5
FFFBSSD - Heirat	1	5
patrilaterale Parallelcousinenheiraten verschiedenen Grades (FBD-, FFBSSD-, FFFBSSD-Heiraten) zusammen	4	20
Heiraten durch Levirat	0	0
Heiraten durch Frauentausch	4	20
z.Zt. meines Feldaufenthaltes bestehende Ehen, bei denen beide Ehepartner lebten (pro Ehefrau eine Ehe)	9	
davon polygyne Ehen (pro Ehefrau eine Ehe)	4	

Wie aus diesen Aufstellungen ersichtlich, ist bei den Paschtunen von Gharjistān die ethnisch endogame Ehe die Regel, trotz ethnischer Vielfalt des Gebietes und obwohl die Brautpreise für Aymāq-Mädchen erheblich niedriger sind als für Paschtuninnen (s.u.)

Die Paschtunen halten fast alle Ethnien in Afghanistan rangmäßig für niedriger, und ethnische Hypogamie[1] ist ein schwerer Normverstoß.

Eine Nichtpaschtunin zu heiraten gilt für Paschtunen als degradierend, als Eingeständnis, daß man wegen Armut oder anderer Mängel nicht in der Lage ist, eine ethnisch gleichrangige Frau zu erwerben.

Bei den Nichtpaschtunen von Qala-i Khambar sind nur 65% der Ehen ethnisch endogam, was dadurch zu erklären ist, daß es sich dabei in diesem Gebiet um kleinere ethnische Minderheiten handelt, bei denen

---

1). Hypogamie ist eine Heiratsbeziehung, bei der der Eheman einen niedrigeren sozialen Rang hat als die Frau.

die Chance, heiratsfähige Ehepartner in der gleichen Ethnie zu finden, relativ gering ist.

Es besteht eine deutliche Tendenz zur clanendogamen Heirat. Die 84,3% durrānī-endogamen Heiraten sind zwar dadurch zu erklären, daß in diesem Gebiet kaum Paschtunen leben, die nicht den Durrānī angehören, aber noch fast 60% der Ehen sind clanendogam bezüglich eines Clans der Ebene Atsəkzay, Nūrzay etc., und noch über die Hälfte der Ehen werden zwischen Angehörigen des gleichen Clans der untersten Ebene (z.B. Ardōzay) geschlossen, obwohl in diesem Gebiet Ehen zwischen schätzungsweise 30 solcher paschtunischer Clans der untersten Clanebene möglich sind.

Ein Drittel der von mir notierten paschtunischen Ehen sind lineageendogam, bzw. patrilaterale Parallelcousinenheiraten verschiedenen Grades (FBD-, FBSD-, FFBSD-, FFFBSSD-Heiraten etc.), von denen ein großer Teil von patrilateralen Parallelcousinenheiraten ersten Grades (FBD-Heiraten), d.h. 13,7% des Samples, gebildet wird[1].

Im Folgenden kürze ich patrilaterale Parallelcousinenheirat mit "pPCH" ab.

Angesichts der umfangreichen Literatur über die präferenzielle pPCH bei islamischen Völkern mag dieser Prozentsatz als niedrig erscheinen, aber es ist dabei zu berücksichtigen, daß aus demographischen Gründen nicht jeder eine heiratsfähige patrilaterale Parallelcousine finden kann.

Auch meine Informanten selbst erklärten mir, daß sie ihre patrilaterale Parallelcousinen bevorzugt heiraten würden; allerdings scheint mir diese Präferenz weit weniger stark ausgeprägt zu sein als z.B. bei den Beduinen[2].

Nach übereinstimmender Auffassung der Informanten sind einem Paschtunen bei der Wahl seiner Frau oder seiner Schwiegertochter keine Grenzen durch Verwandtschaft, Clan oder Ethnie gesetzt, außer dem im koranischen Recht definierten Inzestverbot (s.u.) und außer dem genannten Hypogamieverbot. Jedoch gilt es als "gute Sitte" (rawāj), seine Tochter einem Agnaten zu geben und zwar einem möglichst nahen, zumindest aber einem Clanverwandten. Die engsten agnatischen Verwandten, die als Heiratspartner in Frage kommen, sind die Söhne der Vaterbrüder (FBS) bzw. die Töchter der Vaterbrüder (FBD). Wenn also ein Vater der "guten Sitte" möglichst konform handeln will, wird er für seine Kinder die Kinder seiner Brüder als Heiratspartner aussuchen und, wenn solche

---

1) Bei den seßhaften Andarābī-Tājik in Nordafghanistan stellt UBEROI (1971: 406) fast den gleichen Prozentsatz (12%) an FBD-Heiraten fest. Es handelt sich hierbei also nicht um ein nomadisches Spezifikum.
2) s. MUSIL 1928: 135-242; PETERS 1960; 1965; 1967; MURPHY und KASDAN 1967; 1968.

nicht vorhanden sind, entferntere patrilaterale Parallelcousins.

Dabei darf nicht vergessen werden, daß es sich hier um eine Heiratsp r ä f e r e n z und nicht um eine Heiratsregel oder -norm handelt.

Aus den Aussagen meiner Informanten geht weiter hervor, daß aufgrund jener "guten Sitte" ein gewisser Anspruch Egos auf seine FBD besteht, der aber rechtlich keine zwingenden Konsequenzen hat. Der Vater einer heiratsfähigen Tochter soll die Wünsche oder Ansprüche der Söhne seiner Brüder berücksichtigen und eine Begründung abgeben, falls er den Heiratswünschen der Söhne seiner Brüder nicht entspricht. Es gibt aber keine Sanktionen für verweigerte FBD-Heirat, keine rechtliche Möglichkeit für Ego, die Heirat mit seiner FBD zu erzwingen und, anders als bei Beduinen (MUSIL 1928: 139f), keinen Anspruch eines Mannes auf materielle Kompensation, wenn seine FBD anderweitig verheiratet wird.

Die präferenzielle pPCH ist ein durchgängiges Thema der ethnologischen Literatur über islamische Völker des vorderen und mittleren Orients. Aber erst seit etwa 2o Jahren wird die statistische Häufigkeit der pPCH in verschiedenen Gruppen untersucht mit deutlich variierenden Ergebnissen[1].

Die Erklärungsversuche zur pPCH in der Literatur können nach KHURI (1970) in drei Gruppen zusammengefaßt werden:

pPCH als a) Mittel, den Familienbesitz zusammenzuhalten, da Töchter bei familien- und lineageexogamen Heiraten ihren Erbteil beim Tode ihres Vaters an Fremde weitergeben würden;

b) innerfamiliäres "politisches" Mittel, durch das Ego auf den Sohn seines Bruders sowohl als dessen FB als auch als dessen WF Einfluß und Macht ausüben kann, und allgemeiner als Mittel, die Kohäsion von minimalen Lineages und erweiterten Familien zu fördern;

c) Mittel, durch das die Segmentation und Fission von Lineages und Clans g e f ö r d e r t wird, was besonders für Nomaden zur optimalen Anpassung an die "rigors of environment and politics in the desert" (MURPHY und KASDAN 1967: 2) vorteilhaft sei.

ad (a): Diese Erklärung, die u.a. auch JENTSCH (1973: 141f) für die paschtunischen Nomaden anbietet, ist aber für die wenigsten nomadischen und bäuerlichen islamischen Gesellschaften zutreffend, da Töchter bei Erbteilungen meist nicht berücksichtigt werden[2], trotz des anderslau-

---

1) z.B. bei BARTH 1954; AYOUB 1959; GILBERT und HAMMEL 1966; GOLDBERG 1967; RANDOLPH und COULD 1968; KHURI 1970, vgl. auch HAMMEL und
1) GOLDBERG 1971.
2) BARTH 1954: 170f; JETTMAR 1960: 128; 1961: 84; MURPHY und KASDAN 1968: 186; KHURI 1970: 598ff; UBEROI 1971: 403.

tenden koranischen Rechtes, das für alle Söhne eines Toten gleiche und
für Töchter halbe Erbanteile vorsieht. Auch bei den paschtunischen Nomaden sind Frauen von der Erbteilung grundsätzlich ausgeschlossen, obwohl meinen Informanten der Widerspruch zum koranischen Recht bekannt
war; Frauen erben lediglich einige persönliche Gegenstände ihrer Müt-
ter wie Schmuck, Textilien und Kochgeschirr[1]. Ein Informant interpre-
tierte diese Diskrepanz folgendermaßen:

> "Eine gute Paschtunin verzichtet auf ihren Erbanspruch zugunsten
> ihrer Brüder, denn sie käme ohnehin nicht in den Besitz ihres
> Erbes, ihr Mann würde ihr alles wegnehmen."

Im Gegensatz dazu schreibt JENTSCH:

> "Die Endogamie bei den [paschtunischen] Nomaden wird vor allem
> aus besitzrechtlichen Gründen streng beachtet, um im Erbfall
> sowohl den Herdenbesitz, als auch die Weideberechtigungen mög-
> lichst in der weiteren Verwandtschaft zu halten. Das Stammes-
> recht der Paschtunen sieht eine Realerbteilung vor, bei der
> die Söhne gleiche Anteile, die Töchter die Hälfte des Anteils
> eines männlichen Nomaden erhalten. Weiderechte werden nur
> an männliche Nachkommen weitergegeben, damit dabei keine
> unerwünschte Zersplitterung eintritt." (1973: 141f)

Abgesehen davon, daß nicht einzusehen ist, warum Endogamie u.a. deshalb beachtet wird "um im Erbfall ... die Weideberechtigung möglichst
in der ... Verwandtschaft zu halten", obwohl doch "Weiderechte ...
nur an männliche Nachkommen weitergegeben" werden, liegt hier m.E.
eine Verwechslung zwischen koranischem Recht, "Stammesrecht" und Rechtswirklichkeit vor. JENTSCHs Informanten haben vermutlich auf die Frage
nach der Erbregelung ihr Wissen vom koranischen Recht wiedergegeben;
auch meinen Informanten war dieser Teil des koranischen Rechts durchweg bekannt. Dabei ist die Tendenz der Paschtunen zu berücksichtigen,
sich Fremden gegenüber als gute Muslims und Wahrer des islamischen
Rechts auszugeben.

Bei anderen als pPCHeiraten werden erhebliche Mengen von Gütern als
Brautpreise an Fremde transferiert (s.u.), aber bei pPCH ermäßigt sich
der Brautpreis um mindestens die Hälfte oder entfällt ganz; d.h. pPCH
ist für die Frauennehmerseite von finanziellem Vorteil.

Dies erklärt aber allenfalls die Motivation von Individuen, nicht
aber die Institution der präferenziellen pPCH, denn abgesehen davon,
daß damit auch das Gegenteil erklärt werden könnte, nämlich daß die
Frauengeberseite gerade Heiraten mit Fremden anstreben müßte, um mehr
Brautpreis zu erhalten, läge in einem solchen Erklärungsversuch die
Gefahr eines Zirkelschlusses, denn die Heiratspräferenz würde so aus
der Brautpreisregelung erklärt werden, obwohl nicht ausgeschlossen
werden kann, daß die Brautpreisregelung in diesem Fall gerade die
F o l g e der Heiratspräferenz ist: Brautpreis als Kompensation für

---

1) Vgl. STEUL 1973: 29f.

eine Familie, die ein Mädchen (weibliche Arbeitskraft) durch Heirat
an eine fremde Familie verliert.

Andererseits können solche Erwägungen durchaus in Einzelfällen bei
der Wahl von Heiratspartnern relevant sein.

ad(b): Auch dieser Erklärungsversuch, der von BARTH (1954)[1] entwickelt wurde, kann durch mein Feldmaterial nicht bestätigt werden.

Solidarität zwischen und innerhalb von Familien und Lineages wird
allein durch agnatische Beziehungen bestimmt[2], daneben spielen wirtschaftliche Faktoren für die Kohäsion solcher Einheiten eine Rolle,
affinale Beziehungen dagegen sind untergeordnet. Auch die "politische"
Bindung eines Neffen an seinen Vaterbruder besteht durch agnatische
Beziehung, evtl. durch wirtschaftliche Abhängigkeit und allenfalls
durch persönliche Zuneigung, kann aber keinesfalls durch eine zusätzliche affinale Bindung gestärkt werden oder gar entstehen, eher im
Gegenteil: Die Beziehungen zwischen Schwiegersohn und Schwiegervater
sind nach übereinstimmenden Informantenauskünften und eigenen Beobachtungen gewöhnlich gespannt bis feindlich, und je näher beide leben,
desto gespannter werden in der Regel ihre Beziehungen[3]. Da bei Ego und
Vaterbruder die Wahrscheinlichkeit räumlicher Nähe besonders groß ist,
besteht auch eine entsprechende Tendenz, daß sich ihre Beziehungen verschlechtern, wenn FB zugleich WF wird.

Hinzuzufügen ist, daß bei Lineageendogamie grundsätzlich keine neuen verwandtschaftlichen Beziehungen und damit Solidaritätsbindungen
entstehen, daß also der kohäsive Effekt solcher Heiraten nur sehr gering sein kann.

Auch KHURI (1970) stellt fest, daß bei pPCH, besonders bei FBD-Heirat keine affinalen Beziehungen entstehen, wo nicht vorher schon agnatische bestanden haben, aber gerade daraus leitet er ab, daß FBD-Heiraten die Harmonie in den Familien förderten, denn er sieht affinale Beziehungen nicht unbedingt als kohäsiv, sondern auch als Ursache von Dissonanzen, die eine fremde, eingeheiratete Frau mit sich
bringt, indem sie Uneinigkeit und Rollenkonflikte in der Familie des
Ehemannes hervorruft. Bei FBD-Heiraten würden aber solche Konflikte
durch die grundsätzlich kohäsiven agnatischen Beziehungen zwischen
allen Beteiligten überdeckt und wirkungslos gemacht:

> "...FBD marriage contributes to harmonious family relationships;
> the same family relationships to which a person learns to
> accomodate himself at an early age continue after he marries

---

1) Vgl. auch BARTH (1961: 35); KHURI (1970: 601ff).
2) Vgl. PATAI 1965: 338; KHURI 1970: 601f.
3) Im Gegensatz dazu gelten die Beziehungen zwischen Ego und WM als
außerordentlich freundlich und vertrauensvoll; Frauen treten häufig erfolgreich als Mittlerinnen im Streit zwischen ihren Ehemännern und Schwiegersöhnen auf.

and reaches adulthood." (KHURI 1970: 616).

KHURI begründet seine These durch einen ausführlichen Exkurs in die Verwandtschaftsbeziehungen in arabischen Familien, die sich aber so deutlich von denen in paschtunischen Familien unterscheiden, z.B. die WF - HD-Beziehung oder die WM - DH -Beziehung, daß KHURIs Erklärung für die pPCH der Paschtunen nicht geeignet ist.

Heiratsverbindungen gleich welcher Art können bei den Paschtunen von Gharjistān weder Lineagefissionen verhindern noch die Familienharmonie fördern, z.B. wegen des genannten Antagonismus' zwischen Schwiegersöhnen und Schwiegervätern oder wegen Streitigkeiten um Brautpreise (s.u.).

ad (c): Diese These wurde von MURPHY und KASDAN 1959 (ich verwende einen Nachdruck von 1968) entwickelt und von PATAI (1965) trotz seiner Kritik an MURPHY und KASDAN im Prinzip bestätigt: Dadurch daß bei pPCH und besonders bei FBD-Heirat keine affinalen Bindungen entstehen, wo nicht ohnehin bereits agnatische vorhanden sind, begeben sich die Gesellschaften mit vorwiegender pPCH der Möglichkeit, durch Heiratsbeziehungen neue soziale Bindungen zu knüpfen, um so fissiven Tendenzen in unilinearen Verwandtschaftsgruppen entgegenzuwirken. Zumindest die FBD-Heiraten finden nämlich i n n e r h a l b von Fissions- oder Segmentationsgrenzen statt, sie sind also nicht in der Lage, diese zu überbrücken. Auch fehlt ganz allgemein das in fast allen nichtislamischen unilinearen Gesellschaften vorhandene kohäsive Moment der durch Exogamieregeln definierten Gruppen.

MURPHY und KASDAN fassen ihre These folgendermaßen zusammen:

> "...parallel cousin marriage c o n t r i b u t e s t o t h e
> e x t r e m e f i s s i o n o f a g n a t i c l i n e s in
> Arab society, and, through in-marriage, e n c y s t s the patrilineal segments. Under these circumstances, integration of larger social units is accomplished vertically, through genealogical reckoning to common ancestors, and not horizontally through affinal bonds. Common ancestry, whether myth or fact, has been an effective means of obtaining the great coalitions necessary to the persistence of Arab society on the fringes of agrarian states. Conversely, the ability of larger units to fractionate into microsections without disturbing the social structure gives the society the quality of resilience and adaptability in the face of adversity." (1968: 20of, Hervorhebungen von mir).

Mein ethnographisches Material bestätigt nur z.T. MURPHY und KASDANs These. pPCH trägt bei den Paschtunen weniger selbst zur Fission und Abkapselung von Lineages bei, sondern scheint mir eher eine Folge dieser Abkapselung[1]. Allenfalls bewirkt der Schwiegervater - Schwiegersohn - Antagonismus (s.o. unter ad b) bei pPCH Spannungen und möglicher-

---

1) Auch KHURI bezweifelt den einfachen kausalen Zusammenhang von pPCH und Lineagefission bzw. -segmentation: "...segmentation of patrilineal groups in the Middle East takes place regardless of whether marriage is of this type or not." (KHURI 1970: 604).

weise Fissionen von minimalen Lineages. Mit einiger Sicherheit kann
aber aus meinem Material geschlossen werden, daß Heiratsbeziehungen,
ob pPCH oder andere, keinen Beitrag zur Kohäsion irgendwelcher Gruppen
leisten, einschließlich minimaler Lineages oder erweiterter Familien,
daß also der fissive und isolierende Beitrag der pPCH für die Lineages
vor allem darin liegt, Fission und Abkapselung nicht zu verhindern. Ich
sehe allerdings durchaus noch einen direkteren Zusammenhang zwischen
dem Grad der Kohäsion oder Fission von agnatisch eng Verwandten und
pPCH, was Thema des folgenden Absatzes sein wird.

Den genannten Erklärungsversuchen möchte ich selbst einen weiteren
hinzufügen, den ich vor allem auf die Paschtunen von Gharjistān bezie-
he, der aber evtl. auch zum Verständnis der präferenziellen pPCH anderer islamischer Völker beitragen kann.

Sozialethnologischen Analysen und Erklärungsversuchen unterliegt
häufig die etwas unreflektierte funktionalistische Präkonzeption, daß
a l l e sozialen Phänomene eine Funktion für eine Gesellschaft haben
müßten. So wird a priori die Möglichkeit ausgeschlossen, daß einige
soziale und kulturelle Phänomene auch die Folgen, Wirkungen oder Symp-
tome anderer sozialer Phänomene sein könnten.

Zur Erklärung der präferenziellen pPCH ist zunächst noch einmal fest-
zustellen, daß in islamischen Gesellschaften prinzipiell jede Familie
mit jeder anderen Heiratsbeziehungen eingehen darf. Verboten sind lediglich Heiraten mit direkten linearen Aszendenten oder Deszendenten
der Eltern und mit den Kindern jedes der vier Großelternteile, mit Ehepartnern jedes direkten linearen Aszendenten oder Deszendenten, mit
jedem Aszendenten und Deszendenten der Geschwister und des Ehepartners,
mit Stiefgeschwistern, mit der eigenen Amme, mit Menschen, die von dieser Amme gestillt wurden, und mit direkten linearen Aszendenten und
Deszendenten und Geschwistern dieser Milchgeschwister und der Amme
selbst (nach COULSON 1971: 14).

Heiraten können, wie oben erwähnt, bei den Paschtunen von Gharjistān
keine kohäsiven sozialen Beziehungen zwischen Familien oder Gruppen
herstellen[1] oder aufrechterhalten, der kausale Zusammenhang ist umgekehrt: Zwei Familien oder Gruppen stellen dann affinale Beziehungen
miteinander her, wenn v o r h e r engere soziale Bindungen bestanden
haben, z.B. Freundschaft zwischen Familienvätern, wirtschaftliche Beziehungen, politische Allianzen, Klientelbeziehungen etc. Heirat ist
als formale Bestätigung oder Besiegelung einer bereits vorhandenen sozialen Beziehung zu verstehen, Heirat ist ein öffentlicher Akt, durch
den solche positiven engen sozialen Beziehungen symbolisiert und durch
umfangreiche Hochzeitsfeierlichkeiten demonstriert werden, an denen ganze Dörfer, Lager und Talschaften teilnehmen.

---

1) Vgl. UBEROI: "... father's brother's daughter... marriage ... acts
to develop prior bonds rather than to stake out fresh ones."
(1971: 4o9).

Heiratsbeziehungen sind also die Folge von freundlichen und solidarischen Beziehungen oder von politischen Bindungen.

Affinale Beziehungen werden rasch vergessen, z.B. verliert eine Frau nach etwa fünf Jahren das Recht, ihre Eltern zu besuchen, was damit begründet wird, daß die affinale Beziehung *(khēsh)* nach dieser Zeit ihre soziale Bedeutung verliere, die Frau vollständig in die Gruppe ihres Ehemannes integriert sei und quasi aufhören würde, die Tochter ihrer Eltern zu sein; allerdings bleibt sie Angehörige des Clans ihres Vaters. Familien, die an dauerhaften affinalen Beziehungen interessiert sind, müssen diese so oft wie möglich, spätestens nach jeder Generation, erneuern. Die soziale Kohäsion von affinal verbundenen Familien kann nur durch räumliche Nähe, durch häufige Besuche, Einladungen, wirtschaftliche Beziehungen oder durch Demonstration von Solidarität aufrecht erhalten werden.

Zur Erklärung der p r ä f e r e n z i e l l e n pPCH bedarf es einer weiteren Vorbedingung, nämlich der positiven Bewertung sozialer Kohäsion zwischen agnatisch eng Verwandten, was bei den Paschtunen in Verbindung mit ihrer ausgeprägten patrilinearen Ideologie tatsächlich der Fall ist. Auch dort, wo dieser Wert durch wirtschaftliche Überlegungen oder durch Konflikte und Fissionen zwischen Agnaten sich nicht in der Realität auswirken kann, wie es bei Nomaden häufig vorkommt, bleibt die Einigkeit *(etefāq)* von Agnaten *(khpəlwān)* als Ideal bestehen: Je enger die agnatische Verwandtschaft ist, je enger sollen auch die tatsächlichen sozialen Bindungen sein.

Wenn also in einer Gesellschaft der soziale Zusammenhalt von engen Agnaten ausdrücklich positiv bewertet wird (unabhängig von der sozialen Wirklichkeit), wenn in einer Gesellschaft Heiraten zwischen engen Agnaten (Parallelcousinen bzw. -cousins) erlaubt sind und wenn die Hypothese richtig ist, daß Heiratsbeziehungen ein Indikator für soziale Kohäsion zwischen Familien sind, dann ist es folgerichtig, daß diese Gesellschaft nicht nur die soziale Kohäsion zwischen Agnaten positiv bewertet, sondern auch die Heirat zwischen Agnaten. Die engsten Agnaten zwischen denen Heirat möglich ist, sind Ego und FBD bzw. FBS. d.h. präferenzielle FBD-Heirat, oder allgemeiner, präferenzielle pPCH ist eine Konsequenz der positiv bewerteten, also präferenziellen engen sozialen Beziehungen zwischen Agnaten.

Um das gleiche noch einmal weniger abstrakt zu formulieren: die "gute Sitte" *(rawāj)* der Paschtunen, Parallelcousinen zu heiraten, ist so zu verstehen, daß weniger die pPCH selbst, sondern vielmehr der soziale Zusammenhalt von Brüdern und Cousins "gute Sitte" und die pPCH ihr Ausdruck ist.

5.4.3 Frauentausch und Brautpreis

Heirat ist zunächst ein asymmetrischer Akt des Gebens und Nehmens bei zwei Familien, d.h. die eine Familie gewinnt ein Mitglied und eine Arbeitskraft auf Kosten der anderen.

Wenn die im vorigen Abschnitt formulierte These richtig ist, kann Heirat nur dann als formale Bestätigung und Besiegelung einer bestehenden engen sozialen Beziehung zwischen zwei Familien sinnvoll sein, wenn das Reziprozitätsprinzip gewahrt bleibt, d.h. wenn jede Seite sowohl gibt als auch nimmt; sonst würde ein Interessenkonflikt zwischen beiden Parteien entstehen, der rasch zu einem Ende der freundlichen Beziehung beider Familien führen würde; oder es würde gar nicht erst dazu kommen, denn die eine Familie wäre kaum motiviert, jene formale Bestätigung der sozialen Beziehung mit einem Verlust zu bezahlen.

Die Reziprozität bleibt am besten durch Frauentausch (məkhǝy) gewahrt. Tatsächlich wurden fast 10% der Heiraten meines Samples im Frauentausch geschlossen. Frauentausch wurde von meinen Informanten neben pPCH und möglichst in Verbindung mit pPCH als ideale Heiratsform bezeichnet. Frauentausch ist allerdings meist aus demographischen Gründen nicht möglich, nicht immer finden sich gerade in den Familien, die affinale Beziehungen aufnehmen wollen, zwei heiratsfähige Paare. Als Ausweg bleibt eine materielle Kompensation, die die Frauengeberseite erhält: der Brautpreis (wəlwər).

Das Wort "Preis" ist allerdings mißverständlich, wəlwər gilt nicht als materielles Equivalent für eine Frau; meine Informanten lehnten eine solche Vorstellung immer heftig ab, denn die Eltern der Braut fühlen sich ungeachtet der Höhe des Brautpreises immer als Gebende. Aber der Brautpreis - ich verwende diesen Terminus in Ermangelung eines besseren - hilft die Reziprozität wenigstens teilweise herzustellen und macht auch aus der Nehmerseite eine Geberseite, wenn auch die getauschten Gaben kaum mit einander vergleichbar sind (auch für die Paschtunen nicht). Immerhin ist die Höhe des Brautpreises stets das Maximum dessen, was ein mittlerer Nomadenhaushalt aufbringen kann; er liegt etwa in der Höhe eines vollen Vermögens eines Haushalts, die Informanten nannten mir einen Durchschnittswert von 150 000 bis 250 000 Afs. (DM 6 000.- bis 10 000.-), der in Form von Schafen und Bargeld zu zahlen ist. In den Fällen, wo ich bei Brautpreisverhandlungen anwesend war, wurden aber 100 000 Afs. Gesamtwert nicht überschritten. Einmal wurde vereinbart, daß statt Schafen Lämmer gezahlt werden sollten, diese aber nominell dem Wert von Schafen gleichgesetzt würden, wodurch eine erhebliche Differenz zwischen nominellem und tatsächlichem Brautpreis entstand. Das Motiv für diese Vereinbarung war folgendes: Der Brautvater wollte nominell einen möglichst hohen Brautpreis für seine Tochter erhalten, um nicht in den Verruf zu geraten, seine Töchter

seien wohlfeil, was soziale Degradierung bedeutet hätte; andererseits
mußte er sich nach den materiellen Möglichkeiten der Bräutigamseite
richten, da er in jedem Fall mit jener Familie eine affinale Beziehung
eingehen wollte. Die Höhe des Brautpreises gilt zugleich als Zeichen
der Wertschätzung für die Tugend der Braut und die Ehre ihrer Familie,
jedoch nicht als materielles Equivalent für die Braut selbst; die Höhe
des Brautpreises wird letztlich nicht durch den Wert der Braut bestimmt,
sondern durch das Maximum dessen, was die Familie des Bräutigams auf-
zubringen in der Lage ist.

Wenn man davon ausgeht, daß die gleiche Regel auch für die seßhaften Nachbarn der paschtunischen Nomaden gilt, ist der deutlich niedrigere Brautpreis bei den Seßhaften so zu erklären: Bauern haben bekannt-
lich weniger mobiles Eigentum als die Viehzüchter, entsprechend ist auch
das Maximum dessen, was sie für Brautpreise aufbringen können, niedriger.

Selbstverständlich kann weder ein Bräutigam noch sein Vater einen
so hohen Brautpreis selbst aufbringen, zumal noch die Ausgaben für die
Hochzeitsfeier hinzukommen. Die Hochzeitsfeier *(wādǝ)* wird zwar von
der Brautfamilie ausgerichtet und findet in ihrem Dorf oder Lager statt,
wird aber vom Bräutigam voll bezahlt. Der Brautpreis und die Ausgaben
für das Hochzeitsfest werden folgendermaßen aufgebracht:

Lebt der Heiratswillige noch im Haushalt seines Vaters und wünscht
er, nach der Heirat einen selbständigen Haushalt zu gründen, wird, wie
in Abschnitt 3.1.3 beschrieben, eine Haushaltsteilung vorgenommen,
vorausgesetzt, das Existenzminimum ist für beide Haushalte nach der Teilung gesichert. Beträgt der Anteil des Heiratswilligen mehr als das
Existenzminimum für seinen zu gründenden Haushalt, verwendet er den
Überschuß für den Brautpreis. Dies wird in der Regel noch nicht genügen, deshalb wird der Vater aus dem Vermögen des Resthaushaltes, auch
aus seinem Bargeldvermögen, das ja bei der Haushaltsteilung nicht berücksichtigt wird, soviel wie wirtschaftlich vertretbar beisteuern,
auch wenn er dafür die Anteile der Söhne angreifen muß, die sich noch
nicht separiert haben; dafür verpflichtet sich dann der Heiratswillige,
später aus seinem bis dahin angewachsenen Vermögen für die Brautpreise
seiner Brüder beizusteuern; er nimmt quasi aus dem Vermögen, das seinen
Brüdern zusteht, eine Anleihe auf. Aus dem gleichen Grund kann er auch
selber einen Zuschuß von seinen älteren Brüdern beanspruchen, die schon
zu einem früheren Zeitpunkt geheiratet haben. Reicht das so Gesammelte
noch immer nicht für den Brautpreis, haben die Brüder des Vaters des
Heiratswilligen und - falls das immer noch nicht ausreicht - seine väterlichen Onkel entfernteren Grades und seine patrilateralen Cousins
die Verpflichtung, für den Brautpreis so viel beizusteuern, wie es nach
ihrer wirtschaftlichen Lage möglich ist. In der Regel leisten auch affinale Verwandte, besonders der ZH und FZH des Heiratswilligen, und
seine Freunde Spenden; sie sichern sich damit positive soziale Bezie-

hungen zur neu entstehenden Familie; jedoch wird erwartet, daß die Agnaten des Heiratswilligen den größten Teil des Brautpreises selbst aufbringen. In einem von mir beobachteten Fall weigerte sich der ZH eines Heiratswilligen, einen Beitrag für die Ausgaben der Hochzeit zu leisten, mit der Begründung, die älteren Brüder des Heiratskandidaten hätten noch nicht ihr Äußerstes gegeben. Auch von mir wurde erwartet, daß ich einen Beitrag für die Hochzeit eines meiner Zeltnachbarn und Informanten leistete.

Die Spenden und Beiträge, die ein Heiratskandidat von seinen Verwandten und Freunden für die Heirat erhält, werden *nīmawrū* genannt. Das Reziprozitätsprinzip beim *nīmawrū* wird dadurch gewahrt, daß vom *nīmawrū*-Nehmer erwartet wird, daß er sich selbst später als großzügiger *nīmawrū*-Geber erweisen wird.

Die Familie, die für ihre Tochter einen Brautpreis erhält, kann sich daran kaum materiell bereichern, denn der Brautpreis wird entweder für die Heirat eines Sohnes gleich an dessen Brautfamilie weitertransferiert oder wird für die Heirat von Agnaten beansprucht. Von einem Vater, der für seine Tochter einen Brautpreis erhalten hat und diesen nicht unmittelbar zur Verheiratung eines Sohnes weiterverwendet, wird von seinen Agnaten äußerste Großzügigkeit als *nīmawrū*-Geber erwartet.

Dieses System führt zu einer beträchtlichen Zirkulation beweglicher Werte in der Gesellschaft, die zur reichtumsmäßigen Nivellierung unter Verwandten beiträgt, indem sie Reiche relativ benachteiligt. Reiche haben weniger Anspruch auf *nīmawrū*, da von ihnen erwartet wird, daß sie den Brautpreis zumindest größtenteils selbst aufbringen, und da sie die Pflicht haben, selbst mehr *nīmawrū* zu geben als Ärmere.

Das System benachteiligt aber auch sozial und verwandtschaftlich Isolierte, denn sie können kaum mit *nīmawrū* rechnen und müssen ihren Brautpreis selbst, meist durch Arbeit als Hirten (s. Abschn. 3.3.5), aufbringen.

5.4.4 Scheidung und Ehebruch

Scheidung gilt nach Ansicht meiner Informanten als Folge von Ehebruch und wird deshalb stark negativ bewertet. Zunächst bedeutet Ehebruch sowohl Schande und Ehrverlust *(badnāmī)* für den gehörnten Ehemann und auch für den Vater der ehebrecherischen Frau. Der Ehemann kann sich nach dem *paxhtunwālī* (s.u.S. 164f.) nur von seiner Schande befreien, wenn er beide Ehebrecher auf frischer Tat ertappt und tötet. Gelingt ihm dies nicht, soll er sich von seiner treulosen Frau scheiden, was ihn aber nicht von seiner Schande befreit. Scheidung bedeutet für den Mann das Eingeständnis, daß er nicht "Manns genug" *(nar)* war, den Ehebruch seiner Frau zu verhindern oder die Ehebrecher zu töten. Entsprechend antworteten meine Informanten stets auf die Frage nach den

Inhalten des *pas͟htunwālī* mit einer der ersten Regeln: "Wir scheiden unsere Frauen nicht!", auch wenn zuvor nicht von Ehe und Scheidung die Rede war.

Der deutlich negativen Wertung von Scheidung scheint auch ihre tatsächliche Seltenheit zu entsprechen; ich konnte im Gebiet meiner Feldforschung kein Indiz für eine in den letzten Jahren vorgekommene Ehescheidung finden, obwohl nach Meinung der Informanten Ehebruch häufig ist. Ein Informant erklärte mir diesen Widerspruch folgendermaßen:

> "Wir wissen, daß ein 'Mann' *(nar)* seine Frau so behütet, daß kein Ehebruch vorkommen kann, oder daß er die Ehebrecher tötet. Aber wer kann schon ständig hinter seiner Frau her sein? Wer mag schon die Feindschaft *(badī)* und Blutrache *(khūn)* mit der Familie des getöteten Liebhabers seiner Frau auf sich nehmen, und wer mag schon den Brautpreis verlieren, den er für seine treulose Frau bezahlt hat? Deshalb halten die meisten Männer den Ehebruch ihrer Frau geheim. Eine Schande *(badnāmī)*, von der niemand erfährt, ist keine Schande."

5.4.5 Witwen und Levirat

Es gibt in der Gesellschaft der Nomaden von Gharjistān keine soziale Position für unverheiratete Frauen zwischen Pubertät und Menopause. Das bedeutet, daß Frauen sofort nach Erreichen der Pubertät verheiratet oder zumindest verlobt werden; die Verlobung *(kōzda)* findet häufig schon vor der Pubertät statt. Wenn eine Frau noch vor Erreichen der Menopause ihren Mann verliert, wird sie sofort weiterverheiratet. Die Regel dabei ist, daß sie Frau eines der Agnaten des Verstorbenen wird, da für sie ja ein Brautpreis bezahlt wurde und da der Tod ihres Ehemanns kein Grund ist, die affinale Beziehung zwischen zwei Familien aufzulösen. Die Brüder des Verstorbenen haben das erste Anrecht auf die Witwe *(kunḍa)*, sofern sie älter sind als sie. Unter diesen hat derjenige das erste Anrecht, der noch unverheiratet ist. Sind alle Brüder verheiratet oder mehrere unverheiratet, werden persönliche Sympathien berücksichtigt. Hatte der Verstorbene keine Brüder, die älter als die Witwe sind, erhalten die FBS des Verstorbenen das Recht, sie zu heiraten[1].

Wenn die Witwe die Menopause überschritten hat, ist ihr die Wiederheirat freigestellt. Wenn sie wieder heiraten will, muß ihr neuer Ehemann auch ein Agnat des Verstorbenen sein. In jedem Fall bleibt es die Pflicht der Agnaten ihres verstorbenen Ehemannes, für sie zu sorgen. Die erste Sorgepflicht haben die Söhne der Witwe, sofern einer von ihnen die Pubertät erreicht hat; in diesem Fall ist es üblich, daß ihr bisheriger Haushalt bestehen bleibt, daß ihr ältester Sohn Haushal-

---

1) Vgl. W. KÖNIG (1962: 77) über das Levirat bei Turkmenen und KRADER (1963: 345) über diese Institution bei zentralasiatischen Steppenvölkern.

tungsvorstand wird und die Witwe weiterhin in diesem Haushalt lebt, ohne wieder zu heiraten.

Wenn der Verlobte eines Mädchens stirbt, bevor der volle Brautpreis gezahlt wurde, haben seine Brüder oder patrilateralen Cousins das Recht, sie zu heiraten, jedoch kann der Vater des Mädchens (das in diesem Fall auch *kunga* genannt wird) einen neuen Brautpreis festzusetzen, was u.U. dazu führen kann, daß der Vater durch eine überhöhte Brautpreisforderung praktisch das Recht zurückerhält, seine Tochter anderweitig zu verheiraten. Solches Verhalten führt aber zu Feindschaft *(badī)* zwischen beiden Parteien oder wird zumindest als unfreundlicher Akt *(khwābadėy)* betrachtet. Wenn die Verlobte vor der Heirat stirbt, verfällt der evtl. bis dahin gezahlte Brautpreis.

5.5 Die verwandtschaftliche Zusammensetzung und die verwandtschaftlichen Verbindungen der paschtunischen Haushalte des Lagers Qala-i Khambar

Der Haushalt ist zwar im Gegensatz zur Familie keine verwandtschaftliche Einheit, sondern eine wirtschaftliche und lokale, d.h. er ist die kleinste Wirtschafts- und Lokaleinheit der Gesellschaft (Definition s. Abschn. 3.1.2). Im folgenden Abschnitt soll aber der verwandtschaftliche Aspekt der nomadischen paschtunischen Haushalte im Vordergrund stehen, d.h. die Frage, von welchen verwandtschaftlichen Einheiten die Haushalte gebildet werden und welche verwandtschaftlichen Beziehungen zwischen den Haushalten bestehen.

Der nomadische Haushalt als Wirtschaftseinheit wurde bereits ausführlich im Unterkapitel 3.1 behandelt.

Auf den Tafeln 6 und 7 der folgenden Seiten ist ersichtlich, daß die meisten Haushalte von Kernfamilien gebildet werden, der Rest von zahlenmäßig meist relativ kleinen erweiterten Familien (extended families), d.h. von Kernfamilien, die durch polygyne Heiraten, unmündige Geschwister oder Neffen oder verwitwete Elternteile des Haushaltungsvorstands erweitert sind.

Die durchschnittliche Größe der Haushalte von Qala-i Khambar lag bei sechs Personen, nur drei Haushalte bestanden aus 10 oder mehr Menschen[1]. Dieser Umstand resultiert aus der Tendenz der paschtunischen Nomaden zur Neolokalität. Zwar sind die Heiraten häufig zunächst viripatrilokal, d.h. ein Ehepaar lebt nach der Hochzeit bei dem Vater des Mannes, aber jedes Ehepaar ist bestrebt, sich so bald wie möglich vom elterlichen Haushalt des Mannes zu trennen, falls der Mann sich nicht schon vor der Heirat selbständig gemacht hat[2].

---

1) Dem entspricht auch ROBINSONs Statistik ostafghanischer Nomadenhaushalte, deren Größe er mit 6,4 Personen angibt (ROBINSON 1935: 19ff).
2) Vgl. ROBINSON 1935: 19.

Nur zwei Haushalte wurden im Lager Qala-i Khambar von "fraternal joined families" gebildet.

Haushaltsmitglieder sind grundsätzlich miteinander eng konsanguinal oder affinal verwandt, ich konnte nur einen Fall finden, wo ein verwandtschaftlich Fremder ständig in einem Haushalt lebte (Tafel 7, Haushalt des BA).

Auffallend sind einerseits die engen konsanguinalen und affinalen Beziehungen zwischen den Haushalten des jeweils gleichen Clans im Lager und andererseits die Seltenheit affinaler Beziehungen über die Clangrenzen innerhalb des Lagers hinweg.

Die Nomaden gaben höchst ungerne Informationen über ihre Familienverhältnisse, so konnte ich nur einen Census der Familien des Lagers Qala-i Khambar erstellen, da ich deren Mitglieder alle persönlich kannte.

Erläuterungen für die Tafeln 6 und 7:

▲● Lebende

△○ Tote

⌐ ¬ Haushalte
└ ┘

Individuen, die außerhalb der Haushalte eingetragen sind, leben nicht in Qala-i Khambar.

Die Initialen in den Diagrammen kürzen die Namen der Haushaltsvorstände ab, der zweite Großbuchstabe bezeichnet die Clanzugehörigkeit des Betreffenden, z.B.: N = Nūrzay, E = Es'hākzay, A = Ardōzay Atsəkzay, K = Kōtōzay Atsəkzay.

Tafel 6:

Die Jamālzay Nūrzay von Qala-i Khambar

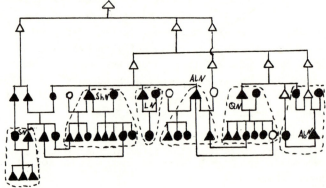

Die Jamālzay Nūrzay von Qala-i Khambar haben keine Verwandtschaftsbeziehungen zur übrigen Bevölkerung des Lagers. Diese Gruppe bildet zusammen eine Herdengemeinschaft.

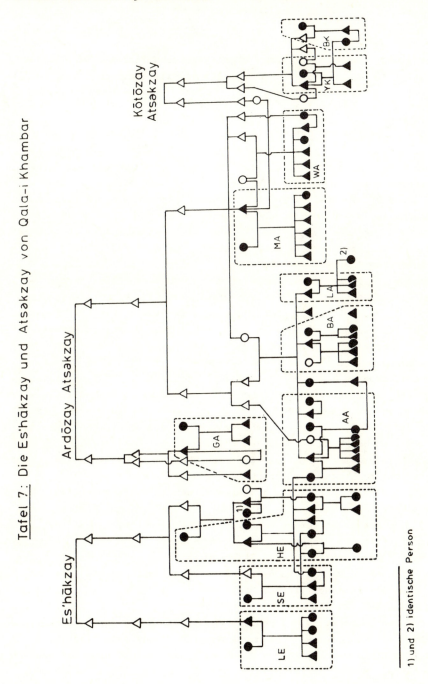

Tafel 7: Die Es'hākzay und Atsakzay von Qala-i Khambar

6. POLITISCHE ORGANISATION

> "We are content with discord, we are content
> with alarms, we are content with blood, but
> we will never be content with a master."
> (Ein Miyānkhēl-Paschtune zu ELPHINSTONE)
> (1839 I: 231).

> "... one Afghaun king [Ahmad Shah] has already
> had the penetration to discover that it would
> require a less exertion to conquer all the
> neighbouring kingdoms, then to subdue his own
> countrymen." (ELPHINSTONE 1839 I: 233)

Die generelle Behauptung: "Die nomadische Gesellschaftsstruktur ist autoritär, patriarchalisch und stratifiziert" (STAGL 1970: 47), ist ebensowenig haltbar wie die Verallgemeinerung: "Pastoral societies characteristically operate without strong authoritarian systems..." (GOLDSCHMIDT 1971: 138). Beide Aussagen, denen zahlreiche gleich- oder ähnlichlautende hinzugefügt werden können, bezeichnen nur die Extreme eines Kontinuums, auf dem die politischen Organisationsformen der verschiedenen nomadischen Gesellschaften zu finden sind.

In diesem Kapitel versuche ich, die Hypothese zu entwickeln und zu begründen, daß die nomadische Wirtschaft, zu deren Charakteristika die autonom und partikularistisch wirtschaftenden Haushalte gehören, kaum eine zentralisierte politische Organisation begünstigt, ja daß die politische Selbständigkeit und die weitgehende Entscheidungsfreiheit der einzelnen Haushalte zur optimalen Anpassung der Nomaden an eine besonders wechselhafte Ökologie und Wirtschaftsweise beiträgt; daß aber exogene Faktoren wie staatlicher Einfluß, Bevölkerungsdruck von seiten der Seßhaften oder benachbarter Nomaden, die politische Organisation der sie umgebenden Seßhaften und evtl. die Notwendigkeit, sich militärisch zu verteidigen, zentralisierte politische Organisationsformen bei Nomaden bewirken können. Dem entspricht faktisch eine breite Skala zwischen extrem zentralisierten bis dezentralisierten politischen Organisationsformen bei Nomaden.

Daneben darf aber nicht vergessen werden, daß eine nomadische Gesellschaft nicht einfach durch Angabe des Grades ihrer Zentralisiertheit gekennzeichnet werden kann; wie BARTH (1961) beispielhaft bei den Basseri aufzeigt, können auf den verschiedenen Ebenen einer nomadischen Gesellschaft höchst unterschiedliche Prinzipien politischer Organisation wirksam werden. Deshalb ist bei der Beschreibung, Analyse und Charakterisierung politischer Phänomene stets der soziale Bereich genau anzugeben, in dem sie gelten sollen.

Bei der Betrachtung der politischen Organisation der paschtunischen Nomaden ist zu beachten, daß diese Nomaden sowohl Teil einer größeren sozialen Einheit, nämlich des paschtunischen Volkes, sind als auch in einem Staat mit zentraler politischer Führung und Verwaltung leben.

Während aber auf gesamtpaschtunischer Ebene eine politische Organisation nicht vorhanden ist, - der afghanische Staat umfaßt nur einen Teil der Paschtunen - sind Einflüsse vom Staat auf die politische Organisation dieser Nomaden mitzuberücksichtigen. Allerdings ist Gharjistān ein Gebiet, das erst wenig von der staatlichen Verwaltung erfaßt ist, so daß sich hier indigene Formen politischer Organisation entwickeln und erhalten konnten, wenn auch nicht unbeeinflußt vom Vorhandensein des Staates.

Unter "politischer Organisation" bzw. "Politik" verstehe ich nach FALLERS:

> "... the polity or political system is ... that aspect concerned with making and carrying out decisions regarding public policy, by whatever instrumental means." (zit.nach BARNES 1968: 1o7).

Oder nach M.G.SMITH:

> "Political organization can be described in terms of the process of decision making found in a given population". (1968: 193-2o2).

Dagegen stellt die ältere Soziologie und Ethnologie, z.B. Max WEBER[1] oder RADCLIFFE-BROWN[2], m.E. zu sehr die Aspekte von Macht, Herrschaft, Gewalt und sozialer Ordnung in den Vordergrund. Auch SOUTHALL schreibt noch:

> "...I consider that political action or the political aspect of social relationships, is that which is concerned with power, ultimately sanctioned by the use of physical force." (1968: 12o).

Mir scheint es aber sinnvoll, den Begriff des Politischen auf solche Formen sozialen Handelns auszuweiten, die mit dem Fällen gruppenrelevanter Entscheidungen und mit der Koordination von Gruppenverhalten zu tun haben, ohne daß dabei unbedingt Macht, Herrschaft und physischer Zwang beteiligt sind. Andernfalls ist eine unnötige ideologische Einengung des Erkenntnishorizontes zu befürchten.

In diesem Sinn kritisiert auch ASAD (1972) die Konzeption der klassischen (auch der funktionalistischen) Ethnologie, die von einem allgemein menschlichen Machtverlangen ausgeht und politische Dominanz mit sozialer Ordnung gleichsetzt; er bezeichnet dies als hobbesianische Ideologie:

> "...I put for a general inclination of all mankind, a perpetual and restless desire of power, that ceaseth only in Death." (HOBBES, Leviathan, zit. nach ASAD 1972: 8of).

---

1) WEBER 1956: 29.

2) RADCLIFFE-BROWN: "The political organization of a society is that aspect of the total organization which is concerned with the control and regulation of the use of physical force." (194o: XXIII).

> "The difference between these three kindes of Commonwealth[1],
> consisteth not in the difference of Power; but the difference
> of Convenience, or Aptitude to produce the Peace, and Security
> of the people; for which end they were instituted." (HOBBES,
> a.a.O.).

In diesem Kapitel liegt also der Schwerpunkt in erster Linie darauf, wie in der Gesellschaft politische Entscheidungen gefällt und durchgeführt werden, d.h. Entscheidungen, die das Verhalten einer sozialen Gruppe bestimmen, und darauf, wie Gruppenverhalten bewußt und zielgerichtet koordiniert wird. Probleme von Macht, Herrschaft, Sanktion, Gewalt, politischer Rollendifferenzierung, Stratifikation und Zentralisation werden in diesem Zusammenhang gesehen.

Die Frage, wie Entscheidungen i n n e r h a l b von Haushalten gefällt und ausgeführt werden und wie dort Macht verteilt ist, bleiben absichtlich unberücksichtigt; die politische Organisation soll hier nur in den Bereichen untersucht werden, die über die Haushaltsebene hinausgehen. Ich folge damit der Begrenzung des Begriffs "politisch" durch Lucy MAIR und N.DYSON-HUDSON:

> "... the homestead is not a political community, and authority
> within is not of a political nature." (MAIR 1962: 62).

> "...the discrimination of behaviour as 'political' refers
> only to relations, and the norms governing relations, beyond the
> domestic range." (DYSON-HUDSON 1966: 2).

"Macht" verwende ich im Sinne von Max WEBER und "Herrschaft" nach der Definition von René KÖNIG:

> "Macht bedeutet jede Chance, innerhalb einer sozialen Beziehung
> den eigenen Willen auch gegen Widerstreben durchzusetzen,
> gleichviel worauf diese Chance beruht." (WEBER 1956: 28f).

> "...H e r r s c h a f t bedeutet i n s t i t u t i o n a l i -
> s i e r t e Machtausübung, die zur D i f f e r e n z i e r u n g
> einer Gesellschaft in Herrschende und Beherrschte führt".
> (R. KÖNIG 1958: 112; Hervorhebung des Wortes "institutionalisierte" durch mich).

Ein weiterer in diesem Kapitel häufig verwendeter Terminus ist *pashtunwālī*:

Der den Paschtunen bewußte und von jedem Paschtunen explizierbare Teil ihres Werte- und Normensystems, durch den sie sich von allen Nichtpaschtunen in positiver Weise zu unterscheiden glauben, praktisch die Zusammenfassung aller positiv gewerteten Eigenschaften, die für sie der Begriff "Paschtune" oder "paschtunisch" beinhaltet, wird von ihnen *"pashtunwālī"* genannt.

Dies wird aus folgender paschtunischer Redensart deutlich:

Paschtune ist einer, der *pashtunwālī* hat. *Pashtunwālī* zu haben

---

1) HOBBES meint hier die drei Formen politischer Organisation: "Monarchy", "Democracy" und "Aristocracy".

bedeutet nicht nur, als Paschtune geboren zu sein und Paschtu zu sprechen, sondern 'Paschtu zu tun'." [1]

Der Inhalt des *pashtunwālī* differiert allerdings stark zwischen verschiedenen Paschtunengruppen.

6.1 Gruppenentscheidungen und Ratsversammlungen

Die politischen Entscheidungen der paschtunischen Nomaden von Gharjistān, d.h. Entscheidungen, die ihr Gruppenverhalten bestimmen und Konflikte schlichten, werden von den Betroffenen selbst gefällt. Zentrale Macht- und Herrschaftspositionen oder zentrale Instanzen[2] gibt es nicht. Die getroffenen Entscheidungen sind nur für diejenigen verbindlich, die selbst am Entscheidungsprozess teilgenommen haben. Politisch Agierende sind grundsätzlich alle erwachsenen Männer der Gesellschaft.

Wichtig ist hier aber die Norm, von der ich nie eine Abweichung bemerkt habe, daß Angehörige des gleichen Haushaltes in der Öffentlichkeit die gleiche Meinung vertreten und ihrem Sprecher (Haushaltungsvorstand) nicht widersprechen. Die Meinungsbildung unter den Angehörigen eines Haushaltes findet im privaten Bereich statt. Die Haushalte können also als die eigentlichen politisch handelnden Einheiten betrachtet werden, unabhängig davon, durch wen und durch wieviele Personen sie in den Entscheidungsgremien repräsentiert sind.

Das wichtigste Entscheidungsgremium ist die Ratsversammlung *(majles)*[3]. Sie entspricht etwa der *jirga*[4] der östlichen Paschtunen, ist jedoch weniger formalisiert; *majlesūna* (Plural von *majles*) finden weder zu fixen Terminen statt noch gibt es über- und untergeordnete *majlesūna*; Delegierung findet nur in Ausnahmefällen statt, jeder Teilnehmer an einem *majles* kann grundsätzlich nur sich selbst und seinen Haushalt vertreten.

Der Teilnehmerkreis bei einem *majles* besteht in der Regel aus den Personen bzw. Vertretern der Haushalte, die von einer zu treffenden Entscheidung selbst unmittelbar betroffen sind. An den *majlesūna* nehmen auch Gäste teil, d.h. Männer, die von den zur Diskussion stehenden Problemen nicht unmittelbar betroffen sind, sie haben ebenfalls Rederecht und werden häufig sogar von den Betroffenen um Rat gefragt, jedoch ist die Meinung der Gäste nicht für den Ausgang der Diskussion entscheidend.

---

1) Vgl. BARTH 1969b: 119.
2) Vgl. SIGRIST 1967: 30.
3) Von Arabisch: "مجلس maǧlis... Sitz, Sitzplatz; Sitzgelegenheit; Raum, in dem Sitzungen stattfinden; Gesellschaft, Beisammensein; Sitzung; Ratssitzung; Rat; Konzil; Kollegium; Kolleg; Kommission; Verwaltungsausschuß; Gericht..." (WEHR 1968: 117).
4) Mongolisches Lehnwort (JETTMAR 1961: 83, Anm. 38).

Jeder Teilnehmer am *majles* - auch junge Männer, die noch im väterlichen Haushalt leben, und Hirten - hat freies Rederecht, und oft wird heftig durcheinandergeredet, ich konnte aber beobachten, daß ältere und als erfahren geltende Männer, sog. *spīnǵīrī*, mehr Chancen haben, Gehör zu finden, und als "opinion leaders" wirken.

Spīnǵīrī ("Weißbärte", Singular: *spīnǵīrey*) sind verheiratete Haushaltungsvorstände, deren allgemeine Lebenserfahrung, Urteilsfähigkeit und Weisheit (*'aql*) von der Gesellschaft anerkannt werden, die ihre politischen Meinungen auf den Ratsversammlungen gut verbalisieren können, die als Experten der paschtunischen Normen, besonders des *pashtunwālī* (s.S. 164f) gelten und selbst den Idealen des *pashtunwālī* möglichst nahe kommen und die bewiesen haben, daß sie in der Lage sind, als Nomaden erfolgreich zu wirtschaften, und zumindest einen durchschnittlichen Wohlstand erreicht haben. *Spīnǵīrey* kann nur einer werden, der als *drūnd* ("schwer", "gewichtig") gilt, d.h. einer, dessen Meinungen und Aussagen Gewicht haben, die man ernst nimmt. *Spīnǵīrey* kann jeder werden, der diese Voraussetzungen erfüllt; es kann beliebig viele *spīnǵīrī* in einer Gruppe geben, da *spīnǵīrey* kein Amt, sondern ein Ehrentitel für Männer mit den genannten Eigenschaften ist. Das Alter, so wurde von meinen Informanten betont, spielt keine Rolle, jedoch habe ich keinen *spīnǵīrey* unter 30 Jahren erlebt. Als *spīnǵīrey* erweist man sich vor allem auch dadurch, daß man bei Konflikten als Schlichter berufen wird.

Bei den *majles* gibt es weder Vorsitzende noch Diskussionsleiter. *Majlesūna* werden nur in Ausnahmefällen einberufen oder eröffnet und nicht formal beendet; sie werden häufig aus Situationen heraus improvisiert, bei denen aus irgend einem Grund mehrere Männer versammelt sind, z.B. bei der Bewirtung eines Fremden; oder ein Mann, der zuerst ein gemeinschaftlich zu lösendes Problem erkennt, ergreift die Initiative, geht von Zelt zu Zelt, um alle von dem Problem betroffenen irgendwo, z.B. in seinem Zelt zu versammeln, oder er geht dorthin, wo er eine Gruppe von Männern zufällig beisammen sitzen sieht, und ruft die übrigen von dem Problem Betroffenen hinzu. Wenn alle Betroffenen versammelt sind, erklärt der Initiator kurz das Problem, teilt evtl. auch schon seine eigene Meinung dazu mit und bittet die übrigen zur Stellungnahme. Daraufhin wird so lange diskutiert, bis auf den Vorschlag eines der Anwesenden keine Gegenrede mehr erfolgt. Dieser Vorschlag gilt dann, ohne daß dies noch einmal ausdrücklich bestätigt oder wiederholt wird, als Entscheidung des *majles* und ist für alle Teilnehmer verbindlich. Abstimmungen und Mehrheitsentscheidungen gibt es nicht, alle *majles*-Beschlüsse werden einstimmig gefaßt. Jeder Teilnehmer kann durch Gegenrede einen Entschließungsantrag zu Fall bringen, was in der Tat häufig geschieht und dann dazu führt, daß das *majles* ergebnislos endet. Wenn aber ein anstehendes Problem eine Lösung erzwingt und auf dem *majles* keine Lösung erzielt werden konnte, gibt es folgende Möglichkeit, doch noch zu einer Einigung zu kommen: Die Vertreter widersprüchlicher Meinungen besuchen sich gegenseitig und versuchen, in informellen, individuellen, zweiseitigen Gesprächen außerhalb des *majles* die jeweils Andersdenkenden zu überzeugen, evtl. durch Zugeständnisse und Modifizierung des eigenen Standpunktes. Dabei hält man sich besonders an die "opinion leaders", d.h. an diejenigen, die auf dem *majles* am deutlichsten die Meinung ihrer Partei[1] vertreten haben. Daraufhin finden erneute *majlesūna* statt, entweder so lange, bis eine Einigung erzielt ist, oder bis feststeht, daß eine Einigung nicht erreicht werden kann. Sind die derart streitenden Parteien an einer Einigung interessiert, ohne aber selbst in der Lage zu sein, diese herbeizuführen, werden neutrale Schlichter hinzugezogen. Bei den Schlichtern handelt es sich um *spīnǧīrī*, die keiner der streitenden Parteien angehören und die sich wegen ihrer Erfahrung, Urteilsfähigkeit und Kenntnis der Normen ganz besonders ausgezeichnet haben und von allen Beteiligten anerkannt werden.

Schlichter brauchen kaum gesucht zu werden; da das Schlichteramt sehr ehrenvoll ist, gibt es immer eine Reihe von *spīnǧīrī*, die, wenn sie von einem Konfliktfall hören, selbst herbeikommen, um sich um die Ehre des Schlichteramtes zu bewerben.

Hat man sich auf einen Schlichter geeinigt, informiert dieser sich bei den "opinion leaders" der Parteien über die unterschiedlichen Standpunkte, bemüht sich zunächst, in Zweiergesprächen die Gegensätze zu mildern, und arbeitet schließlich einen Kompromißvorschlag aus, den er auf einem von ihm selbst einberufenen *majles* vorträgt. Bei einem solchen Schiedsgericht tragen zunächst die "opinion leaders" noch einmal die bekannten Standpunkte ihrer Parteien vor und begründen diese. Auch dabei gibt es keine feste Redeordnung, jeder Anwesende (auch Gäste) hat Rederecht, und man hört nicht nur die Meinungen der "opinion leaders". Der Schlichter beteiligt sich auch an der Diskussion und versucht, die Differenzen abzubauen. Aber erst wenn er den Eindruck hat, daß alle Argumente vorgebracht sind, unterbreitet er seinen Kompromißvorschlag, der ohne weitere Diskussion entweder durch Unterlassung von Gegenrede vom *majles* angenommen wird oder dadurch abgelehnt wird, daß ein oder mehrere Beteiligte einfach erklären, sie seien nicht einverstanden. Je nach Bedeutung des anstehenden Problems kann das Verfahren noch einmal neu beginnen, oder das Problem bleibt ungelöst, oder die Gruppe, in der das erfolglose *majles* stattgefunden hat, spaltet sich, was in der Tat häufig vorkommt und zu der bereits erwähnten In-

---

1) Unter Partei verstehe ich in diesem Zusammenhang informelle Gruppierungen von Individuen, die bei Meinungsverschiedenheiten die jeweils gleiche Meinung vertreten oder die bei Konflikten die jeweils gleiche Seite unterstützen.

stabilität nomadischer Gruppierungen führt.

Übrigens sind die Schlichter selbst an der Akzeptierung ihrer Kompromißvorschläge stark interessiert, da sie erst als e r f o l g - r e i c h e Schlichter einen hohen gesellschaftlichen Rang erhalten und die Chance bekommen, immer wieder als Schlichter nominiert zu werden. Außerdem gewinnen sie so in ihrer eigenen Gruppe politisches Gewicht und Einfluß und werden auch als "opinion leaders" akzeptiert.

Einigungen und Friedensschlüsse, die die Interessen und die Ehre aller beteiligten Parteien wahren und die durch Vermittlung von Schlichtern zustande kommen, werden *jōṇla* genannt.

Nachzutragen ist noch, daß es sich bei den "opinion leaders" um *spīnžīrī* handelt, die neben den genannten Voraussetzungen sich durch besondere Redegewandtheit *(zə̄bghaṇlānd)* und Überzeugungskraft auszeichnen.

Auch die Ratsversammlungen östlicher Paschtunen dort *jírga* genannt, s.o.) sind in vieler Hinsicht den *majlesúna* vergleichbar:

> "Für die Beschlüsse einer *dschirga* ist nicht die Stimmenmajorität maßgebend, sondern das Fehlen einer offenen Opposition. Es wird niemals abgestimmt. Ein Beschluß ist dann gefällt, wenn gegen die nach langer Diskussion sich herausbildende allgemeine Auffassung kein Widerspruch mehr geäußert wird." (STEUL 1973: 7).

> "The council among the Pathans is a meeting of men, called together by one or several of those present so as to arrive at a joint decision on a matter of common concern, and may thus refer to an a d h o c meeting or to an instituted tribunal ... The relationship between members of a council is one of equals, with no speaker or leader; the equality is emphasized by circular seating on the ground and the equal right of all to speak. The body does not finalize its decisions in a vote: discussion and negotiation continue until the decision is unopposed, and thereby unanimous and binding as an individual decision by each participant. A faction which will not accept a decision can only avoid commitment by leaving the circle in protest ... [the council] allows groups of men to arrive at joint decisions without compromizing any participant's independence; it produces binding corporate decisions about concerted action without dissembling the structure of egalitarian balanced segments through the introduction of any one's right to give commands." (BARTH 1969b: 121f).

Für die paschtunischen Nomaden ist hierbei noch im besonderen hinzuzufügen, daß einstimmige Entscheidungen und freiwilliger Konsens aller *majles*-Teilnehmer schon deshalb für die politischen Entscheidungen notwendig ist, weil etwa überstimmte Minderheiten nicht zu Gruppensolidarität gezwungen werden könnten, da sie jederzeit in der Lage sind, wegzuziehen.

Zur Illustration schildere ich ein *majles* im Lager Qala-i Khambar und erinnere an die Beschreibung eines anderen *majles* in Abschnitt 4.1.4.

Im Herbst 1970 verunglückte ein Esel des B.A., eines Bewohners von Qala-i Khambar, auf dem Canyon-Steig *(pula)* des Lagers, wodurch sich

B.A. veranlaßt sah, laut im Lager über den schlechten Zustand des *pula*
zu schimpfen und ein *majles* einzuberufen, auf dem die Reparatur des
Steiges beraten werden sollte. Daraufhin versammelten sich fast alle
erwachsenen Männer des Lagers im Zelt des B.A.. B.A. berichtete von
seinem Mißgeschick und begründete die Notwendigkeit, den *pula* rasch zu
reparieren, und schlug vor, daß alle Männer des Lagers und der Nachbarlager sich daran beteiligen sollten. Dies löste eine heftige Debat-
te aus, bei der sich anfangs mehrere Gruppen von je drei bis fünf Personen bildeten, die untereinander diskutierten. "Opinion leaders" waren zunächst nicht zu bemerken, fast jeder redete gleichzeitig, selbst
die Frauen des B.A., die im Zelt mit Brotbacken beschäftigt waren,
mischten sich lautstark in die Diskussion. Da das *majles* ad hoc anbe-
raumt worden war, hatten vorher noch keine Parteien entstehen können.
Die Meinungsbildung fand erst jetzt statt, es war aber zu bemerken, daß
Angehörige der gleichen Clans eher miteinander übereinstimmten. Etwa
nach einer halben Stunde relativ ungeordneten Debattierens begannen
sich die Meinungsfronten abzuzeichnen, es bildeten sich drei Parteien
jeweils um einen Mann, der dadurch zum "opinion leader" oder Sprecher
seiner Partei wurde, daß er sich als erster eine dezidierte Meinung
gebildet hatte, sie lautstark mit prägnanten Formulierungen vortrug
und einen Teil der Anwesenden überzeugen konnte. Es zeigte sich, daß
diese "opinion leaders" zu denen gehörten, die mir zuvor schon von
meinen Informanten als *spinǧīrī* des Lagers bezeichnet wurden.

Der Meinung des B.A. schloß sich B.T., der älteste Mann der Taymūrī-
Gruppe von Qala-i Khambar, an und machte sich zum Sprecher jener Partei, die für eine sofortige Reparatur des *pula* unter Mitarbeit aller
Männer von Qala-i Khambar und Umgebung eintrat. H.E. wurde Wortführer
der Gruppe von Männern, die sich an der Reparatur nicht beteiligen
wollten, aber bereit waren, pro Haushalt einen Beitrag von 1o Afs.
(DM -.4o) zu zahlen. S.N., der Wortführer der Nūrzay-Gruppe des Lagers,
war gegen die Reparatur mit der Begründung, man habe erst voriges Jahr
einen anderen *pula* ca. 4 km flußaufwärts repariert, das genüge, man
könne ja diesen *pula* benutzen. Wenn es zu viele, gut ausgebaute Steige
gäbe, brächten auch mehr Viehzüchter aus dem Flußtal ihre Tiere auf
die knappen Weiden von Kawrēj herauf.

Nach etwa drei Stunden Diskussion, auf der die Wortführer im wesentlichen die genannten Argumente ständig wiederholten, unterstützt durch
Beiträge der übrigen Anwesenden, trennte man sich, ohne daß eine Einigung zustande kam. Am folgenden Tag verhielten sich die drei Parteien,
die sich auf den *majles* gebildet hatten, ihren Standpunkten entsprechend:
Die Gruppe um B.A. und B.T., der sich alle Taymūrī und etwa die Hälfte
der Atsəkzay des Lagers angeschlossen hatten, begannen mit der Reparatur des *pula* und erhielten von jedem Haushalt der Gruppe um H.E., der
alle Es'hākzay und die übrige Hälfte der Atsəkzay angehörten, 1o Afs.,
die auf die Arbeitenden umgelegt wurden. Die Nūrzay um S.N. verhiel-

ten sich passiv und benutzten von da an nur noch jenen *pula*, der weiter flußaufwärts gelegen war. Die Verweigerung der Nūrzay führte schließlich zur sozialen Spaltung des Lagers, und im Herbst 1971 kehrten die Nūrzay nicht mehr nach Qala-i Khambar zurück.

Aus diesem und anderen Beispielen, die ich erlebt habe, kann verallgemeinert werden, daß sozialer Zusammenhalt und Konsens bei den *majlesūna* in enger Verbindung stehen, d.h. Dissens beim *majles* führt zu sozialer Fission, was umgekehrt auch bedeutet, daß jeder, der am Bestand seiner Gruppe interessiert ist, sich um Einigkeit (*etefāq*) beim *majles* bemühen wird, sei es dadurch, daß er versucht, einen Andersdenkenden gütlich zu überreden (*maraka kawəl*), selbst als Schlichter aufzutreten oder sich einem Schiedspruch zu unterwerfen oder dadurch, daß er sich selbst einer Mehrheitsmeinung unterwirft.

Die Mehrheitsmeinung auf dem *majles* wird zwar nicht durch Abstimmung festgestellt, aber das dem außenstehenden Beobachter als ungeordnet und wirr erscheinende Durcheinanderreden ermöglicht den Beteiligten, sich ein Bild von den Mehrheitsverhältnissen zu machen und diese gleichzeitig durch eigene Diskussionsbeiträge zu modifizieren. Wenn dann die *spīnǧīrī* und "opinion leaders" die verschiedenen Standpunkte formulieren, kennen bereits alle Beteiligten die Mehrheitsmeinung, und die Anhänger der Minderheitsmeinung können abwägen, ob sie sich durch Unterlassen von Gegenrede der Mehrheit anschließen wollen, um die soziale Einheit zu wahren, oder ob ihnen die Durchsetzung ihrer Minderheitsmeinung wichtig genug ist, eine Gruppenspaltung zu riskieren, der allerdings in der Regel noch Schlichtungsversuche vorausgehen.

Zum obigen Beispiel der Verweigerung eines Konsens durch die Nūrzay von Qala-i Khambar ist noch nachzutragen, daß diese Gruppe ohnehin wenig im Lager integriert war, soziale Interaktionen mit den übrigen Lagerbewohnern auch zuvor schon auf ein Mindestmaß beschränkt blieben und daß angenommen werden kann, daß sie von vorne herein wenig am sozialen Zusammenhalt des Lagers interessiert waren.

Majlesūna finden auf allen lokalisierbaren sozialen Ebenen statt, also auf der Ebene der Herden- und Wandergemeinschaften, der Lager, der Regionalgruppen (Gruppen, die z.B. ein Gebiet gemeinsam beweiden, oder eine Wasserstelle, z.B. einen Fluß, gemeinsam nutzen, vgl. das in Abschnitt 4.1.4 geschilderte *majles*) und der Klientele von *malikān* und *khānān* (s.u.). *Majlesūna* auf der Ebene von Verwandtschaftsgruppen (z.B. Clans oder Lineages) sind dagegen unbekannt, es sei denn, eine Herdengemeinschaft oder ein Lager ist mit einer Verwandtschaftsgruppe identisch.

6.2 Politische Positionen und Klientelwesen

Obwohl politische Entscheidungen bei den Nomaden von Gharjistān grundsätzlich von den Betroffenen selbst gefällt werden, es also zentrale oder professionelle politische Entscheidungsinstanzen nicht gibt, sind einige soziale Positionen im Zusammenhang mit der politischen Organisation besonders hervorzuheben. Die politische Macht, die von den Trägern dieser Positionen ausgeht, ist allerdings äußerst beschränkt.

6.2.1 *spīnǧīrey* und *sarkhēl*

Beide wurden bereits ausführlich beschreiben: *spīnǧīrey* in Abschnitt 6.1 und *sarkhēl* in Abschnitt 3.2.7. Ich führe sie hier nur aus Gründen der vollständigen Aufzählung politischer Positionen auf.

6.2.2 *malik* und seine Klientel

Der *malik* ist eine traditionelle Institution der paschtunischen Gesellschaft (s. ELPHINSTONE 1839 I: 234; BROADFOOT 1886: 391; ROBINSON 1935: 8; BARTH 1964: 17; FERDINAND 1969a: 116f; KEISER 1971: 143ff) und ist heute auch im staatlichen afghanischen Recht verankert (vgl. ABDUR-RAHMAN 19oo II: 188; STEUL 1973: 27). Weder das traditionelle noch das vom Staat sanktionierte Amt des *malik* beinhaltet irgendeine Macht- oder Herrschaftsfunktion. Die Aufgabe des *malik* ist es, die von ihm repräsentierte Gruppe *(jam')* nach außen hin, besonders dem Staat gegenüber, zu vertreten, wobei er der von ihm vertretenen Gruppe gegenüber weisungsgebunden ist. Der Staat betraut ihn außerdem mit der Aufgabe, staatliche Verordnungen seiner *jam'* mitzuteilen. *Malik* kann also als Gruppensprecher oder Obmann bezeichnet werden.

Ähnlich wird die paschtunische Institution des *malik* in der älteren ethnographischen Literatur beurteilt:

> "In most Ooloosses[1] ... the e l e c t e d Mulliks... are obliged, in their turn, to obtain the consent of their divisions." (ELPHINSTONE 1839 I: 234).

> "Powindah[2] maliks wield much less power than do the maliks of the tribal territory of the Frontier; in fact it is only during the actual migration, when fighting is imminent, or when they are required by their tribe or section to make representations to government officials that they seem to have any power at all. Even then the course they are to follow is decided upon by the jirga[3]. ... When maliks are powerful, it is because they possess strength of character, wealth, numerous relations, influence with Government and, last of all, birth. The Powindah is far more impatient of control not only by Government but by

---

1) ELPHINSTONE versteht unter "Oolooss" eine größere Claneinheit, z.B. Atsəkzay. Der zitierte Satz bezieht sich auf Durrānī-Paschtunen.

2) *"Powindah"* ist eine indische und britisch-indische Bezeichnung für paschtunische Nomaden.

3) Ratsversammlung.

his own maliks... While he is proud to have king or malik, yet
nothing in the world is so important than that they should not
exercise an arbitrary power over him." (ROBINSON 1935: 8).

"... in many of the northern Pathan tribes, *Sardars* and *Maliks*
are found. An investigation of actual decision making shows
that these leaders have little authority, and political processes take place within the framework of egalitarian lineage
councils." (BARTH 1964: 17).

In Gharjistān benennt jeder Haushaltungsvorstand in Abständen von drei Jahren einen Mann seines Vertrauens als seinen *malik* oder läßt sich selbst zum *malik* ernennen. Jeder *malik* muß mindestens fünf Klienten bei der Verwaltung seiner Subprovinz benennen können, um vom Staat als *malik* anerkannt zu werden.

Die Klientel eines *malik* kann sich aus Bewohnern verschiedener Dörfer und Lager zusammensetzen. *Malik* ist also keinesfalls mit Dorfbürgermeister gleichzusetzen.

Die Größe der Klientele der *malikān* (Plural von *malik*) reichten in Ghajistān von 5 bis 70 Personen. Die Bevölkerung des Lagers Qala-i Khambar gehörte Klientelen vier verschiedener *malikān* an.

Die Klienten erwarten von ihrem *malik* vor allem, daß er genügend Mut, Intelligenz und Redegewandtheit besitzt, um ihre Interessen bei den staatlichen Behörden standhaft und erfolgreich zu vertreten, ausserdem werden Männer bevorzugt, die schreiben und lesen können und in der Lage sind, schriftliche Eingaben bei der staatlichen Verwaltung zu machen. Besondere politische Erfahrung und Weisheit, wie sie etwa von den *spīnǧīrī* erwartet werden, sind nicht unbedingt Voraussetzung für das Amt, da der *malik* keine eigenen politischen Entscheidungen zu treffen hat, sondern die seiner Klientel ausführen soll. Die *malikān* erhalten von ihren Klienten Abgaben in Naturalien und Bargeld, die jedoch nicht einheitlich sind. Die Abgaben dienen dem *malik* dazu, ein Gästezelt zu kaufen oder ein Gästehaus bauen zu lassen, Gäste im Namen seiner Klienten möglichst großzügig zu bewirten und dazu, seine finanziellen Ausgaben bei Behördengängen zu bestreiten. Im Gästehaus oder Gästezelt des *malik*, das von seinen Anhängern finanziert und meist auch mitgebaut wurde, finden in unregelmäßigen Abständen Ratsversammlungen der Klientel statt, die nach dem gleichen Muster verlaufen, wie in Abschnitt 6.1 beschrieben. Auf diesen Versammlungen hat der *malik* qua Amt keinerlei bevorzugte Stellung, er hat nur dann einen Einfluß auf die Entscheidungen, wenn er zugleich die Eigenschaften eines *spīnǧīrey* besitzt, was nicht immer der Fall ist. In allen Fällen aber hat er sich den Entscheidungen des *majles* seiner Klienten zu beugen und sie auszuführen.

Auch mächtige *khānān* (s.u.) können zugleich das Amt des *malik* bekleiden, jedoch beziehen sie ihre Macht nicht aus dem *malik*-Amt. Andererseits ist es für *malikān* nicht unmöglich, aus dem Amt durch die häufigen Kontakte mit staatlichen Behörden, persönliche Vorteile, besonders materieller Art, zu ziehen.

6.2.3 *khān* und seine Klientel

Das Wort *khān* hat im Paschtu einen weiten Bedeutungsumfang, es entspricht etwa dem deutschen "Herr". Mit *khān*, dem Eigennamen nachgestellt, wird aus Höflichkeit jeder erwachsene selbständige Mann angeredet, z.B. "Yusuf *khān*".

Im engeren Sinn bedeutet *khān*: "mächtige, politisch einflußreiche Persönlichkeit".

Wie oben erwähnt, kann ein *khān* zugleich auch *malik* sein, jedoch im Unterschied zu *malik* ist *khān* kein Amt; der *khān* hat keine institutionalisierte politische Funktion, *khān* ist eher eine Eigenschaft, die grundsätzlich jedes männliche Individuum erwerben kann. In einer Gruppe kann es einen, mehrere oder auch keinen *khān* geben.

Als *khān* erweist man sich durch die persönliche Fähigkeit, Gefolgsleute *(hamsāya)* an sich zu binden, und zwar dadurch, daß man ihnen entweder wirtschaftliche Vorteile bietet, z.B. durch die Erlaubnis, Wasserstellen, die man im Sommergebiet privat besitzt, zu nutzen, durch Verpachtung von Winterhöhlen oder von Ackerland oder durch das Gewähren von Weiderecht und Schutz für Haushalte, die neu in ein Gebiet zugewandert sind, solange bis diese Haushalte durch Gewohnheitsrecht (nach drei aufeinander folgenden Jahren) und durch vielfältige soziale Beziehungen, die sie im Lauf mehrerer Jahre selbst und ohne Hilfe des *khān* knüpfen können, selbständig geworden sind (s. Kapitel 4, besonders Abschn. 4.1.2).

Fälle, wo Klientelbeziehungen dadurch entstehen, daß Flüchtlinge vor Verfolgung von Bluträchern, Gläubigern oder der staatlichen Polizei bei einem *khān* Schutz *(māyār)* suchen, sind äußerst selten; ich konnte nur zwei solche Fälle registrieren. Obwohl es für einen *khān* höchst ehrenvoll ist, einem Flüchtling Schutz zu gewähren, weigern sich die meisten *khānān* (Plural von *khān*) dies zu tun, weil Schutzgewährung stets einen Konflikt mit den Verfolgern heraufbeschwört. Die Stellung der *khānān* ist so labil, daß sie in der Regel eher bestrebt sind, Konflikte zu vermeiden. Im Konfliktfall können *khānān*, außer von ihren eigenen Klienten, nur sehr bedingt mit Solidarität von seiten ihrer sozialen Umgebung rechnen, die Stellung des *khān* ist nie unangefochten, meist warten schon andere auf eine Schwächung des *khān*, um selbst diesen Rang einzunehmen.

Die Klienten ihrerseits erweisen sich dadurch als Gefolgsleute ihres *khān*, daß sie sich in der Öffentlichkeit seinen politischen Interessen gegenüber loyal verhalten, also etwa auf *majlesúna* seine Partei ergreifen, zumindest aber ihrem *khān* nicht offen opponieren.

Ein *khān* hat sich außerdem durch überdurchschnittliche Gastfreiheit (*mēlmastyā*) auszuzeichnen, was nicht ohne ausreichende wirtschaftliche Ressourcen möglich ist. Ich konnte z.B. feststellen, daß der *khān* H.S.O. aus Qala-i Niyāz Khān im Murghāb-Tal für seine Gastmähler durchschnittlich pro Tag 1 1/2 Schafe schlachten ließ. Diese materiellen Ausgaben werden jedoch durch folgende politische Vorteile für den Gastgeber ausgeglichen: Da sich häufig aus Gastmählern *majlesūna* entwickeln, und da der Hausherr, auf dessen Terrain das *majles* stattfindet, stets eine relativ starke Position hat - einem Hausherrn widerspricht man ungerne - kann ein *khān* durch das Geben häufiger Gastmähler seinen politischen Einfluß auf seine soziale Umgebung stärken. Außerdem kann ein Gastgeber von seinen Gästen befristete Loyalität erwarten, so lange sie sich in seiner Nähe, also im Gebiet seines Lagers oder Dorfes aufhalten[1].

In jedem Fall ist überdurchschnittlicher Reichtum an wirtschaftlichen Ressourcen für den *khān* eine wesentliche Voraussetzung.

Das Vorhandensein der *khānān* scheint eine Tendenz zur Machtkonzentration und zur Herausbildung von Herrschaftsinstanzen in sich zu bergen, jedoch tragen zahlreiche Faktoren zur Begrenzung der Macht der *khānān* bei:

a) Die *khānān* können ihre Macht nur auf die f r e i w i l l i g e Gefolgschaft ihrer Klienten stützen. Die *khān*-Klient (*hamsāya*)-Beziehungen sind dyadisch, meist kurzfristig und jederzeit beiderseitig kündbar[2]; entsprechend wechselt die Klientel eines *khān* ständig, seine Machtposition bedarf dauernder Reaffirmation und ist nicht vererbbar. Die Klientel des *khān* ist keine feste soziale Gruppe, über die dann ein *khān* Macht erlangen könnte, sondern eine Anzahl von Männern oder von Einzelhaushalten, die jeder mit dem *khān* aus den oben genannten Gründen zweiseitige und prinzipiell gleichrangige vertragsartige Vereinbarungen getroffen haben. Ein Mann oder Haushalt kann auch mit mehreren *khānān* zugleich Klientelbeziehungen unterhalten. Eine Monopolisierung wirtschaftlicher Ressourcen in der Hand eines *khān*, die Voraussetzung für eine unangefochtene zentrale politische Stellung wäre, gibt es bei den Nomaden von Gharjistān nicht. Ein Mann oder Haushalt, der aus wirtschaftlichen Gründen mit einem Reicheren eine Klientel-Beziehung eingehen muß, hat stets die Wahl zwischen mehreren Patrons und die Möglichkeit, diese gegeneinander auszuspielen.

b) Die Stellung eines *khān* ist, wie bereits erwähnt, nie unangefochten, stets rivalisieren in einer nomadischen Gruppe mehrere Männer um diesen Rang. Jeder, der dabei Erfolg hat, begibt sich fast automatisch in

---

1) Vgl. BARTH 1959a: 12, 77.

2) "... the relation between Pakhtun [*khān*] and client is a reciprocal contract which may be broken at the will of either party." (BARTH 1959b: 7).

Opposition zu allen anderen Konkurrenten, die in der Regel in der Lage
sind, seine Machtfülle eng zu begrenzen, wenn sie nicht überhaupt ihren politischen Aufstieg gegenseitig völlig blockieren.
Ein Informant faßte diesen Umstand in dem knappen Satz zusammen:
"Bei uns gibt es keinen *khān*, weil jeder *khān* sein will."

c) *Khānān* haben ebensowenig wie *malikān* und *spīnǰīrī* Sanktionsgewalt.
Sanktionen können ausschließlich von den Ratsversammlungen verhängt
werden, z.B. soziale Ächtung bei Mißachtung eines Versammlungsbeschlusses. Insubordination und Illoyalität seiner Klienten kann ein *khān*
lediglich durch Kündigung der Verträge begegnen, die die Klienten an
ihn binden, z.B. Pachtverträge. Wie erwähnt hat dies aber kaum disziplinarische Wirkung, da in der Regel mehrere *khānān* um Klienten konkurrieren.

d) Reichtum ist zwar eine der wesentlichen Voraussetzungen, um *khān*
zu werden, aber Reiche (gemessen an Viehbesitz) tendieren dazu, seßhaft zu werden (s.S. 82) oder laufen Gefahr, in soziale Isolation zu
geraten: Wie ich in den Abschnitten 3.2.6 und 3.2.7 dargelegt habe,
schließen sich in der Regel mehrere Haushalte zur gemeinschaftlichen
Beweidung der Herden zusammen, und zwar so, daß der gemeinsame Viehbesitz die optimale Herdengröße von 5oo-6oo Schafen oder Ziegen erreicht. Gemeinsames Weiden ist einer der Hauptfaktoren sozialer Integration und Kohäsion bei Nomaden. Wenn aber ein Haushalt selbst eine
vollständige Herde von optimaler Größe besitzt, kann er nicht mehr mit
anderen eine Herdengemeinschaft eingehen. Diese aus der Wirtschaft resultierende Gefahr der sozialen Isolation des Reichen kann zwar durch
verwandtschaftliche Beziehungen kompensiert werden, aber Verwandte erwarten Redistribution des Reichtums, z.B. Brautpreisspenden *(nīmawrū)*
für heiratswillige Neffen (s. Abschn. 5.4.3), was natürlich zur Verringerung des Reichtums und der Chance, *khān* zu werden, führt; andernfalls reduzieren die Verwandten ihre sozialen Beziehungen zum Reichen
auf ein Mindestmaß.

Der heute in Nordwestafghanistan häufigste Weg eines Nomaden, *khān*
zu werden, ist folgender: Der Viehbesitz eines Haushaltes wird so groß,
daß die Erträge daraus nicht mehr wirtschaftlich sinnvoll in die Herden reinvestierbar sind, denn die Arbeitskräfte eines Haushaltes können
nur eine begrenzte Anzahl von Vieh bewirtschaften (s. Abschn. 3.6).
Diese Erträge können aber gewinnbringend in den außerviehzüchterischen
Bereich, nämlich in den Kauf von Ackerland investiert werden, welches
dann an land- und viehlose Haushalte, z.B. verarmte Nomaden, verpachtet wird. Auf diese Weise kann ein reicher Nomade eine von ihm wirtschaftlich abhängige Klientel aufbauen; allerdings liegt dann seine
Machtsphäre im Bereich der seßhaften Bauern, wobei er dann selbst dazu
tendiert, ein seßhafter oder zumindest halbseßhafter Grundbesitzer zu
werden. Die Nomaden aber werden von der Macht solcher *khānān* kaum be-

rührt[1]. Im Jawand-Gebiet gab es zur Zeit meines Aufenthaltes drei
khānān, die allgemein als solche anerkannt wurden. Alle drei lebten
während des größten Teils des Jahres in festen Lehmhäusern in den Flußtälern des Kōča und Murghāb und besaßen das bewässerte Ackerland in
diesen Tälern zu etwa 8o%. Sie rekrutierten ihre Klientel hauptsächlich aus Pächtern, die ihr Ackerland bestellten. Zwei dieser khānān
zogen im Sommer, wie die übrigen Nomaden, in das Safēd-Kōh-Gebirge,
bzw. in die Umgebung von Čaghčarān in Ghōr, mehr des besseren Klimas
wegen, als aus Gründen wirtschaftlicher Notwendigkeit. Da sie dort
eigene Wasserstellen besaßen, konnten sie einer Reihe ärmerer Nomaden
Wasser- und damit praktisch auch Weiderecht gewähren; diese Nomaden
wurden dadurch zwar zu ihren Klienten, jedoch war diese Klientschaft
stets nur auf die Sommermonate beschränkt, und es gelang den khānān
kaum, wie ich selbst bemerken konnte (s. Abschn. 4.2.2), ihre "Sommer-
klienten" zu politischer Loyalität zu bewegen.

Diese khānān aus den Flußtälern versuchten noch auf eine andere Weise, ihre Machtsphäre auf die Nomaden der Steppen auszuweiten: Sie kauf-
ten lalmī-Felder in den Steppen, um sie dort an Nomaden zu verpachten.
Da aber ein Überangebot an lalmī-Land vorhanden war, brauchten die
lalmī-Pächter nicht mit politischer Loyalität zu bezahlen. Außerdem
versuchten die khānān bei Konflikten in den Steppen als Schlichter aufzutreten, was ihnen zwar z.T. gelang, wodurch sie aber noch innerhalb
des Rahmens egalitärer politischer Institutionen der Nomaden blieben[2].
Zwar konnten sie so Einfluß auf politische Entscheidungen nehmen, nicht
aber Macht- oder gar Herrschaftspositionen bei den Nomaden aufbauen.

Generalisierend läßt sich sagen, daß die Macht der khānān in Gharjistān weitgehend auf die Flußtäler mit ihrer vorwiegend bäuerlichen
Bevölkerung beschränkt bleibt, daß reich gewordene Nomaden in diesem
Bereich zu machtvollen Positionen gelangen können, daß aber die Nomaden auf den Steppen der Hochebenen egalitäre und deszentralisierte
(akephale) Formen ihrer politischen Organisation bewahren.

Im Vorgriff auf Abschnitt 6.5 möchte ich hier noch anmerken, daß
sich ebenso wie die Macht der khānān auch der Einfluß- und Machtbereich
der staatlichen Behörden weitgehend auf diese Flußtäler beschränkt,
d.h. der Staat hat nicht etwa die Funktion evtl. früherer traditionel-

---

1) Das gleiche Phänomen stellt BARTH (1961: 1o3-111) bei den Zagros-
Nomaden in Südpersien fest. Bei den Swat-Paschtunen kam er zu dem
Ergebnis:
"From title to land springs all political power..." (1959b: 1o).
In ihrem historischen Abriß der Einwanderung der Paschtunen in Nord-
westafghanistan bemerkt N. TAPPER:
"As large landowners they [Pashtūn khāns] entered the élite of
rural society and gained ascendancy in that arena ... However
they were able to unite their Pashtūn following for political
purposes only on exceptional occasions." (1973: 78)

2) s. Fallschilderung in Abschn. 4.1.4; die dort als H.S.O. bezeichnete Person ist einer dieser drei khānān.

ler Herrschaftsinstanzen bei den Nomaden der Hochebenen von Gharjistān übernommen, vielmehr scheinen sich hier die Ausbreitung staatlicher Macht und die Entstehung indigener Herrschaftsinstanzen räumlich zu decken.

Fallschilderung:

Im Jahr 1970 hatte der Haushalt von A.A. in Qala-i Khambar recht erfolgreich gewirtschaftet, sein Viehbestand war auf 600 Schafe und Ziegen angewachsen, d.h. sein Viehbesitz entsprach der oberen Grenze der optimalen Herdengröße (s. Abschn. 3.2.6). Seinen Reichtum benutzte A.A. z.T. dazu, vorbeireisende Fremde zu bewirten. Er ließ mehrfach verlauten, daß er sich als *khān* fühle, geriet aber zunehmend in soziale Isolation, da er weder Mitglied einer Herdengemeinschaft sein konnte, noch seine Verwandten an seinem Reichtum partizipieren ließ. Seine Bemühungen, Klienten durch Gewähren von Weiderecht an sich zu binden, wurden von der Lagergemeinschaft unter dem Vorwand der schlechten Weideverhältnisse verhindert. Möglicherweise spielten dabei aber nicht nur die Weideverhältnisse, sondern auch die Abneigung der Lagerbevölkerung eine Rolle, diesen Mann *khān* werden zu lassen. Die soziale Isolation von A.A. wurde am *Akhtər*-Tag, dem höchsten Feiertag des Jahres (Tag des Fastenbrechens), besonders deutlich: An diesem Tag besuchen alle Männer und danach alle Frauen des Lagers gemeinschaftlich nacheinander alle Haushalte, um überall mit *malīda* (eine Masse aus Brot, Zucker und Butterschmalz), Reis und Tee bewirtet zu werden. Lediglich das Zelt des A.A. wurde am *Akhtər*-Tag des Jahres 1970 gemieden und von keinem männlichen Besucher betreten. Nur die Frauen des Lagers hielten sich nicht an diese offenbar zuvor verabredete Ächtung.

Einige Wochen vorher hatte A.A. einen heftigen Streit mit seinem Schwiegervater und Rivalen H.E. provoziert, dem Vorstand des an Viehbesitz zweitreichsten Haushaltes (410 Schafe und Ziegen). Während dieses Streites, der um die Modalitäten der Heirat von A.A.s Brudertochter mit H.E.s Bruder entbrannt war, rief A.A. laut aus, H.E. solle sofort mit seinem Haushalt das Lager verlassen, und begann, die Zeltpfosten des H.E. umzustoßen. H.E. wies nun seinerseits seine Frauen an, das Zelt abzubrechen. Er glaubte A.A. weichen zu müssen, da sein Weiderecht in Kawrēj noch nicht gefestigt war; er überwinterte hier nämlich erst seit wenigen Jahren und bisher mit Zustimmung der Atsəkzay dieses Gebietes, also auch von A.A. Aber noch bevor das Zelt des H.E. völlig abgebrochen war, fanden sich die meisten Männer von Qala-i Khambar, auch zwei der Brüder von A.A., bei H.E. ein, versicherten ihm ihre Solidarität und baten ihn zu bleiben. Daraufhin ließ H.E. sein Zelt wieder aufbauen.

Später interpretierten mir jene Informanten aus Qala-i Khambar, die H.E. zum Bleiben aufgefordert hatten, den Fall folgendermaßen: Es sei ihnen im Grunde gleichgültig gewesen, ob H.E. geblieben wäre, sie hätten A.A. nur daran hindern wollen, sich als *khān* aufzuspielen.

6.2.4 *khānadānī khān*

Vom oben beschriebenen *khān*, der faktische Macht aufgrund persönlicher Fähigkeiten erringt, ist der *khānadānī khān* oder "*khān* aus einer *khān*-Familie", also der erbliche *khān*, deutlich zu unterscheiden: Der *khānadānī khān* ist Oberhaupt einer *khān*-Familie oder *khān*-Lineage (*khānkhēl*) und zugleich nominelles Oberhaupt eines ganzen Clans. Aber bei weitem nicht alle paschtunischen Clans haben solche hervorgehobenen Lineages (*khānkhēl*) und damit *khānadānī khānān*, und bei Nomaden scheinen sie eher die Ausnahme als die Regel zu sein. In Gharjistān traf ich keinen *khānadānī khān*, die folgenden Angaben entnehme ich der Literatur und den Vorstellungen meiner Informanten über erbliche *khānān*.

Einige paschtunische Clans (z.B. die Durrānī bis ins 19. Jh.) erkennen eine ihrer Lineages als besonders vornehm, quasi als adlig an, da sie nach dem Senioratsprinzip dem Clangründer genealogisch besonders nahe stehen soll. Sie hat für den Clan vor allem rituelle und symbolische Bedeutung, sie repräsentiert als "pars pro toto" die Ideale eines paschtunischen Clans, wie z.B. möglichst reine patrilineare Deszendenz und Clan-Endogamie; in ihren Mitgliedern, besonders in ihrem Oberhaupt, dem *khānadānī khān*, sieht der Clan die Tugenden des Clangründers verkörpert, die dem *paṣhtunwālī* (s.S.164f) möglichst vollkommen entsprechen. Die Angehörigen der *khān*-Lineage (*khānkhēl*) sind sakrosankt, stehen außerhalb der traditionellen Jurisdiktion und können auch bei Blutrachefällen nicht belangt werden. Aus ihrer Mitte wird auf einer Ratsversammlung (*majles* oder *jirga*), an der entweder nur Mitglieder des *khānkhēl* oder Vertreter des ganzen Clans teilnehmen, ein Oberhaupt, der *khānadānī khān*, ernannt, bevorzugt ein Sohn des verstorbenen *khānadānī khān*. Er hat den *khānkhēl* und den ganzen Clan nach aussen zu vertreten und zu repräsentieren und fungiert nach innen als lebender Vertreter des Clangründers und als Symbol der Einheit des Clans[1].

Solche *khānadānī khānān* gelangten nur in Ausnahmefällen zu faktischer politischer Macht, wie z.B. Ahmad Shāh aus der Lineage Saddozay, die zu jener Zeit *khānkhēl* der Durrānī war. Ahmad Shāh wurde aber 1747 vor allem deshalb zum König eines Teils der Paschtunen gewählt, weil seine Lineage wegen ihrer geringen Mitgliederzahl besonders wenig Macht repräsentierte und die paschtunischen Clans nicht befürchten mußten, daß die Machtfülle dieses Königs außer Kontrolle geraten könnte (ABDURRAHMAN 1900 II: 216; CAROE 1958: 155f). Die *khānadānī khānān* haben ebenso wie andere *khānān* keine Sanktionsgewalt.

---

1) Vgl. ELPHINSTONE 1839 I: 210-217, II: 96f; BROADFOOT 1886: 359; ROBINSON 1935: 8.

Das Vorhandensein solcher "adliger" Lineages und erblicher khānān ist in der europäischen Literatur über Paschtunen häufig nicht richtig interpretiert worden und hat zu dem Eindruck geführt, daß die Clans zugleich politische Einheiten seien, die von erblichen oder "patriarchalischen" Fürsten geführt würden, evtl. unter Assistenz und Kontrolle von Ratsversammlungen.

Auch ELPHINSTONE unterscheidet nicht deutlich zwischen khānān mit faktischer Macht und nominellen Clan-Oberhäuptern, z.B. bei seiner Beschreibung des "patriarchal government ... of an Oolooss":

> "The chief of an Oolooss[1] is called Khaun. He is always chosen from the oldest family ["khaunkhail"] of the Oolooss... In some Ooloosses, the Khaun is elected by the people. In both cases, some attention is paid to primogeniture; but more to age, experience, and character." ELPHINSTONE 1839 I: 213)

> "An Oolooss is divided into several branches, each under its own chief, who is subordinate to the chief of the Oolooss." (a.a.O.: 211).

ELPHINSTONE, der seine Angaben auf Informantenaussagen stützte, kam aber bereits zu einer Einsicht, die sich in der Ethnologie erst sehr viel später durchsetzte, daß nämlich indigene Modelle und soziale Wirklichkeit zu unterscheiden sind:

> "The system of government which I have described is so often deranged ... that it is seldom found in full force; and must, therefore, be considered rather as the m o d e l on which all the governments of tribes are formed than a correct description of any one of them." (1839 I: 215; Hervorhebung durch mich).

Gleichzeitig betont ELPHINSTONE die sehr begrenzte Machtfülle der "Khauns":

> "...in matters of importance, when circumstances will admit, the sentiments of the whole tribe are ascertained before anything is decided." (1839 I: 215).

Ähnlich äußern sich andere Autoren:

> "...the head of the senior 'khel' [of the Ghilzis] is chief of the tribe... he dares not collect any income from his tribe, but lives on the produce of his own lands... His seniority in birth makes the Afghans pay him the respect of an elder brother but nothing more. If his character is disliked, he has not even that; the lowest of his tribe eat, drink, and smoke with him. In urgent danger the khan is often set aside, and a 'Toelwashtee' or leader is chosen and while the danger lasts is pretty well obeyed. ...among Afghans the King and khan have little influence, and measures will be good or bad as they act on the people at large." (BROADFOOT 1886: 359).

> "...often the hereditary chiefs are chiefs in name only, and possess nothing more than a shadow of influence." (ROBINSON 1935: 8)

---

1) ELPHINSTONE versteht unter "Oolooss" größere Claneinheiten, die zugleich korporative und politische Einheiten sein sollen, was aber, wie ELPHINSTONE selbst einräumt, eher einer Modellvorstellung als der Realität entspricht.

> "Der Chān ist in seiner Position innerhalb des Unterstammes oder
> des Stammes nicht als Führungspersönlichkeit ... zu sehen, son-
> dern eher als Repräsentant der tribalen Autorität, ohne ihr
> eigentlicher Träger zu sein. Durch ihn als Mittler werden Ent-
> scheidungen des Stammes vorgebracht, er tritt also im Auftrage
> auf. In der Regel bleibt der Titel des Chān in einer Familie,
> sein Repräsentationsanspruch folgt also genealogischem Schema."
> (STEUL 1973: 22).

Über die Atsəkzay im besonderen bemerkt HUGHES-BULLER:

> "As usual in Afghanistan, the Achakzais appear to have no
> recognized chief among themselves, but it was usual in Afghan
> times [Als ein Teil der Atsəkzay unter dem Einfluß des Amir von
> Kābul stand] to appoint one of a particular family, generally
> the heads of the Ahmadzai sub-section of the Hamidzay section,
> to supervise the tribe on the part of the government and pro-
> bably to be responsible that their notoriously predatory
> propensities were kept within moderate bounds." (Baluchistan
> District Gazetteer 19o7 V: 72).

Aus diesen etwas unpräzisen Angaben HUGHES-BULLERs schließe ich, daß es sich bei diesem "chief" der Atsəkzay um einen *khānadānī khān* handelte, dessen Macht, sofern er überhaupt darüber verfügte, nicht auf der traditionellen politischen Organisation der Atsəkzay basier- te, sondern auf der Intervention des Amīr von Kābul.

REISNER (1954: 26o) sieht dagegen m.E. die Bedeutung der *khānadānī khānān* und der *khānkhēlūna* (Plural von *khānkhēl*) nicht richtig, er überbetont die politische Bedeutung der *khānkhēlūna* so sehr, daß er die Gesellschaft der nomadisierenden Durrānī grob in die Klasse der wohlhabenden Stammesführer und des Stammesadels einerseits und in die Klasse der abhängigen *hamsāyagān* andererseits einteilt. Bei der Seß- haftwerdung (?!) hätten die Durrānī dann die nomadischen feudalen (?!) Verhältnisse einfach übernommen. REISNER übersieht hier m.E., daß bei den Paschtunen *"hamsāya"* zwar auch "Abhängiger" oder "Hintersasse" im feudalistischen Sinne bedeuten kann, in den meisten Fällen aber "Klient" oder "Vertragspartner" (wörtlich "Nachbar") heißt, z.B. auch "Klient" eines *malik*, wobei der *malik* eher von seinen Klienten abhängig ist. Außerdem bezeichnet *hamsāya* einen Mann, der aus den oben genann- ten Gründen einen anderen als *khān* oder *khānadānī khān* anerkennt, ohne daß damit irgend eine soziale und politische Subordination impliziert sein muß. Schließlich wird auch der als *hamsāya* bezeichnet, der von einem Lager oder Dorf die Erlaubnis erhalten hat, dort zu leben und dessen Weiden zu nutzen, so lange bis er durch Gewohnheitsrecht oder durch Landkauf eigenes Weiderecht erwirbt (s. Kap. 4).

6.3 Emische Konzeption zur Institution des *khān*

Bei den paschtunischen Nomaden von Gharjistān konnte ich nur sehr bedingt eine egalitäre oder "demokratische" Ideologie feststellen, eher empfanden meine Informanten das Fehlen zentraler politischer Füh- rer in ihrer politischen Organisation als Manko und als Zeichen politischer und sozialer Uneinigkeit und damit von Schwäche.

Die Antworten meiner Informanten auf Fragen nach ihrer politischen Organisation können in drei Kategorien eingeteilt werden:

a) Aussagen, die das Ideal- und Wunschbild eines in sich harmonisierenden Verbandes[1] zeichnen, der von einem *khān* mit zentraler Entscheidungsfunktion geführt wird, von einem *khān*, dessen Macht auf freiwilliger Anerkennung und Gefolgschaft aller Mitglieder des Verbandes beruht, der aber keine Sanktionsgewalt hat. Er wird nicht nur von den Mitgliedern seines Verbandes, sondern auch von den Fremden und vom Staat respektiert. Der *khān* wird von seinen Anhängern mit materiellem Reichtum ausgestattet, mit dem er in der Öffentlichkeit die Prosperität und das "Prestige" seines Verbandes demonstrieren soll. Diese Ideal- und Wunschbilder werden häufig in die Vergangenheit projiziert, deshalb sind Informantenaussagen über die "gute alte Zeit" nur mit äußerster Skepsis zur historischen Rekonstruktion zu verwenden, vielmehr geben sie Einblick in h e u t i g e Wert- und Normvorstellungen.

b) Aussagen, in denen der Informant in erster Linie seine politische Selbständigkeit, sein Selbstwertgefühl und seine Entscheidungsfreiheit - gemäß dem *pašhtunwālī* (s.S. 164f) - ausdrückt. Dies ist kein Widerspruch zu (a), da es dem Prinzip der politischen Entscheidungsfreiheit nicht widerspricht, einem *khān* f r e i w i l l i g e Gefolgschaft zu leisten. Nur Gefolgschaft aus Zwang, z.B. wegen wirtschaftlicher Not, wird negativ bewertet und gilt als "hündisch" (*spētāna*).

c) Kritische und m.E. realistische Charakterisierungen der Wirklichkeit, nämlich ihrer dezentralisierten (akephalen) politischen Organisation.

Dazu zitiere ich folgende wörtliche Informantenaussagen als Beispiele:

> Y.K.: "Früher, als wir noch in Kandahār, Bakwah und Sabzawār (Shīndand) lebten, hatten auch wir Atsəkzay große *khānān*, deren Väter und Vorväter auch *khānān* waren, wir hatten *khānkhelūna*, die über viele Generationen *khānān* stellten. Als wir in Sabzawār lebten, war mein Urgroßvater [FFF] Fazel Khan der große *khān* aller dieser Leute hier. Selbst der König gab ihm Geld, und Fazel stellte dem König 1oo Soldaten zur Verfügung[2].
>
> Als wir hierher nach Jawand kamen, war ʿOsmān *khān* aller Atsəkzay dieser Gegend. ʿOsmān wurde aber unbeliebt, und die Leute gingen zu Madomar ʿOmarzay über, dem Bruder von Hājī Sultān. ʿOsmān war kein großer *khān*. Manchmal wird einer stark, dann wird er *khān*, dann werden andere stärker, und er wird wieder schwach."

---

1) Begriff nach Max WEBER 1956: 26f.

2) Diese Angabe ist zumindest im Prinzip historisch belegbar. Zur Organisation der Besiedelung von Nordwestafghanistan durch paschtunische Nomaden bestimmte die afghanische Regierung Ende des 19. Jh. ...

L.A.: "Früher hatten die Atsəkzay hier im Jawand-Gebiet einen großen *khān* namens ʿAbdul ʿAzīm, der in Gazistān lebte. Vor vielen Jahren starb er im Ausland. Er war größer als Jumʿa Khān [über Jumʿa Khān s.u. ausführlicher] und als Hājī Darweza [ein Aymāq]. Alle Atsəkzay von Jawand folgten ihm. Er war ein *khānadānī khān*. ʿAbdul ʿAzīm hinterließ keine Kinder, und seine Brüder verarmten durch Erbteilung und Streit. ʿAbdul ʿAzīm war Oberhaupt *(sarsaṇléy)* seiner Familie *(khānadān)*; nach seinem Tode gab es kein neues Oberhaupt, die Familie verarmte und wurde bedeutungslos."

Y.K.: "Einen *khān* erkannte man früher an seinem Schwert *(tūra)*, er kümmerte sich nicht um die Regierung. Er war kriegerisch *(tūryāléy)*, d.h. einer, der sich selbst und seine Anhänger verteidigen kann. Ein *khān* hat ein *starkhān* [= Tuch, auf dem bei Mahlzeiten das Brot und die Eßschüsseln liegen, es ist Symbol großzügiger Gastfreundschaft]. Außerdem ist er beliebt *(mardomdārī)*, redegewandt *(žəbghanland)*, intelligent *(hūšhyār)* und mächtig *(ghashtaléy)*. Er sollte wohlhabend sein, aber manchmal wird auch ein Armer *khān*, wir statten ihn dann mit allem aus, was er braucht."

(auf die Frage nach der Sanktionsgewalt des *khān*):
"Niemand ist gezwungen, den Anordnungen des *khān* zu folgen, jeder ist frei *(azād)*. Wenn wir aber einen *khān* haben, sind wir stolz auf ihn und wollen ihm folgen."

B.A.: "Du fragst nach *khānān*?, sind wir nicht alle Manns genug, selbst zu entscheiden? Wir sind frei *(azād)*, bei uns ist jeder *khān*!"

L.E.: "Bei uns gibt es keine großen *khānān*! [zu meinem Dolmetscher gewandt:] Denke nicht, daß es bei uns so ist, wie bei Euch in Kandahār und Kābul, wo es große *khānān* gibt, die durch ihre Väter und Vorväter Macht haben; hier wird einer schnell stark und wieder schwach."

B.K.: "Hier ist jeder *khān*, Du bist *khān*, und ich bin *khān*. Es gibt höchstens solche *khānān* wie Āqā Jō[1], der aber niemandem etwas sagen kann."

L.N.: "Bei uns gibt es keinen *khān*, weil jeder *khān* sein will; hätten wir wirklich *khānān*, müßten wir uns um die Regierung und die Aymāqān nicht mehr kümmern."

Diese Aussagen der Informanten über ihre politische Organisation kreisen um das Problem der *khānān*. Das Problem, wie politische Entscheidungen wirklich gefällt werden und welche faktische Macht die *khānān* haben (bzw. hatten oder haben sollten), wird dabei kaum reflektiert. Handlungs- und entscheidungsfähige größere Verbände sind ihnen nicht ohne *khānān* denkbar, die zumindest die Funktion zentraler Koordination und der Repräsentation des Verbandes nach außen erfüllen. Den Nomaden von Gharjistān ist bewußt, daß eine Organisation in solchen Verbänden politisch vorteilhaft wäre, besonders was die Durchsetzung ihrer Interessen gegenüber der Regierung und den Seßhaften anbetrifft,

---

2) ...*khānān* aus der Bevölkerung und stattete sie mit Machtmitteln, nämlich mit Geld und mit militärischen Funktionen, aus (vgl. N. TAPPER 1973).

1) Einer der drei genannten Grundbesitzer und *khānān* der Flußtäler, die ihre Macht vorwiegend auf bäuerliche Bodenpächter stützen.

deshalb ihr Wunsch nach Männern, die sie als *khānān* akzeptieren könnten. Andererseits ist der Druck von außen auf die Nomaden von Gharjistān nicht groß genug, um sie tatsächlich zur Bildung von größeren politischen Verbänden und damit zur Etablierung von politischen Zentralinstanzen zu zwingen.

Bei ihren Aussagen ist außerdem zu berücksichtigen, daß sie bei mir, dem Fremden, der, wie sie wußten, ein Buch über sie schreiben wollte, nicht den Eindruck von Schwäche und Ohnmacht vermitteln wollten. Da sie auf keine bedeutenden und allgemein anerkannten *khānān* in ihrer Umgebung hinweisen konnten, berichteten sie mir wenigstens von *khānān*, die in früheren Zeiten oder in größerer Entfernung lebten. Zu letzteren gehörte Jum'a Khān, angeblich das Oberhaupt aller Atsəkzay von Gharjistān, der in Gumbad am Oberlauf des Gulčīn, nordöstlich von Qādes, leben sollte. Auch Āqā Jō, der sich sonst selbst gerne als *khān* der Atsəkzay von Jawand bezeichnete, sagte zu mir:

"Hier nennt sich jeder *khān*, in Wirklichkeit gibt es aber nur einen, und das ist Jum'a Khān aus Gumbad."

Sosehr auch Jum'a Khān von allen meinen Atsəkzay-Informanten gerühmt wurde, so konnte ich doch keine konkreten Anhaltspunkte für seinen faktischen politischen Einfluß finden. Erst bei meiner zweiten Reise nach Gharjistān im Jahre 1971 gelang es mir, das Problem Jum'a Khān zu lösen: Als ich in Gumbad Jum'a Khān besuchen wollte, stellte sich heraus, daß er erstens schon vor drei Jahren gestorben war, sein Einfluß also nicht einmal so groß war, daß die Nachricht von seinem Tode zwei Jahre später in das nur ca. 40 km entfernte Qala-i Khambar gedrungen wäre; zweitens, daß Jum'a Khān zwar ein sehr reicher Herden- und Großgrundbesitzer gewesen war und Herr von mehreren hundert Bodenpächtern (genaue Daten waren nicht zu erhalten), daß aber sein politischer Einfluß nie über das Gumbad-Tal hinaus gereicht hatte; lediglich sein Reichtum hatte ihn in ganz Gharjistān berühmt gemacht[1]. Seine Söhne, deren Gast ich in Gumbad war, waren erstaunt, als ich ihnen erzählte, daß die Atsəkzay in Kawrēj und im Kōča-Tal ihren Vater als *khān* aller Atsəkzay nördlich des Safēd-Kōh bezeichnet hätten.

Indigene Modelle müssen in sich nicht unbedingt widerspruchsfrei sein. Der entscheidende Widerspruch in der Konzeption der paschtunischen Nomaden von Gharjistān - und ich glaube, man kann das auf die Paschtunen verallgemeinern - über die Institution des *khān* liegt darin, daß sie zwar eine politische Organisation in zentral (d.h. von *khānān*) geführten Verbänden positiv bewerten, in der Praxis aber als Individuen nicht bereit sind, sich der Autorität eines *khān* zu unter-

---

1) Immerhin war Jum'a Khān bedeutend genug, daß sein Name auf der Karte "Afghānestān 1 : 250 000" (s. Bibliographie) zur Bezeichnung seines Wohnortes eingetragen ist: "Gumbade Jum'akhān."

werfen. D.h. es besteht ein Konflikt zwischen zwei Werten, nämlich dem der individuellen politischen Entscheidungsfreiheit und Insubordination und dem Wert sozialer und politischer Einigkeit (etefāq) eines Verbandes unter einem khān. Einerseits möchte man gerne einem solchen Verband angehören und am Ruhm und auch am politischen und materiellen Erfolg eines großen khān teilhaben, andererseits möchte man aber nicht die Konsequenz daraus ziehen, nämlich die politische Subordination. Dieser Widerspruch wird zwar durch die Ideologie zu lösen versucht, daß man als Gefolgsmann seinem khān f r e i w i l l i g folgen würde, sich die Möglichkeit ständiger Kündigung der Gefolgschaft offen lassen und eine Sanktionsgewalt des khān nicht anerkennen wolle, um nicht die Tugenden des pashtunwālī zu verlieren. Diese Kompromißformel kann aber nicht zur Ausbildung stabiler politischer Verbände führen (wenn jeder ständig die Gefolgschaft kündigen kann!), sondern allenfalls zu diffusen sozialen Gruppierungen auf lokaler oder verwandtschaftlicher Basis mit höchstens nominellen khānān, z.B. khānadānī khānān, die allenfalls "primi inter pares", also ohne politische Macht sind. Oder sie führt dazu, daß Männer wie Jum'a Khān als "khān" bezeichnet werden, die in zu großer räumlicher Entfernung leben, um politische Macht ausüben zu können, aber doch geeignet sind, Fremden zum Nachweis von Einigkeit und Stärke genannt zu werden. Khānān mit faktischer Macht können sich so nur auf der Basis wirtschaftlich Abhängiger bilden (nämlich Bodenpächter), die aus wirtschaftlicher Not den Idealen des pashtunwālī nicht mehr entsprechen können; für Nomaden gilt dies im allgemeinen nur, wenn sie nach Verlust ihres viehzüchterischen Existenzminimums in den Bereich landloser Pächter und Landarbeiter geraten sind. Aus Wasserstellen-, Weide- und Schutzhöhlenpacht kann Abhängigkeit kaum entstehen, weil diese Pachtverträge stets nur sehr kurzfristig und auf gleichrangiger Basis geschlossen werden (s.o.).

Allerdings ist auch denkbar (und in anderen Gebieten Afghanistans und in der Geschichte auch erkennbar), daß äußerer politischer Druck, z.B. von Seiten des Staates, und militärische Bedrohung oder Eroberungslust die Paschtunen dazu bewegen kann, die Werte des pashtunwālī, nämlich individuelle Entscheidungsfreiheit, als zweitrangig zu erachten und zumindest zeitweilig hintan zu stellen, um bestimmter Ziele wegen einem khān Gefolgschaft zu leisten.

6.4 Unterschiede zu anderen egalitären dezentralisierten Systemen

Wie aus der bisherigen Beschreibung der politischen Organisation der paschtunischen Nomaden von Gharjistān hervorgeht, unterscheidet sie sich deutlich:

a) von der quer durch die Gesamtgesellschaft - auch durch Clans, Lineages und Familien - gehenden antagonistischen politischen Blockbildung der seßhaften (Swat-)Paschtunen, wie sie bon BARTH (1959a) analysiert wurde.

b) von der Organisation segmentärer Gesellschaften und besonders von segmentärer Lineage-Organisation, der beinahe "klassischen" Form egalitärer politischer Organisation[1].

"Segmentäre Gesellschaft" ist nach SIGRIST

> "eine akephale (d.h. politisch nicht durch eine Zentralinstanz organisierte) Gesellschaft, deren politische Organisation durch politisch gleichrangige und gleichartig unterteilte mehr- oder vielstufige Gruppen vermittelt ist." (1967: 3o).

SIGRIST weist dabei auch darauf hin, "... daß es außer segmentären Gesellschaften auch andere Typen akephaler Gesellschaften gibt." (a.a.O.). Ein solcher "anderer Typ" ist z.B. die politische Organisation der paschtunischen Nomaden von Gharjistān:

Zwar sind die in dieser Arbeit dargestellten Nomaden "akephal", d.h. sie sind nicht durch Zentralinstanzen politisch organisiert, jedoch fehlen die "gleichrangige[n] und gleichartig unterteilte[n] mehr- oder vielstufige[n] Gruppen" als politische Einheiten.

Die politischen Gruppen, d.h. Gruppen, die in sich politisch organisiert sind, sind in Gharjistān außerordentlich amorph und ephemer. Sie treten nur ad hoc in Erscheinung, wenn Probleme, die mehrere Haushalte betreffen, zu lösen sind, und konstituieren sich praktisch für jedes Problem neu. Jedes Individuum kann mehreren solchen Gruppen, die sich z.T. übergreifen und durchdringen, gleichzeitig angehören. Politische Verbände im Sinne Max WEBERs (1956: 29) gibt es nicht.

Das C l a n -System der Paschtunen ähnelt zwar formal einer segmentären Organisation; jedoch sind die Clans, zumindest bei den Nomaden von Gharjistān, keine politischen Einheiten und deshalb nicht als Segmente im Sinne der segmentären Gesellschaften zu bezeichnen.

6.5 Nomaden und Staat

> "...nomadic pastoralism is often best intelligible as a political response to other communities and the state ...
> even aspects of internal organization often become clearer when approached from this perspective." (BATES 1971: 127).

Es gibt keine Hinweise dafür, daß sich die Nomaden an den Staatsbildungen der Paschtunen beteiligt hätten, und auch den seßhaften Paschtunen gelang es nie, sich unter e i n e m Staat zu einen. Zwar konnte Ahmad Shāh Durrānī (Regierungszeit: 1747-1773) wenigstens einen Großteil der Paschtunen unter seiner Führung organisieren; jedoch galt er

---

[1] Vgl. DURKHEIM 1893: 19off; FORTES und EVANS-PRITCHARD 194o: 6f; MIDDLETON und TAIT 1958: 2; SIGRIST 1967: 21ff.

und bezeichnete sich auch selbst nur als "primus inter pares", als
"durr-e durrānī" ("Perle unter den Perlen") und mußte sich die Loyalität seiner Anhänger durch ständige Kriegserfolge erhalten[1].

Erst Ende des 19. Jh. gelang es wenigstens einem Teil der Paschtunen, einen stabilen Staat zu gründen, allerdings unter dem starken Druck von außen (Pufferstaat zwischen dem Russischen Reich und Britisch Indien). Auch hier standen die Nomaden abseits. Obwohl ihnen unter Amīr ʿAbdurrahmān in den 8oer Jahren des 19. Jh. neue große Weideflächen in Nordafghanistan zugeteilt wurden, um einen Grenzkordon für den neuen Staat zu bilden (s. ausführlicher Abschn. 2.2.2), gelang es bis heute nicht, sie voll in den Staat zu integrieren.

ʿAbdurrahmān und seine Nachfolger mußten erkennen, daß die Nomaden nicht nur einen Fremdkörper im Staat bildeten, sondern auch aus wirtschaftlichen, ökologischen und organisatorischen Gründen ihre Grenzkordonfunktion nicht erfüllen konnten (s. Abschn. 2.2.2). Deshalb wurde seit ʿAbdurrahmān versucht, die Nomaden Nordafghanistans durch Zuteilungen von Ackerland zu sedentarisieren und bei ihnen hierarchische und vom Staat abhängige Führungsinstitutionen einzuführen. Die Sedentarisierung gelang nur teilweise, und institutionelle politische Führungspositionen entstanden nur bei den seßhaft gewordenen (s. Abschn. 2.2.2). Die Nomaden blieben ein administrativer Fremdkörper mit eigenen, weitgehend vom Staat unabhängigen egalitären und dezentralisierten politischen Entscheidungsinstitutionen, obwohl ihre spezialisierte, warenproduzierende Wirtschaft ein nicht unbedeutender Bestandteil der Volkswirtschaft Afghanistans ist und obwohl die Führungselite des Staates, besonders die königliche Familie, im paschtunischen Clansystem den Nomaden nahesteht bzw. -stand[2].

Die staatliche Verwaltung Afghanistans ist heute noch im Aufbau begriffen, und nicht alle Landes- und Bevölkerungsteile sind in gleicher Weise vom Staat erfaßt. Besonders die Nomaden tendieren dazu, sich in dünn besiedelten Steppengebieten und Gebirgsregionen aufzuhalten, wo der Einfluß staatlicher Behörden am wenigsten zu spüren ist. Wie oben erwähnt, beschränkt sich in Gharjistān der staatliche Einfluß weitgehend auf die bewässerten Flußtäler; dagegen können die Steppen der Hochebenen, wo die Mehrheit der Nomaden lebt, quasi als ein "Freiraum" im Staat gelten. Allerdings kann nicht übersehen werden, daß der Staat eine Schutzfunktion nach außen ausübt, die Nomaden brauchen keine militärischen Störungen von außen zu befürchten, brauchen also keine eigene Militärorganisation zu unterhalten. Daraus könnte geschlossen werden, daß der Staat, auch wenn er nicht unmittelbar in die politische Orga-

---

1) ABDURRAHMAN 19oo II: 216f; CAROE 1958: 255f.
2) Die königliche Familie gehört(e) dem Clan Muhammadzay-Bārəkzay an, der zu einem großen Teil nomadisch ist.

nisation der Nomaden eingreife, diese doch dadurch indirekt verändere, indem er eine der Hauptfunktionen politischer Organisation übernähme, nämlich die Organisation militärischen Schutzes. Es wäre also zu fragen, ob die paschtunischen Nomaden in Zeiten, als ein staatlicher Schutz nach außen fehlte, Formen politischer Organisation kannten, die nun wegen Funktionslosigkeit aufgegeben wurden. Dafür gibt es aber, wie ich in Abschnitt 6.6 ausführlicher darstelle, kaum historische Anhaltspunkte. Die paschtunischen Nomaden scheinen auch in früheren Jahrhunderten lediglich in der Lage gewesen zu sein, sich bei konkreten Anlässen ad hoc zu kurzen militärischen Aktionen unter befristet gewählten Anführern zu organisieren. Dazu reicht aber m.E. die politische Organisation aus, die ich bei den Nomaden von Gharjistān angetroffen habe. Die Norm der Clansolidarität (s. Abschn. 5.1.6), aber auch die auf Vertragsbasis zusammenlebenden Lokalgruppen würden auch heute die Nomaden von Gharjistān durchaus in die Lage setzen, militärische ad hoc-Operationen durchzuführen, wie sie von ELPHINSTONE (1839 II: 175ff), BROADFOOT (1886: 359), G. OLIVER (zit. in Census of India 1911 XIII, N.W.F.P., Pt. I: 46) und FERDINAND (1962: 154) beschrieben werden. Die Tatsache, daß Nordafghanistan heute vom Staat militärisch gesichert ist, hat m. E. weniger zur Veränderung der politischen Organisation der Nomaden beigetragen, als vielmehr dazu, daß diese Region überhaupt von diesen Nomaden genutzt werden kann.

Auch die politische Organisation der paschtunischen Nomaden in der Zeit vor Errichtung eines festen zentral verwalteten Staates wurde von europäischen Beobachtern vorwiegend als "republican" oder "democratic" bezeichnet[1].

Gegen die naheliegende Vermutung, daß die dezentralisierte und egalitäre politische Organisation der paschtunischen Nomaden darauf zurückzuführen sei, daß der Staat ehemals indigen vorhandene politische Führungsfunktionen für die Nomaden übernommen habe, spricht noch ein weiteres Phänomen:

Gerade die Nomadengruppen, die am meisten staatlichem Einfluß ausgesetzt waren oder sind, sei es dem eines afghanischen Staates oder dem der britischen Kolonialmacht, tendier(t)en am stärksten zur Herausbildung eigener personalisierter, hierarchischer, zentraler Herrschaftsinstitutionen. Häufig haben die staatlichen oder kolonialen Verwaltungen selbst direkt oder indirekt Herrschaftspositionen (starke *khānān*) bei den Nomaden geschaffen oder ihre Entstehung zumindest begünstigt, um die Nomaden administrierbar zu machen; oder die Nomaden errichte-

---

1) ELPHINSTONE 1839 I: 23of, 3o4, II: 15o, 17of, 178; BROADFOOT 1886: 358f (184o verfaßt); ROBINSON 1935: 8; HUGHES-BULLER im Baluchistan District Gazetteer, Quetta Pishin District... 19o7: 27; vgl. auch FERDINAND 1969b: 137; JANATA 1972: 45.

ten selbst zentrale Herrschaftsinstitutionen, die denen der Staaten entsprechen sollten, gegen die oder in denen sie sich zu behaupten hatten. Dies geht recht deutlich aus der älteren britischen Literatur über Afghanistan hervor. Als Beispiel verweise ich auf das Zitat von HUGHES-BULLER auf Seite 180. Außerdem:

"On the whole, it is generally observable that the tribes most under the king's influence are most obedient to their khaun..." (ELPHINSTONE 1839 I: 217)[1].

"...the head of the senior [Ghilzay-] 'Khel' is chief of the tribe, and the king often grants him the title of khan." (BROADFOOT 1886: 359).

Im Werk von J.A. ROBINSON (1935), einem Verwaltungshandbuch für britisch-indische Behörden über paschtunische Nomaden, finden sich zahlreiche Dokumente über Maßnahmen der britischen Verwaltung, das Prinzip des "indirect rule" auch auf die paschtunischen Nomaden auszudehnen, die saisonweise in Gebiete kamen, die unter der Kolonialverwaltung standen. In diesem Zusammenhang wurden die Nomaden veranlaßt Mittelsmänner zu benennen, um eine Kommunikation mit den Behörden zu ermöglichen. Die Nomaden konnten dieser Aufforderung ohne weiteres Folge leisten, weil sie über eine geeignete Institution, nämlich die des *malik* (s.o., Abschn. 6.2.2) bereits verfügten. Da die *malikān* traditionellerweise nicht mit politischer Autorität ausgestattet waren, sondern nur die Funktion von Sprechern hatten, aber die Kolonialbehörden bei den Nomaden Institutionen benötigten, die auch die Autorität besassen, Weisungen von seiten der Behörden bei den Nomaden durchzusetzen, wurden die *malikān* bewußt von den Kolonialbehörden mit materiellen Machtmitteln ausgestattet, mit deren Hilfe sie Herrschaftspositionen bei den Nomaden erringen konnten. Z.B.:

Nachdem ihnen das Weiderecht im Zhob-Distrikt und in Waziristan von den britischen Kolonialbehörden verweigert worden war, schickten die Sulaymān-Khēl-Nomaden, die dieses Weiderecht beanspruchten, 14 *malikān* zum Verwaltungszentrum in Dera Ismail Khan, um mit den britischen Behörden zu verhandeln. Dort veranlaßte man die *malikān*, ein Abkommen mit der britisch-indischen Regierung zu unterzeichnen, das ihnen nicht nur die Weiderechte garantierte, sondern das auch die 14 *malikān* als verantwortliche Führer jener Sulaymān-Khēl schriftlich fixierte und ihnen das Privileg der Steuereinziehung zuschrieb mit den bekannten Möglichkeiten der persönlichen Bereicherung (ROBINSON 1935: 46f).

1926 veranlaßte die gleiche Behörde die *malikān* der wichtigsten Nomadengruppen, die in ihrem Verwaltungsbereich saisonweise lebten, folgendes Abkommen zu unterzeichnen, das den *malikān* eine Position von politischer Verantwortlichkeit und damit Herrschaft zuschrieb, die sie

---

1) Im gleichen Sinn äußert sich auch REISNER 1954:225f.

vorher nicht gekannt hatten:

> "We, the undersigned Sulaiman Khel, Nasar, Dautani, Niazi and
> Aka Khel tribal maliks, accept the following terms on our own
> behalf and on behalf of our respective tribes:
> 1. No men of our tribe will commit any offence either against
> any other Powindahs [= Nomaden] or British subjects.
> 2. If any man of our tribe does commit any offence, we the
> maliks, and our tribes will be responsible to pay Rs. 3,000
> as fine and "harjana" to Government (cost of the property
> looted will be in addition).
> 3. In case of any offence as in No. 2, if the Deputy Commis-
> sioner wishes to imprison any responsible malik, we will have
> no objection.
> 4. We will not harbour any accused or deserter in our kirris
> [= Lager] but, on the other hand, will hand him over to the
> Government.
> 5. We will return looted cattle of this year within five days
> and will also pay decrees in arrears within five days. If we
> fail to do so, we will pay Rs. 3.000 as fine to Government
> (in addition to the value of the looted property)."

(Es folgen die Unterschriften von 37 *malikān* und von C.E. Bruce, Lieut.-Col., Deputy Commissioner.) (ROBINSON 1935: 195).

Dieser bloßen Verantwortlichkeit der *malikān* für Verstöße der Nomaden gegen Gesetze und Verordnungen der Kolonialverwaltung folgte bald auch die staatliche Sanktionierung von positiven Privilegien:

In den "Rules for Powindah [= Nomaden] Migration" des Dera Ismail Khan District von 1930-31 (ROBINSON 1935: 191-193) wurde die Entwaffnung aller einwandernden Nomaden angeordnet, aber:

> "Leading maliks on application being made by them, may be
> allowed to keep private weapons (a.a.O.: 191).

Nach Absatz 16 der gleichen Verordnung erhielten auch die Lager eine begrenzte Menge von Gewehren und Munition, für die aber der *malik* allein verantwortlich war. Nach Absatz 7 und 8 erhielt der *malik* außerdem einen persönlichen Paß, in dem Lagerorte, Wanderrouten und Wanderzeiten seiner Gruppe verzeichnet und zugleich staatlich anerkannt waren. Dadurch war den Nomaden die Möglichkeit genommen, ihre *malikān* nach Belieben abzusetzen, da sie dann ihre Weide- und Wanderrechte verloren hätten, die ja dem *malik* von den Behörden persönlich zugeschrieben waren. Gleichzeitig wurde die traditionelle Rechtsfindung durch Ratsversammlungen außer Kraft gesetzt[1] und der *malik* für Verstöße gegen die Normen der Kolonialverwaltung selbst verantwortlich gemacht und mit Gefängnis bedroht. Dies bedeutete aber, daß der *malik* in die Lage versetzt wurde, seine Anordnungen mit Waffengewalt und zur Not auch mit Polizeischutz (Absatz 6 der Verordnung) durchzusetzen, oder einfach dadurch, daß er Opponenten bei den Behörden denunzieren konnte:

> "...maliks will be held responsible... for reporting the presence

---

1) Damit sollte auch die Kontrollfunktion der Ratsversammlung (hier *jirga*) ausgeschaltet werden.

of any bad character in their kirris to the local authorities."
(a.a.O., Absatz 6).

Ähnlich unterstützten die britischen Kolonialbehörden auch das Entstehen von politischer Zentralisation bei den Baluč:

> "In this century through the agency of a colonial administration practicing indirect rule, this formal organization [1] has been misinterpreted or purposely reformed or at any rate transformed into what is essentially a system of native courts supported in their decisions by e x t e r n a l force." (PEHRSON 1966: 1o4; Hervorhebung durch mich).

Die politische Organisation seßhafter Paschtunen im britisch-indischen Einflußbereich wurde auf ähnliche Weise verändert. Z.B. zahlte die Kolonialverwaltung an die politischen Repräsentanten der Paschtunen von Swat und Dir beträchtliche Subsidien (BARTH 1959a: 78).

In den Berichten über die Einwanderung paschtunischer Nomaden nach Nordafghanistan Ende des 19. Jh. werden stets eine Reihe von *khānān* der Nomaden genannt, die die Einwanderung organisierten. Wie N.TAPPER (1973) aber nachweist, handelte es sich dabei fast ausschließlich um Armeegeneräle, die vorher schon im Heer des Amīr 'Abdurrahmān gedient hatten und nun von 'Abdurrahmān persönlich mit der Organisation der Paschtunisierung Nordafghanistans betraut wurden. Trotzdem gelang es nicht, die Position dieser *khānān* bei den Nomaden zu institutionalisieren. Ebenso ist der Versuch unter Amīr Habībullāh 19o3 zu bewerten, eine nomadische Selbstverwaltungshierarchie von Staats wegen zu errichten (s. Abschn. 2.2.2).

Beispiele dafür, daß Nomaden wie z.B. die Qashqay, Khamseh und Bakhtiyārī im persischen Zagros-Gebiet als Reaktion auf einen sie umgebenden Zentralstaat aus eigener Initiative zentrale Führungsinstanzen geschaffen haben, sind in Afghanistan, zumindest in jüngerer Zeit weniger deutlich zu bemerken, aber der relativ große politische Einfluß einiger Nomaden-*khānān* in Paktya (Ostafghanistan), z.B. des Nūr Khān Ahmadzay (JANATA 1972: 45ff), dürfte auf das Bestreben der dortigen Nomaden zurückzuführen sein, ihre Interessen durch eine relativ einheitliche und koordinierte Politik dem Staat gegenüber zu wahren, wobei besonders zu berücksichtigen ist, daß die ostafghanischen Nomaden seit Schließung der pakistanischen Grenze 1961 (JANATA 1972: 47) in Bedrängnis geraten sind und sich veranlaßt sahen, neue Winterweiden auf afghanischem Gebiet z.T. mit Gewalt, z.T. mit Hilfe des Staates zu erwerben. In anderen Gebieten Afghanistans, z.B. in Gharjistān, besteht für die Nomaden kaum Veranlassung, vereint und koordiniert mit

---

1) Nämlich die ursprüngliche politische Organisation der Marri-Baluč, die nach PEHRSON (1966) auf gleichberechtigten Verträgen ("free contract") zwischen gewählten Anführern und Klienten beruhte.

dem Staat zu verhandeln, da eine Bedrohung ihrer Existenz wie in Paktya nicht gegeben ist.

Jedoch betont JANATA (1972: 45f), daß auch Persönlichkeiten wie Nūr Khān in Paktya von der Zustimmung der Ratsversammlungen auf verschiedenen Ebenen der sozialen Organisation der Nomaden abhängig sind, und kommt zu der generellen Aussage:

> "Hauptcharakteristikum der politischen Führung [der Nomaden] ist das Fehlen zentraler Instanzen ... Einzelpersönlichkeiten wie Nūr Khān bilden die Ausnahme und erlauben keine Schlüsse auf die allgemeine Situation." (1972: 45).

Die ehemaligen paschtunischen Clan-Konföderationen der Durrānī (Abdālī) und Ghilzay (die schließlich selbst zu Clans geworden sind) dürfen evtl. als Parallelentwicklungen zu den Konföderationen der Zagrosnomaden zu interpretieren sein: Als politische Antwort auf die relativ zentralisierte Organisation des Moghul- und des Safawidenreiches, die im 16., 17. und Anfang des 18. Jh. um den politischen Einfluß in Afghanistan rangen.

Andererseits gibt es lt. REISNER (1954: 261f) Hinweise dafür, daß die Moghul- und Safawidenkaiser selbst die Ghilzay- und Abdālī- (Durrānī-) Fürsten eingesetzt haben, und zwar zu dem Zweck, Steuern eintreiben und Truppen rekrutieren zu lassen. Aber die antisafawidischen Aufstände und Kriege der Ghilzay und Abdālī (Durrānī) Anfang des 18. Jh. zeigen, daß diese paschtunischen Konföderationen zumindest in jener Zeit nicht mehr das Instrument der sie umgebenden Zentralstaaten waren, sondern in Opposition zu ihnen standen. Die interne relativ zentralisierte politische Organisation dieser Konföderationen jener Zeit, die allerdings nie lange dauerte und auf den persönlichen Eigenschaften der Anführer und der freiwilligen Gefolgschaft der Mitglieder beruhte, ist im Zusammenhang mit dieser Oppositionshaltung zu sehen. Diese historischen Zusammenhänge im einzelnen aufzuzeigen und der Frage nachzugehen, ob die Nomaden überhaupt einen nennenswerten aktiven Anteil an der Entstehung, der Organisation und den Aktionen der paschtunischen Konföderationen hatten, bleibt exakter historischer Forschung vorbehalten.

Die Hypothese, daß Nomaden umso stärker zur Ausbildung von politischer Zentralisation und eigenen Herrschaftsinstitutionen tendieren, je intensiver ihre Interaktionen mit der sie umgebenden seßhaften Gesellschaft und dem Staat sind, der die seßhafte Gesellschaft repräsentiert, läßt sich besonders auch durch Parallelen aus der ethnologischen Literatur über andere Nomaden bestätigen (s.u.). Dabei soll aber nicht übersehen werden, daß auch Bevölkerungsdruck, Bedrohung der wirtschaftlichen Ressourcen (z.B. Weideverknappung von seiten der Seßhaften oder anderen Nomaden), Gefährdung der Freizügigkeit, besonders des Zugangs zu Winter- oder Sommerweiden etc. zu einer ähnlichen politischen Zentralisation und Stratifikation führen können.

Einen Zusammenhang zwischen der politischen Organisation von Nomaden und Staat sieht JETTMAR auch bei einigen Nomaden in Persien und Zentralasien:

> ".. [bei] den Kaschghaiern, ... [deren] Zentrum sich näher an den Brennpunkten des politischen Geschehens befindet, ... sehen wir ... eine vielfach abgestufte Hierarchie von Anführern. Die breite Masse des Volkes ist bereit, diesen Befehlsapparat zu akzeptieren. Die Kaschghaier haben deshalb auch bei der gegenwärtig laufenden Auseinandersetzung mit der Staatsgewalt zähen Widerstand leisten können.
>
> ...Eine andere Möglichkeit des Überlebens einer solchen Herrenschicht ergab sich in der Mongolei durch ein Bündnis mit einer einflußreichen Staatsautorität, die ihre Basis außerhalb der Steppe hatte." (1969: 84).

Dabei betont JETTMAR auch, "daß der Staat ebensogut die Entwicklung in eine andere Richtung drängen könnte" (a.a.O.), worauf ich unten noch eingehen werde.

SPOONER führt die Entstehung von Herrschaftspositionen bei Nomaden nicht nur auf ihre Interaktionen mit Staaten, sondern allgemein mit Seßhaften zurück:

> "Because of the high degree of fluidity of social organization, leadership roles are based on personality rather than institutionalization, except where internal political processes are influenced by neighbouring sedentary populations." (1973: 41).

Eine besonders deutliche Beziehung zwischen institutionalisierten politischen Führungspositionen bei Nomaden und staatlichem Einfluß zeigt IRONS bei Turkmenen in Persien auf, wobei er die nomadischen Basseri in Südpersien zum Vergleich heranzieht:

> "The groups discussed ... can be ranked in order of the extent of ... interaction with sedentary people and with the government based in sedentary society. The order from lesser to greater interaction of this kind runs as follows: Yomut charwa[1], eastern Yomut chomur[2], western Yomut chomur[3], Goklan[4] and Basseri. In each case an increase in iteraction with sedentary society is associated with an increase in political stratification. In each case the political stratification is a result of the ability of a political leader to act as an intermediary between the nomads and sedentary society, and ... it can be seen that as the power of sedentary society over the nomadic population increases so the ability of political leaders to use their intermediary role to aggrandize their power also increases. (IRONS 1971: 155).

Bei den Yomut Charwa, den turkmenischen Nomaden im äußersten Nordosten

---

1) Turkmenische Nomaden, die im äußersten Nordosten Persiens relativ weit entfernt von staatlichen Verwaltungszentren leb(t)en.
2) Halbseßhafte, vorwiegend bäuerliche Turkmenen.
3) Halbseßhafte, vorwiegend bäuerliche Turmkenen, die nahe am Verwaltungszentrum Astarabad leben.
4) Seßhafte, bäuerliche Turkmenen, die in der Nähe des Verwaltungszentrums Bojnurd leben.

Persiens, die minimale Interaktionen mit seßhaften Nachbarn und der persischen Regierung unterhielten, bestand nach IRONS eine egalitäre segmentäre Lineage-Organisation:

> "...operating in terms of the principle of complementary opposition ... among these groups cooperation was possible only on the basis of discussion and mutual agreement of all parties involved..." (a.a.O.: 149)

Es gab informelle Anführer:

> "... vested with no authority, but rather each merely had the function of representing his own group as a whole to outsiders..." (a.a.O.).

Diese Anführer wurden gewählt und konnten jederzeit abgesetzt werden. Sie entsprechen den *malikān* der paschtunischen Nomaden. Bei den vorwiegend bäuerlichen östlichen Yomut Chomur, die einen engeren Kontakt zu voll-seßhaften Nachbarn pflegten, ist die politische Position jener informellen Anführer stärker, was IRONS (a.a.O.: 149ff) auf die intensiveren Interaktionen mit Fremdgruppen zurückführt.

Bei den westlichen Chomur, die nahe dem Verwaltungszentrum Astarabad leben, existiert eine deutliche politische Stratifikation. Die Anführer *(saqlaw)*, deren Position bei den östlichen Turkmenen in Persien nur informell ist, wurden hier von der staatlichen Verwaltung offiziell anerkannt. Sie erhielten Hilfskräfte und das Recht auf Steuereinziehung. Außerdem schufen die Behörden eine neue, dem *saqlaw* übergeordnete Herrschaftsposition, den *sarkadeh*, der für Ruhe und Ordnung bei den Turkmenen zu sorgen hatte (a.a.O.).

> "...the government's attempt to establish indirect rule, although not completely successful, did increase the power of the saqlau... Thus greater government influence led to an increase in political stratification." (a.a.O.: 152).

Noch deutlicher ist dies bei den Goklan zu erkennen:

> "Goklan provides an example in which a still greater degree of government control resulted in a still higher level of stratification." (a.a.O.: 153).

Auch W.KÖNIG beschreibt, wie bei den turkmenischen Nomaden durch staatlichen Einfluß eine ökonomische und damit auch politische Differenzierung der Bevölkerung eingetreten ist:

> "Charakteristisch für die *tschorva* [Nomaden-]Wirtschaft vor der russischen Eroberung waren die Viehzüchterwirtschaften mit einem maximalen Viehbestand bis zu 4oo-5oo Schafen und 1o-4o Kamelen. Die ausgesprochenen Bai-Wirtschaften mit tausende von Schafen und hunderte von Kamelen umfassenden Herden entwickelten sich erst nach Anschluß des Landes an Rußland, eine Erscheinung, die auch Markov bei den Viehzüchtern der Choresmischen Oase feststellte." (1962: 41).

Nach RADLOFF (1893 I: 518ff) setzte die zaristische Verwaltung bei den Kirgisen durch das "Statut der sibirischen Kirgisen" auf eine noch direktere Weise eine feste Herrschaftshierarchie ein. Das "Statut" sah

folgende offiziellen Ämter vor (von oben nach unten):
"Starschi-Sultan" (Kreisvorsteher), "Sultan" oder "Pravitel" (Wolost- oder Distriktsvorsteher) und "Aulnyi Starschina" (Dorfältester). Die neue kirgisische Beamtenhierarchie unterstand unmittelbar den Gouvernementsregierungen von Omsk und Semipalatinsk. Zwar sollten diese Beamten von der Bevölkerung gewählt werden, gleichzeitig aber betont RADLOFF:

> "Die Sultane erhielten dadurch eine Anerkennung ihres Adels und eine legitime Macht, indem ihnen sogar eine Beamtenrangklasse zuertheilt wurde."

Offenbar war die Macht der kirgisischen Sultane zuvor eher informell, instabil oder nur nominell, ähnlich wie die der *khānān* der Paschtunen[1].

Die großen Nomaden-Konföderationen Persiens wurden z.T. direkt von den persischen Kaisern gegründet, wie z.B. die Shāh-Sawan (s.u.), oder sie entstanden in Opposition zum Kaiserreich oder wurden, wie z.B. die Khamseh-Konföderation, von Provinzgouverneuren und Kaufleuten in Opposition zu anderen Konföderationen gegründet:

> "The [Khamseh-] confederacy is recent, only 9o-1oo years old, and its origin must be traced, not to any of the constituting nomad tribes, but to the bazars and governmental palaces of Shiraz." (BARTH 1961: 86).

> "As erstwhile governors of Fars the Ghavam came into conflict with the increasingly important and powerful Qashqai confederacy; and it was a counterweight to the Qashqai, as well as to protect his caravans to and from the southern ports, that Ali Mohammad Ghavam-ul-Mulk caused the Khamseh confederacy to be formed, with himself as its chief." (a.a.O.: 88).

Noch deutlicher wird der Einfluß des Staates auf die politische Zentralisation von Nomadengruppen bei den einzelnen Clans der Khamseh:

Das Oberhaupt der Basseri bezieht nach BARTH (1961) seine politische Macht vor allem aus seiner Mittlerfunktion zwischen Staat und Nomaden und außerdem aus seiner Funktion, die Wanderungen seiner Gefolgsleute in einem dichtbevölkerten Gebiet zu koordinieren.

> "The power of the Basseri-chief is based mainly on sources outside the tribal system, and does not arise in or become delegated from the scattered nomadic camps." (BARTH 1961: 129).

Bei den östlichen Gruppen der Khamseh dagegen fehlen zentrale Herrschaftspositionen, was BARTH (1961: 129) damit erklärt, daß diese Nomaden in einem dünn besiedelten Gebiet und fern von staatlichen Verwaltungszentren leben und ihre Interaktionen mit dem Staat, mit Seßhaften und mit anderen Nomaden gering sind[2].

Der Ursprung der Konföderation der türkisch-sprachigen Qashqay, westlich der Khamseh in Südpersien, ist aus der Literatur nicht ein-

---

1) Vgl. HUDSON 1938: 15f, 61ff; BACON 1958: 71.
2) Vgl. JETTMAR 1969: 83.

deutig ersichtlich. Nach ihrer eigenen Tradition wurden sie in der ersten Hälfte des 16. Jh. von Shāh Ismā'īl I geeint und zur Verteidigung der Provinz Fars gegen die Portugiesen eingesetzt[1]. Die Beziehungen der Qashqay zum Staat waren aber ambivalent, im 19. Jh. behinderten sie die Verkehrswege zwischen Shiraz und dem persischen Golf, und zumindest seit den Seßhaftmachungskampagnen Rezā Shāhs standen sie bis vor wenigen Jahren in z.T. offenem Konflikt mit dem Staat. Die Qashqay haben eine elaborierte Führungshierarchie, die kaum ohne die Funktion zu erklären ist, die Interessen der Qashqay effektiv gegen den Staat, benachbarte Seßhafte und benachbarte Nomaden durchzusetzen[2].

Außerdem hatten die Führer der Qashqay ebenso wie die der Basserī und Bakhtiyārī die Aufgabe, die Wanderbewegungen ihrer einzelnen nomadischen Gruppen zu koordinieren[3].

Die Abhängigkeit der Führer der Bakhtiyārī vom Staat ist noch deutlicher als bei den anderen Konföderationen. Auch vor der heutigen direkten Kontrolle der Nomaden durch den persischen Staat mußte jedes neu inthronisierte Oberhaupt (*īlkhān*) der Bakhtiyārī vom persischen König im Amt bestätigt werden[4].

Die Shāh Sawan in Nordwestpersien sind das wohl deutlichste Beispiel für Nomadenkonföderationen, die unmittelbar von einem Staat etabliert wurden:

> "Schon unter den frühen Safawiden sammelten sich durch entsprechende Appelle sowohl regierungstreue Angehörige der Qizil Bash, wie auch fremde Elemente unter dem Namen Shah Sevan, wohl in Form von militärischen Einheiten. Später unter Shah Abbas wurde weiteren Bevölkerungsgruppen dieser Name verliehen, die sich als Folge von bewußten Stammesgruppierungen, Heranführung neuer Stämme und Einbeziehung unterworfener Gruppen zu einer Art neuen Hausmacht des Shahs zusammenfügten." (SCHWEIZER 1970: 106).

> "At this time [18. Jh.] each [Shāh Savan] confederation was ruled by a paramount chief (elbeği), who was held responsible by the government for the maintenance of order and for collecting taxes and military levies..." TAPPER 1971: 35)

Nach LEWIS (1959: 277) und SCHINKEL (1968: 27) statteten die ägyptische und britische Verwaltung seit dem 19. Jh. bei Nomaden[5] in Oberägypten und Somaliland Männer, die vorher nur gewählte Gruppensprecher waren, mit staatlich sanktionierter Autorität aus, indem sie ihnen das Recht einräumten, Zölle und Steuern zu erheben. Selbst die Macht des Oberhauptes der als politisch und sozial außerordentlich stratifiziert

---

1) ULLENS DE SCHOOTEN o.J.: 53.
2) GARROD 1946; ULLENS DE SCHOOTEN; BARTH 1961; MONTEIL 1966; JETTMAR 1969: 84; PLANHOL 1969: 82.
3) SALZMAN 1967: 125.
4) COON 1958: 218.
5) Bei den Ababde Beja (SCHINKEL 1968: 27) und den Somali-Nomaden (LEWIS 1959: 277).

bekannten Tuareg ist nach NICOLAISEN (1963: 398-4o2) dadurch zu verstehen, daß die französische Kolonialverwaltung ihn mit Machtmitteln ausstattete, um über ihn die Tuareg zu beherrschen. Auch im Sudan wurden von der britischen Kolonialverwaltung systematisch bei den Nomaden Herrschaftsinstitutionen eingesetzt, um auch die bis dahin egalitären und akephalen Gruppen durch "indirect rule" zu verwalten[1].

Dieses System des "indirect rule", durch das bei Nomaden indigen vorhandene, oft aber nur mit sehr begrenzten Machtmitteln ausgestattete politische Positionen zu festen und zentralen Herrschaftsinstitutionen ausgebaut werden, ist nur in Staaten zu finden, in denen Regierungen oder Kolonialmächte nicht in der Lage sind, die gesamte Bevölkerung direkt zu verwalten.

In Afghanistan ist aber die staatliche Verwaltung noch so wenig ausgebaut, daß ein Großteil der Nomaden weder durch "indirect" noch durch "direct rule" verwaltet werden kann[2]. Deshalb gehört Afghanistan auch n i c h t zum folgenden Staatentyp:

Einige Staaten des Mittleren Ostens, z.B. seit ca. 2o Jahren Persien, haben ihre Zentralverwaltung so weit entwickelt, daß das Prinzip des "indirect rule" durch eine direkte staatliche Verwaltung der Nomaden ersetzt wurde. Diese Staaten entledigen sich wieder jener politischen Instanzen ihrer Nomaden, die sie in früheren Zeiten selbst eingesetzt oder zumindest indirekt initiiert haben[3].

6.6 Krieg und Raub

Ich behandle dieses Thema in diesem Kapitel, weil militärische und prädatorische Organisation ein Teil der politischen Organisation ist.

Evtl. würde zwar die Feststellung genügen, daß die Nomaden von Gharjistān außerordentlich wenig kriegerisch sind und Raub nur in der Form individuellen Diebstahls kennen, kurz, daß eine militärische und prädatorische Organisation fehlt; aber da Räuber- und Kriegertum in der Literatur häufig als typische Eigenschaften nomadischer Völker dargestellt werden, möchte ich hier dem Problem der relativen Friedlichkeit der Nomaden von Gharjistān und - soweit darüber Literatur vorhanden ist - auch der übrigen paschtunischen Nomaden nachgehen, um auch von dieser Seite her ihre egalitäre und dezentralisierte politische Organisation verständlich zu machen.

---

1) CUNNISON 1966: 134ff; ASAD 197o: 158f.

2) Es ist dabei sehr schwer zu entscheiden, ob die afghanische "laissez faire" - Politik der Nomaden gegenüber als Unvermögen der Verwaltung oder als eine positive Haltung des Staates zu seinen Nomaden zu verstehen ist.

3) Vgl. BARTH 1961: 96f; HERZOG 1963; MONTEIL 1966: 21; SPOONER 1969: 139; JETTMAR 1971: 4o5.

Größere und über ephemere Solidaritätsgruppen und Räuberbanden hinausgehende Militärorganisationen mit institutionalisierten Führungsstäben können bei paschtunischen Nomaden weder in historischen Quellen noch in den Traditionen meiner Informanten mit ausreichender Sicherheit nachgewiesen werden.

Selbst die Landnahme der Paschtunen in Gharjistān vor 60 bis 70 Jahren erfolgte weitgehend friedlich, die Nomaden profitierten von den vorangegangenen internen Kriegen der Fīrūzkūhī-Aymāq (s. Abschn. 2.2.3) und der allgemeinen Paschtunisierungspolitik des 'Abdurrahmān, beteiligten sich selbst aber kaum an kriegerischen Aktivitäten (s. Abschn. 2.2.2 bis 2.2.4). Selbst Ackerland, das die autochthonen Aymāq wegen Bevölkerungsrückgang selbst nicht mehr bebauen konnten, wurde von den Nomaden regulär gekauft und nicht etwa erobert. Die angeblich gewaltsame Vertreibung der Zay Hakīm, von der mir ein Informant berichtete (s.S. 27), konnten mir die anderen Informanten nicht bestätigen. Welche Ursachen auch immer zur Zurückdrängung der Fīrūzkūhī Aymāq aus dem nordwestlichen Gharjistān geführt haben mögen, offene, gewaltsame Auseinandersetzungen zwischen Nomaden und Seßhaften scheinen dabei die geringste Rolle gespielt zu haben.

Anders als etwa bei einigen Kamel-Beduinen (MUSIL 1928: 507, 530f, 641-661; SWEET 1965; IRONS 1965) ist Viehraub in organisierter Form kein Bestandteil der normalen nomadischen Wirtschaft der Paschtunen und scheint nur in Notzeiten vorgekommen zu sein[1]. Unorganisierter, individueller Viehdiebstahl ist allerdings - zumindest bei den Nomaden von Gharjistān - durchaus üblich.

Wie schon YATE im 19. Jh. bemerkte, wäre eine feste Militärorganisation kaum mit der Wirtschaftsweise der paschtunischen Nomaden vereinbar:

> "The Nurzais [2] who now [3] hold Bakwa [4] are all nomads and maldars - that is, cattle owners and graziers in contradistinction to cultivators. Consequently they are never so inclined to join in a fray as the cultivating classes are, as **they cannot leave their flocks and herds with no one to look after them**. In this lies the difference between the Nurzais of Bakwa and the Alizais of Zemindawar. The latter are cultivators pure and simple, and at off-times are free to go away and join in any expedition that may be on hand. In this possibly is the secret of the help given by the Zemindawaris to Ayub Khan on his advance to Maiwand in 1880, and the contrary by the Bakwa Nurzais. (YATE 1900: 11f; Hervorhebungen von mir).

---

1) Ich erinnere daran, daß dies nur für die paschtunischen N o m a - d e n gilt, selbstverständlich gibt es bei den Paschtunen organisiertes Räubertum.
2) Ein Clan der Durrānī-Paschtunen.
3) Um 1893.
4) Eine Ebene südöstlich von Farah.

Allerdings waren auch die paschtunischen Nomaden bei konkreten Anlässen, besonders bei Bedrohungen von außen, durchaus in der Lage, sich ad hoc, im Rahmen ihrer Clanorganisation, zu manchmal eindrucksvollen militärischen Operationen unter befristet gewählten Anführern zu organisieren (ELPHINSTONE 1839 II: 152f, 175ff; FERDINAND 1962: 154). Ein extremes und häufig zitiertes Beispiel dafür ist die Eroberung Persiens durch die z.T. nomadischen Ghilzay Paschtunen im 18. Jh.; welchen Anteil allerdings die Nomaden bei dieser einzigartigen militärischen Leistung hatten, ist kaum zu klären; zumindest ist dieser Ghilzay-Kriegszug auch ein Beispiel für den raschen Zusammenbruch paschtunischer (evtl. z.T. nomadischer) Militärorganisationen nach erfolgter Aktion (vgl. CAROE 1958: 251f).

Ähnlich charakterisiert BARTH die Paschtunen:

"Pathan tribes are well able to act strongly in defence of shared, shorttermed interests or basic values or in the pursuit of gain, but generally fail to pursue more longterm strategies, or to reach agreement on compromises requiring joint action." (1964: 17).

Zwar gelang es einer Persönlichkeit wie Ahmad Shāh durchaus, einige hunderttausend Paschtunen militärisch zu organisieren, aber dieses Heer war wohl mehr durch die Aussicht auf Beute als durch Disziplin zusammengehalten, und Nomaden dürften dabei kaum eine Rolle gespielt haben; immerhin gibt REISNER (1954: 359) an, daß in der Reiterei, dem Stoßkeil der Armee, kaum Paschtunen dienten und daß die "Stammeskrieger" überhaupt militärisch nicht besonders bedeutend waren (a.a.O.: 361).

Auch Amīr ʿAbdurrahmān (Regierungszeit 1880-1901) mußte erkennen, daß die paschtunischen Nomaden wegen ihrer Wirtschafts- und Lebensweise nicht auf Dauer militärisch eingesetzt und als Grenzkordon benutzt werden konnten; aus diesem Grund versuchte er, die Nomaden in Nordafghanistan zu sedentarisieren und zum Ackerbau zu bewegen (s. Abschn. 2.2.2).

Ich selbst gewann bei den Nomaden von Gharjistān den Eindruck, daß sie weit weniger zum Ausbruch offener Aggressionen neigen als viele ihrer seßhaften Nachbarn, obwohl auch sie einen nicht unbeträchtlichen Teil ihres wirtschaftlichen Erlöses in Waffen und Munition investieren. Aggressionen werden in der Regel nur verbal ausgedrückt, selten aber faktisch ausgeführt. Wenn Streitigkeiten in Handgreiflichkeiten überzugehen drohten, konnte ich stets beobachten, daß sofort Dritte als Vermittler einschritten und manchmal auch mit Gewalt die Streitenden voneinander trennten. Weit deutlicher und häufiger als Aggressionen selbst, konnte ich Abneigung, ja geradezu Angst vor gewaltsamen Konflikten bemerken; selbst schwere Normverstöße wie Ehebruch wurden meist friedlich geregelt. Dabei mag die besondere Empfindlichkeit der nomadischen Viehzucht vor äußeren Störungen (s.u. und Abschn. 3.5) und die relative

Schutzlosigkeit der Zelte, Lager und Karawanen vor Überfällen von Bedeutung sein.

> "...but even ...[among Dooraunee shepherds] disputes seldom go beyond regular encounters with sticks and stones; and throughout all the Dooraunees, blood is scarcely ever shed in domestic quarrels." (ELPHINSTONE 1939 II: 106).

Wenn die Nomaden von Gharjistān gewaltsame Auseinandersetzungen dennoch nicht vermeiden können, tritt ein strenger Ehrenkodex in Kraft, der Teil ihres *paṣhtunwālī* (s.S. 164f.) ist und der die Verluste an Mensch und Tier stark einschränkt:

Es ist verboten und gilt als ganz besonders frevelhaft und ehrlos, bewaffnete Auseinandersetzungen nachts und in Reichweite (Schußweite) von Frauen, Kindern, Zelten, Nomadenkarawanen und Herden zu führen und überhaupt sich in kriegerischer Absicht einem Nomadenlager oder einer Nomadenkarawane zu nähern. Droht ein Kampf zu Körperverletzungen oder gar zu Verlusten an Menschenleben zu führen, kann eine ältere Frau (jenseits der Menopause) intervenieren, auch wenn sie selbst zu einer der streitenden Parteien gehört; dazu gebe ich die Schilderung einer Informantin wieder:

> H.R.A.: "Einmal gab es einen Kampf in Pombakar zwischen Aymāq und Nomaden *(māldār,* Plural: *māldārān)*. Auf der Seite der Aymāq kämpfte das ganze Aymāqlager, auf seiten der *māldārān* nur sechs junge Männer. Bei den Aymāq kämpften auch die Frauen mit. Es ergab sich, daß die *māldārān* etwas erhöht auf einem Hügel standen und auf die Aymāq mit Steinen warfen. Die Aymāq versuchten, die *māldārān* zu verfolgen und warfen ebenfalls Steine. Da trat meine Mutter dazu und warf ihren *pəṇlūney* [1] genau zwischen die streitenden Parteien und rief aus: 'Dies ist der *pəṇlūney* der Fātima und der Zohra [= Sara]!' Die *māldārān* gaben sofort den Kampf auf, aber die Aymāq kannten diesen Brauch nicht, sie überschritten die Linie, die der *pəṇlūney* markierte und verfolgten die *māldārān*. Als dies die übrigen *māldārān* von Pombakar sahen, eilten sie alle herbei und bewarfen die Aymāq so sehr mit Steinen, daß die Aymāq den Kampf aufgaben. Dabei gab es einen Schwerverletzten auf seiten der Aymāq.
>
> Frauen sollen sich nicht einem Kampf der Männer nähern, nur geachteten alten Frauen ist es erlaubt, bei einem Kampf einzuschreiten. Nicht die Frau ist es, die den Kampf beenden kann, sondern der *pəṇlūney*; wenn die Frau ihn zwischen die Kämpfenden wirft und den obigen Spruch ausruft, ist er nicht mehr i h r *pəṇlūney*, sondern der der Fātima und Zohra. Er ist damit heilig und muß von allen Muslims geachtet werden, keiner darf mehr die Linie überschreiten, die der *pəṇlūney* markiert."

Statt einer Frau kann auch ein alter kampfuntüchtiger Mann intervenieren, der keiner der streitenden Parteien angehören darf, indem er seinen Turban zwischen die Kämpfenden legt und ausruft: "Dies ist der Turban des Propheten!"

---

1) *pəṇlūney* ist ein dunkelfarbiger, halbkreisförmig geschnittener, von Kopf bis Fuß reichender Umhang, Bestandteil der üblichen paschtunischen Frauentracht. Er bedeckt den Körper weitgehend, das Gesicht bleibt aber frei.

Sollten die Kämpfenden eine dieser Interventionen mißachten, was ein schwerer Bruch des *pashtunwāli* wäre, aber bei Kämpfen mit Nichtpaschtunen vorkommt (s.o.), kann als stärkstes Mittel ein Priester zwischen die Kämpfenden treten und einen Koran niederlegen. Meine Informanten meinten, daß eine solche Intervention von keinem Muslim mißachtet würde.

Weibliche und männliche Arbeitskraft gehört zu den knappen Ressourcen der Wirtschaft der von mir untersuchten Nomaden und wohl auch der meisten anderen kleinviehzüchtenden Nomaden, d.h. sie wirtschaften arbeitsintensiver, als vielfach von Außenstehenden angenommen wird. Bei einer Wirtschaftsweise, wie ich sie in Kapitel 3 geschildert habe, können kaum Personen über längere Zeit von der Arbeit befreit werden. Ständige militärische Mannschaften sind, wie auch YATE (s.o.) feststellte, nicht möglich, es sei denn in Zeiten wirtschaftlichen Niedergangs, wenn die Viehbestände der Haushalte so gering geworden sind, daß Arbeitskräfte frei werden[1]. Entsprechend fragt sich MÜHLMANN:

> "... ob nicht, wenn der Nomade angreifend und räuberisch wird, sein ökonomisches System aus dem Gleichgewicht geraten ist?" (1964: 272).

Nicht nur das Problem, Arbeitskräfte für den Kriegsdienst freizustellen, erschwert das Kriegertum bei Nomaden, sondern auch die Tatsache, daß die Viehzucht äußerst verletzbar ist und sehr empfindlich auf Kriegswirren reagiert. Außerdem sind Nomaden in ihren Zelten und auf den schwerfälligen Wanderungen mit ihren Familien und dem ganzen Haushaltsgepäck leichter angreifbar und verletzbar als Seßhafte, die sich Wehrbauten errichten können. Buchstäblich jedes Kind kann eine Nomadenherde, die meist nur von wenigen Hirten beaufsichtigt wird, auseinandertreiben. KRADER (1955: 32of) vergleicht Zahlen über Viehwachstum und -verluste bei verschiedenen Nomaden Mittel- und Zentralasiens seit dem 19. Jh. und kommt zu dem Ergebnis, daß Kriegswirren und Revolutionen den Nomaden größere Verluste an Vieh beigebracht haben als Klimaschwankungen, Seuchen und Raubtiere.

KUSSMAUL bemerkt dazu:

> "Auch der Nomade braucht Ruhe und Frieden, wenn er seine Herden anständig versorgen will. Das Weidesystem, das er sich aufgebaut hat, kann nur in einem einigermaßen befriedeten Land wirklich funktionieren. Die Zugstraßen sind nur im Frieden gesichert, die Wasserstellen nur dann gefahrlos zu benützen, der Herdenbesitz nur in diesem Falle gewährleistet... Schon aus diesem Grunde allein muß auch der Nomade an Ruhe und Ordnung interessiert sein. Auch für ihn ist der Krieg mit all seinen Risiken die Ausnahme, der Frieden die Regel. [Anm.:] Daß er in Gebieten

---

1) Von einigen kleinviehzüchtenden Nomaden sind dennoch quasi militärisch organisierte Raubzüge bekannt, z.B. von den Baluč im 19. Jh., hier übernahmen Sklaven, die zuvor geraubt wurden, die reguläre viehzüchterische Arbeit (COON 1958: 194ff). Ob aber die Raubzüge der Baluč tatsächlich vorwiegend vom nomadischen Teil der Bevölkerung ...

mit gemischter Wirtschaft manchmal - und fast zwangsläufig - in Kollision gerät mit Ansässigen... liegt auf der Hand, denn das Tier respektiert kaum Grenzen einer Feldmark... Solche Reibereien sind kein Beweis für ewiges Streiten- und Kämpfenwollen der Nomaden." (KUSSMAUL 1969: 42).

Für Großviehzüchter mögen evtl. andere Voraussetzungen für Krieg und organisierten Raum bestehen als bei Schaf- und Ziegenzüchtern[1]. Die größere Mobilität ihres (Vieh-) Besitzstandes und ihre meist bessere reiterische Ausrüstung bringt für die Großviehzüchter strategische Vorteile, die den Kleinviehzüchtern nicht gegeben sind[2]. Außerdem mag die Wirtschaftsweise der Pferde-, Rinder- und Kamelzüchter weniger arbeitsintensiv sein als die der Schaf- und Ziegenzüchter, was im einzelnen aber noch nachzuweisen wäre. Einige Autoren, z.B. SWEET (1965) und IRONS (1965), argumentieren einleuchtend, daß Viehraub ein notwendiger Bestandteil der Wirtschaft mancher großviehzüchtender Nomaden sei und als eine Art Redistributionsinstitution zum Ausgleich unterschiedlichen Viehbesitzes zwischen Gruppen in einem ökologischen Raum beitrage. Diese These ist aber m.E. nicht auf schaf- und ziegenzüchtende Nomaden übertragbar.

In der historischen und ethnologischen Literatur, auch in orientalischen Quellen selbst[3], werden die Nomaden häufig pauschal und grundsätzlich als räuberisch, kriegerisch, erobernd und gewaltsam staatengründend bezeichnet[4].

Wenngleich diese Charakterisierung für einige Nomadengruppen, z.B. für vorchristliche asiatische Reiternomaden mit ihren militärischen Altersklassen[5], für die Mongolen im Mittelalter, die Baluč im 19. Jh. einige Beduinengruppen, ostafrikanische Rinderzüchter etc. zutreffen mag, ist eine solche Verallgemeinerung mit Sicherheit unrichtig. Z.T. mag das an der Tendenz der Geschichtsschreibung liegen, kriegerische

---

1)...ausgingen ist m.W. nicht gesichert.

1) Vgl. JETTMAR 1966a.
2) "Possession of the horse greatly increases warmaking capability - particular the predatory or raiding type of war"; (EKVALL 1964: 38).
3) Z.B. bei Rashīd ud-Dīn (JETTMAR 1966a: 1) und bei Ibn Khaldūn (MÜHLMANN 1964: 16f).
4) Stellvertretend für zahllose ähnliche Beispiele greife ich die folgenden Zitate heraus:
"... vagaries of weather throw nomads into fierce competition with each other and survival depends on warfare. The nomad is a warrior ...(COON 1958: 193).
"... militarism, particularly aggressive militarism, characterizes pastoral life." (GOLDSCHMIDT 1965: 4o4).
"Die nomadische Wirtschaftsform ist dem Kriegszustand günstig; und in der Tat sind Hirtenvölker meistens kriegerisch." (STAGL 197o: 47; der Autor führt dabei als Beispiel nur die Mongolen unter Čingiz Khān an).
5) S. JETTMAR 1966b: 81f.

Ereignisse überzubetonen und geregeltes, friedliches Bauern- und Hirtenleben weniger für erwähnenswert zu halten[1]; zum anderen Teil werden Erkenntnisse, die bei bestimmten Nomaden gewonnen wurden, ungerechtfertigt auf alle übertragen, ohne die erheblichen Unterschiede der Wirtschaftsweisen (z.B. Groß- oder Kleinviehzucht), der ökologischen Räume und der äußeren politischen und sozialen Verhältnisse zu beachten und ohne den historischen Kontext zu berücksichtigen. Wie JETTMAR (1964b: 2ff) betont, läßt die Ökologie des Steppenraumes mehr als nur ein soziales, politisches, militärisches (und wirtschaftliches) System zu.

Aus der Literatur kann aber auch die Hypothese gestützt werden, daß Nomaden, vor allem Schaf- und Ziegenzüchter[2], besonders wenig zu Kriegertum neigen, wie z.B. aus den oben zitierten Ausführungen KUSSMAULs hervorgeht und aus folgenden Zitaten:

> "Nach Auskunft des Geiklu-Chefs sind (bzw. waren) die Moghanlu[3] nicht so kriegerisch wie viele andere Taifeh, sondern sind vor allem Viehzüchter." (SCHWEIZER 1970: 119).

Ähnlich berichtet Grodekov von den im allgemeinen als kriegerisch bekannten Turkmenen:

> "Die Nomaden [unter den Turkmenen] sind weniger kriegerisch als die Bodenbauer, und sie führten fast keine alamane [=Raubzüge] durch." (Übers. von W. KÖNIG 1962: 95).

Diese Angabe fand W. KÖNIG (a.a.O.) durch Informantenaussagen bestätigt. Die berüchtigten Raubzüge und Sklavenjagden *(alaman)* der Turkmenen wurden von Seßhaften oder Halbseßhaften durchgeführt (W. KÖNIG 1962: 95) und auch dies erst, nachdem die Wirtschaft der Turkmenen durch persische Überfälle empfindlich geschädigt worden war (a.a.O.: 32)). Entsprechend entstand im 19. Jh. bei den b ä u e r l i c h e n Turkmenen eine Militäraristokratie, nicht aber bei den Nomaden (a.a.O.: 162). Außerdem bemerkt Grodekov, daß gerade die Nomaden unter den Turkmenen am russisch-turkmenischen Krieg in der zweiten Hälfte des 19. Jh. den g e r i n g s t e n Anteil hatten (a.a.O.: 40).

Natürlich soll hier nicht in Abrede gestellt werden, daß die Entstehung und Ausbreitung des Nomadismus a u c h mit kriegerischen Mitteln erfolgt ist (vgl. JETTMAR 1966b: 73ff), aber es besteht ein Unterschied zwischen Entstehen und Expansion des Nomadismus einerseits und der Durchführung und Aufrechterhaltung nomadischer Wirtschaft andererseits. Während die Entstehung und Expansion durch kriegerische Ereignisse oft begünstigt werden, können sich die gleichen Kriegsereignisse verheerend auf eine schon bestehende nomadische Wirtschaft auswirken (s.o.).

---

1) Vgl. HERZOG 1963: 13.
2) Vgl. JETTMAR 1966a.
3) Eine Shāh Sawan-Gruppe.

Auch ökologische Kleinräumigkeit und demographischer Druck, sowohl
von seiten anderer Nomaden als auch von Seßhaften, können kleinvieh-
züchtende Nomaden zur Ausbildung von Militärorganisationen motivieren,
wie es z.B. bei den Zagros-Nomaden der Fall ist. Ihre festinstitutio-
nalisierten Gardeeinheiten *(amale, pyshtmala, darbar)*[1] sind wohl so
zu erklären.

Auch soll nicht behauptet werden, daß Nomaden nicht in der Lage wären, ihren Lebensunterhalt in der Not, wenn sie ihre viehzüchterischen
Ressourcen verloren haben, auch durch Raub zu erwerben. Z.B. können
kriegerische Einwirkungen von außen oder Naturkatastrophen die Produktionsmittel (Vieh) der Nomaden so weit zerstören, daß Arbeitskräfte
frei werden und junge Männer Gelegenheit erhalten, sich zu größeren
militärischen Aktionen und Kriegsverbänden zu organisieren, wie es
z.B. RADLOFF von den Kirgisen schildert:

> "Stirbt aber ihr Vieh [durch Kälteeinbrüche] aus, so müßten
> sie verhungern, wenn sie sich nicht auf den reichen Nachbarn
> stürzen und ihm ihren Teil seines Viehbestandes mit Gewalt
> entreißen wollten, der jetzt bei ihnen die Grundlage für einen
> neu erwachsenen Viehbestand bilden muß". (1893 I: 512).

Solches Verhalten ist auch für paschtunische Nomaden nicht auszuschlies-
sen, aber außer in extremen Notfällen ist ihre Wirtschafts- und Lebensweise keine günstige Voraussetzung für Kriegertum.

6.7 Die egalitäre und dezentralisierte politische Organisation der Nomaden von Gharjistān, Zusammenfassung und Gründe

Die egalitäre, dezentralisierte (akephale) politische Organisation
der Nomaden von Gharjistān und wohl eines großen Teils der übrigen
paschtunischen Nomaden[2] ist einerseits durch das Fehlen von Faktoren
zu erklären, die bei anderen Nomaden zur politischen Stratifikation
und Zentralisation führen, andererseits dadurch, daß sich diese nomadische Gesellschaft so besser und rascher an die instabilen ökologischen Bedingungen und an die ständig wechselnden wirtschaftlichen Verhältnisse und Möglichkeiten jedes einzelnen Haushaltes anpassen kann.

Die Faktoren, die meiner Ansicht nach bei anderen Nomaden zu wirtschaftlicher Stratifikation und Zentralisation führen, aber in Gharjistān nicht gegeben sind, habe ich schon angeführt, deshalb genügt es,
sie hier noch einmal stichwortartig zusammenzufassen:

---

1) COOPER 1925: 52; BARTH 1953: 42; 1961: 76; MONTEIL 1966: 13o.
2) s. ELPHINSTONE 1886 I: 21off, 23o, II: 6off, 1oo, 174ff; BROAD-
FOOT 1886; HUGHES-BULLER 19o7: 72; ROBINSON 1935; FERDINAND 1962:
149f; 1969b: 137; 197o: 127ff; BARTH 1964: 17; 1969b: 124;
JANATA 1972: 45.

a) Die Interaktionen der Nomaden mit dem Staat sind in Gharjistān sporadisch und wenig ausgeprägt. Die Steppengebiete stehen praktisch nicht unter staatlicher Verwaltung. Der Staat bemüht sich bisher kaum, diese Nomaden durch "direct" oder "indirect rule" zu beherrschen, so daß die Nomaden den Staat nicht als Bedrohung empfinden. Es ist ihnen bewußt, daß der Staat die äußere Sicherheit ihres Gebietes garantiert, ohne daß sie selbst nennenswerte Gegenleistungen, wie z.B. Steuern[1] oder Militärdienst, leisten müssen.

Während meines Aufenthaltes bemerkte ich zwar Bemühungen der Präfektur von Jawand, den staatlichen Einfluß auf die Steppen auszudehnen, z.B. durch Einschaltung in Konflikte (s. Abschn. 4.1.4), aber solche Interventionen reichten noch nicht aus, die Nomaden zu motivieren, ihre Interessen dem Staat gegenüber gemeinsam und mit Hilfe einer zentralen politischen Institution zu vertreten.

b) Die Interaktionen der Nomaden von Gharjistān mit den Seßhaften bedürfen ebenfalls keiner zentral gelenkten Koordination. In den Wintergebieten, wo sie sich den größten Teil des Jahres aufhalten, sind die Kontakte mit Seßhaften gering, da die Wohngebiete beider Bevölkerungsteile deutlich von einander getrennt liegen, kaum Konkurrenz um Land besteht und auch die wirtschaftlichen Beziehungen zwischen beiden Bevölkerungsteilen in diesem Gebiet gering sind. In den Sommergebieten intensivieren sich diese Beziehungen, die meisten Nomaden müssen bei den seßhaften Aymāq in Ghōr um die Erlaubnis nachsuchen, Wasserstellen und damit die Weiden nutzen zu dürfen. Die nomadischen Haushalte schliessen individuelle Nutzungsverträge mit den Besitzern der Wasserstellen[2], ohne daß dabei eine so deutliche Benachteiligung der Nomaden entsteht, daß sie sich veranlaßt sehen könnten, ihre Interessen den Seßhaften gegenüber koordiniert zu vertreten[3]. Die individuellen Handels- und Tauschbeziehungen zwischen nomadischen und seßhaften Haushalten motivieren die Seßhaften ausreichend, auch die Wanderwege der Nomaden nicht zu behindern.

c) Der Bevölkerungsdruck von seiten der Nomaden und die Konkurrenz um wirtschaftliche Ressourcen (Weiden) sind in Gharjistān gering, das Gebiet ist, zumindest in klimatisch normalen Jahren, nicht überweidet. Es bedarf deshalb keiner zentralen Koordination der Weidenutzung. Kon-

---

1) Die Viehsteuer, von der FERDINAND (1969a: 111) spricht, wurde nach Angabe meiner Informanten seit einigen Jahren nicht mehr erhoben (Informationsstand 1970).

2) Die so entstehenden Klientelbeziehungen bleiben auf die Sommermonate beschränkt und können auch während dieser Zeit gelöst werden.

3) Konflikte, wie ich sie in Abschn. 4.2.2 geschildert habe, führen nur zu sporadischen und ephemeren Solidarisierungen unter Nomaden, eine Koordinierung ihrer Interessen konnte ich auch in diesem Fall nicht bemerken.

flikte um Weiderecht können auf lokaler Ebene mit den Mitteln der traditionellen egalitären politischen Organisation, nämlich durch Ratsversammlungen gelöst werden. Auch die Wanderbewegungen bedürfen keiner zentralen Organisation wie etwa bei den Zagros-Nomaden (s. Abschn. 3.4.2). Die Wege sind relativ offen, zahlreiche Pässe über das Safēd Kōh-Gebirge stehen zur Wahl, so daß gegenseitige Behinderungen auf den Wanderwegen nicht auftreten.

d) Innere wirtschaftliche Voraussetzungen für eine politische Stratifikation sind kaum vorhanden: Arbeitsteilung über die Haushaltsebene hinaus gibt es nicht; Reichtumsunterschiede bleiben dadurch gering, daß die Größe des Viehbesitzes eines Haushaltes von der Arbeit abhängig ist, die der Haushalt aufbringt (s. Abschnitte 3.5 und 3.6). Die Arbeitsleistung des Haushaltes wiederum wird durch seine Mitgliederzahl beschränkt, die wegen des Systems der Haushaltsteilung kaum über ein Maximum von 12 Personen (die durchschnittliche Haushaltsgröße ist sechs Personen) wachsen kann. Haushalte, die dennoch überdurchschnittlich reich an wirtschaftlichen Ressourcen (Vieh) werden, oder aber die das viehzüchterische Existenzminimum unterschreiten, werden in der Regel seßhaft, verlassen also den nomadischen Bereich[1]. Außerdem geraten reiche Nomaden in die Gefahr sozialer Isolation (s. S.175f). Auch das Brautpreissystem, besonders die Brautpreisspenden, *(nīmawrū)* (s.S.156f.) wirken einer reichtumsmäßigen Differenzierung entgegen.

Die positive Bedeutung der egalitären, dezentralisierten politischen Organisation für die Nomaden von Gharjistān liegt m.E. darin, daß sie der Gesellschaft eine Elastizität und Flexibilität verleiht, die den nomadischen Haushalten die Möglichkeit gibt, sich schnell an immer neue, ständig wechselnde ökologische und ökonomische Gegebenheiten anzupassen.

Wie in Abschnitt 3.2 dargestellt wurde, ist es aus weidetechnischen Gründen notwendig, daß sich stets mehrere Haushalte zu Herdengemeinschaften mit optimalen Herdengrößen von 500-600 Schafen oder Ziegen zusammenschließen. Da der Viehbestand jedes einzelnen Haushaltes großen quantitativen Schwankungen unterworfen ist, müssen die Herdengemeinschaften außerordentlich flexibel und zumindest bereit sein, sich ständig neu zu gruppieren.

Bei den schwankenden mikroökologischen Bedingungen im Gebirgs-Steppenraum Afghanistans ist es für nomadische Haushalte und Herdengemeinschaften vorteilhaft, sich nicht zu größeren Verbänden mit zentralisierten politischen Institutionen zu organisieren, sondern sozial und politisch so unabhängig zu bleiben, daß die Haushalte und Herdengemeinschaften von Jahreszeit zu Jahreszeit die für sie spezifisch und individuell günstigsten Weiden, Wasserstellen und Märkte aufsuchen können, wobei

---

1) Vgl. BARTH 1961: 106-111, 125f; FERDINAND 1969b: 145.

sie ständig neue soziale Bindungen eingehen müssen.

Eine ähnliche Beziehung zwischen nomadischer Adaption an wechselhafte ökologische Bedingungen und egalitärer politischer Organisation stellt auch BARTH bei einigen östlichen Khamseh-Nomaden in Südpersien fest:

> "In the poorer pasture areas to the east... the density of population must be much lower, and the movements of camps are more erratic, since success in herding depends on the utilization of irregular occurences of grass and water. The control of such a population is much more difficult, and for the herdsmen themselves such control implies a restriction on their adaptability, rather than a guarantee of their pasture rights." (BARTH 1961: 129)[1].

Für einen Haushalt oder eine Herdengemeinschaft kann es in einer Saison günstiger sein, sich mit vielen anderen im Tal A zu einem grossen Lager zusammenzuschließen und in der nächsten Saison allein in das Tal B zu ziehen. In der dritten Saison kann es besser sein, in kleinen Lagern und Einzelhaushalten auf einer Hochebene zu wirtschaften, und in der folgenden Saison kann es ratsam sein, die Markt- und Weideverhältnisse in einer anderen Subprovinz, evtl. auch in einer anderen Provinz, zu testen.

Das Fehlen von politischer Zentralisation und von Herrschaftspositionen korreliert mit dem Fehlen stabiler politischer und sozialer Beziehungen zwischen Haushalten. Diese geringe soziale Kohäsion fördert - obwohl das zunächst paradox erscheinen mag - die soziale Integration, nämlich die Möglichkeit, je nach ökologischen und ökonomischen Notwendigkeiten rasch und ungehindert neue soziale Gruppen bilden zu können. Dadurch scheint eine optimale Anpassung der Viehzüchter an einen komplex gegliederten ökologischen Raum mit seinen nicht prognostizierbaren Klimaschwankungen gegeben zu sein, dessen wirtschaftliche Nutzung bei den gegebenen technischen Möglichkeiten nicht zentral zu planen wäre.

---

1) Diesen Gedanken führt SALZMAN (1967) zu einem allgemeinen Modell der politischen Organisation von Nomaden aus; dabei berücksichtigt er aber m.E. nicht genügend, daß exogene soziale und politische Faktoren wohl ebenso wie die ökologischen die politische Organisation von Nomaden bestimmen. SALZMAN geht zwar im Anhang seines Artikels (1967) noch kurz auf diese Problematik ein, ohne sie aber in seinem Modell selbst zu berücksichtigen.

ANHANG

Das afghanische Weidegesetz vom 1o. März 197o

Inoffizielle Übersetzung nach JANATA (1972: 77ff), zitiert nach STEUL (1973: 67-7o):

§ 1: Allgemeine Anordnungen

Art. 1: Das Gesetz ist zum Schutze und zur besseren Nutzung der Weideplätze verfaßt.

Art. 2: Alle Felder, Trockengebiete (Dascht), Hügel, Berge, Bergabhänge, Sümpfe, beide Ufer der Flüsse, Wälder und Waldgebiete, die mit Gräsern und natürlichen Büschen bedeckt sind und als Viehfutter genutzt werden, gelten als Weideplätze.

Art. 3: Weideplätze gehören dem Staat. Die Bevölkerung kann aufgrund dieses Gesetzes von den Weideplätzen Gebrauch machen.

Art. 4: Die Weideplätze werden durch eine offizielle Kommission bestimmt und markiert. Die Regierung ist verpflichtet, innerhalb von 2 Monaten nach der Verabschiedung dieses Gesetzes in jede Provinz eine Kommission zu schicken, um die Weideplätze zu bestimmen und zu markieren.

Art. 5: Die Rechtsprechung für die Festlegung der Grenzen der Weideplätze und sonstige Festlegungen wurden nach den Verordnungen des Untersuchungs- und Grundstücksgesetzes und nach dem Gesetz der Organisation und den Kompetenzen der Gerichtshöfe verhandelt.

§ 2: Schutz der Weideplätze

Art. 6: Ankauf und Verkauf sowie Verpachtung von Weideplätzen ist verboten.

Art. 7: Die Weideplätze können nicht zum Zwecke der landwirtschaftlichen Nutzung oder für sonstige Zwecke verkauft oder verpachtet werden.
Die für die Allgemeinheit nützlichen Entwicklungsprojekte des Staates sind von dieser Anordnung ausgenommen.

Art. 8: Das Abbrennen der Weideplätze ist verboten. Falls ein Brand auf den Weideplätzen entsteht, sind benachbarte Bevölkerung und die staatlichen Hüter verpflichtet, mit allen zur Verfügung stehenden Mitteln den Brand zu löschen.

Art. 9: Mißbrauch und Umänderung der Weideplätze zu landwirtschaftlichen Böden ist verboten. Wenn nachgewiesen wird, daß jemand vor Inkrafttreten dieses Gesetzes die Weideplätze in landwirtschaftlichen Boden geändert hat, wird der Boden wie früher als Weideplatz zurückversetzt.

Art. 1o: Keiner darf die Wege, Ruheplätze und Wasserquellen der Tiere vernichten oder für andere Zwecke verwenden.

Art. 11: Die Wege und Ruheplätze der Tiere, die vor der Verfassung dieses Gesetzes vernichtet wurden, werden wieder für die Tiere genutzt.

Art. 12: Die Regierung kümmert sich um den Schutz und die Wiederherstellung der Weideplätze.

Art. 13: Die Regierung kann für den Schutz und die Wiederherstellung der Weideplätze die landwirtschaftlichen Böden, Bäche und Wasserquellen, die innerhalb oder benachbart der Weideplätze liegen, im Rahmen dieses Gesetzes in Anspruch nehmen.

§ 3: Benutzung der Weideplätze

Art. 14: Benutzungsrechte der Weideplätze sind nur für das Weiden der Tiere bestimmt.

Art. 15: Persönliches Nutzungsrecht der Weideplätze, das vor der Verfassung dieses Gesetzes durch offizielle Genehmigung erworben wurde, ist gültig.

Art. 16: Neues Benutzungsrecht der Weideplätze wird durch die Genehmigung der Verwaltungskommission der Provinz und des Landwirtschaftsministeriums erworben.

Art. 17: Das Benutzungsrecht der Weideplätze ist nicht zu kaufen oder zu verkaufen.

Art. 18: Das Weiden der Ziegen und Kamele ist auf den Weideplätzen innerhalb der Wälder verboten.

§ 4: Strafen

Art. 19: Den Personen, die die Weidegebiete kaufen oder verkaufen, werden die Flächen mit der Aussaat abgenommen. Dazu wird jeder Käufer und Verkäufer pro Jerib mit folgenden Strafen bestraft:
1: Gefängnis von 1o bis 2o Tagen
2: Geldstrafe von 5oo.- bis 1.ooo.- Afs.

Art. 20: Die Beamten, die die Weidegebiete verkaufen oder verpachten, werden nach den Anordnungen dieses Gesetzes bestraft.

Art. 21: Personen, die die Weideplätze wegnehmen oder sie in landwirtschaftlichen Boden umändern, wird der Boden mit der Aussaat abgenommen und jeder Käufer und Verkäufer wird für jeden Jerib mit folgenden Strafen belegt:

1: Gefängnis von 20 bis 40 Tagen
2: Geldstrafe von 1.000,- bis 2.000,- Afs.

Art. 22: Personen, die die Ruheplätze der Tiere vernichten oder für einen anderen Zweck verwenden, werden zusätzlich der Fortnahme der Ernte und Anwendungen des Artikels 11 dieses Gesetzes mit folgenden Strafen bestraft:

1: Gefängnis von 20 bis 40 Tagen
2: Geldstrafen von 1.000,- bis 2.000,- Afs.

Art. 23: Personen, die die Wege der Tiere vernichten oder für einen anderen Zweck verwenden, werden zusätzlich zur Fortnahme der Ernte und Anwendung des Artikels 11 dieses Gesetzes mit folgenden Strafen belegt:

1: Gefängnis von 1 Monat bis 6 Monaten
2: Geldstrafe von 3.000,- bis 6.000,- Afs.

Art. 24: Personen, die Waldgebiete absichtlich in Brand setzen, werden mit folgenden Strafen bestraft:
1: Gefängnis von 2 bis 5 Jahren
2: Geldstrafe von 5.000,- bis 15.000,- Afs.

Art. 25: Personen, die ihre Ziegen und Kamele in den Weidegebieten innerhalb der Wälder weiden lassen, werden für das erstemal für jedes Stück Vieh mit Afs. 50,- bestraft. Wenn sich der Fall wiederholt, für jedesmal mit dem Doppelten der vorherigen Strafe belegt.

§ 5: Allgemeine Verordnungen

Art. 26: Die Regierung ist verpflichtet, zum Schutze und zur Entwicklung der Weideflächen Maßnahmen zu treffen und Pläne zu entwerfen. Die Regierung wird zur Verwirklichung der Artikel dieses Gesetzes Erleichterungen verschaffen.

Art. 27: Die meisten Anordnungen, die in diesem Gesetz nicht verfaßt worden sind, werden nach Anordnung des Gesetzes für Untersuchung der Grundstücke und anderer Gesetze behandelt.

Art. 28: Dieses Gesetz tritt nach Veröffentlichung in der offiziellen Presse in Kraft.

BIBLIOGRAPHIE

Abkürzungen:

Zeitschriften:

AA   = American Anthropologist
AQ   = Anthropological Quarterly
AfV   = Archiv für Völkerkunde
JAAS   = Journal of Asian and African Studies
JRAI   = Journal of the Royal Anthropological Institute
SWJA   = Southwestern Journal of Anthropology

Aufsatzbände:

APS   = African Political Systems. Hrsg., M.Fortes und
          E.E.Evans-Pritchard, London 1940
EA   = Economic Anthropology. Readings in Theory and Analysis.
          Hrsg., E.E.LeClair Jr. und H.K. Schneider, New York 1968
NaE   = Nomadismus als Entwicklungsproblem. Bochumer Symposium
          14., 15. Juli 1967. Hrsg., W. Kraus, Bochumer Schrif-
          ten zur Entwicklungsforschung und Entwicklungspolitik 5,
          Gütersloh 1969.
TWR   = Tribes without Rulers. Studies in African Segmentary
          Systems. Hrsg., J. Middleton und D. Tait, London 1958.
VuH   = Viehwirtschaft und Hirtenkultur. Ethnographische Studien.
          Hrsg., L. Földes, Budapest 1969.

Abdurrahman
    1900   The Life of Abdur Rahman, Amir of Afghanistan. Hrsg.,
            Mir Munshi Sultan Mahomed Khan, 2 Bde., London.

Afghan Frontier Demarcation, Heri-Rud to Oxus
    1884-   Correspondence Respecting the Demarcation of the North-
    1886   western Frontier of Afghanistan from the Heri-Rud to
            the Oxus, 1184-1186. (India Office Records L/P&S/20
            (RR))

Afghānestān 1 : 250 000 (Karte)
    1969   Compiled by Fairchild Aerial Surveys, Inc., Los Angeles,
            Executed for the Ministry of Mines and Industries, Royal
            Government of Afghānestān. 1st Ed., Printed by Afghan
            Cartographic Institute, 1969.

Anderson, J.
    1974   Tribe and Community Among the Ghilzay Pashtun. Preliminary
            Notes on Ethnographic Distribution and Variation in
            East-Central Afghanistan. Unpubl. Ms.

Asad, T.
    1970   The Kababish Arabs. Power, Authority and Consent in a
            Nomadic Tribe. London.

    1972   Market Model, Class Structure and Consent. A Reconsidera-
            tion of Swat Political Organisation. Man 7: 74-94.

Ayoub, M.R.
　1959　　Parallel Cousin Marriage and Endogamy. A Study in
　　　　　Sociometry. SWJA 15: 266-275.

Babur, Z.　(s. Beveridge 1969).

Bacon, E.E.
　1954　　Types of Pastoral Nomadism in Central and Southwest
　　　　　Asia. SWJA 1o: 44-68.

　1958　　Obok. A Study of Social Structure in Eurasia. New York.

Baluchistan District Gazetteer Series, Vol. V
　19o7　　Quetta-Pishin District. (By R.Hughes-Buller) Text, Ajmer.

Barnes, J.A.
　1968　　Networks and Political Process.
　　　　　In: M. Swarz (Hrsg.): Local Level Politics. Chicago.

Barry, M.
　1972　　Western Afghanistan's Outback. Vervielfältigtes
　　　　　MS., USAID, Kabul.

Barth, F.
　1953　　Principles of Social Organization in Southern Kurdistan.
　　　　　Universitetets Etnografiske Museum Bulletin No. 7, Oslo.

　1954　　Father's Brother's Daughter Marriage in Kurdistan.
　　　　　SWJA 1o: 164-171.

　1959a　 Political Leadership Among Swat Pathans. London School
　　　　　of Economics, Monographs on Social Anthropology No. 19,
　　　　　London.

　1959b　 Segmentary Opposition and the Theory of Games.
　　　　　A Study of Pathan Organization JRAI 89: 5-21.

　1959-　 The Land Use Patterns of Migratory Tribes of South Persia.
　1960　　Norsk Geografisk Tidsskrift 17, 1-4: 1-11.

　1961　　Nomads of South Persia. The Basseri Tribe of the
　　　　　Khamseh Confederacy. Oslo.

　1962　　Nomadism in the Mountain and Plateau Areas of South West
　　　　　Asia. In: Problems of the Arid Zone. Arid Zone Research
　　　　　Vol. XVIII, UNESCO.

　1964　　Ethnic Processes on the Pathan-Baluch Boundary. In:
　　　　　G. Redard (Hrsg.): Indo-Iranica. Mélanges présentés
　　　　　à Georg Morgenstierne à son soixante-dixième anniver-
　　　　　saire. Wiesbaden, pp.13-3o.

　1968　　Capital, Investment and the Social Structure of a Pastoral
　　　　　Nomad Group in South Persia. In: EA : 415-425.

　1969a　 Introduction. Zu: F. Barth (Hrsg.): Ethnic Groups and
　　　　　Boundaries. The Social Organization of Culture Difference.
　　　　　Bergen-Oslo, London.

　1969b　 Pathan Identity and its Maintenance. In: F. Barth (Hrsg.):
　　　　　Ethnic Groups and Boundaries. The Social Organization of
　　　　　Culture Difference. Bergen-Oslo, London.

Bates, D.G.
　1971　　The Role of the State in Peasant-Nomad Mutualism.
　　　　　AQ 44: 1o9-131.

Bellew, H.W.
　1891　　An Inquiry into the Ethnography of Afghanistan. Woking.

Bender, D.R.
1967　　A Refinement of the Concept of Household; Families, Co-Residence and Domestic Functions. AA 69: 493-5o4.

Bessac, F.B.
1965　　Co-Variation Between Interethnic Relations and Social Organization in Inner Asia. Papers of the Michigan Academy of Science, Arts and Letters 5o: 373-392.

Beveridge, A.S.
1969　　The Babur-Nama in English. London 1921, repr. 1969.

Bobek, H.
1959　　Die Hauptstufen der Gesellschafts- und Wirtschaftsentfaltung in geographischer Sicht. Die Erde 9o: 259-298.

Bohannan, L.
1952　　A Genealogical Charter. Africa 22: 3o1-315.

1958　　Political Aspects of Tiv Social Organization. In: TWR: 33-66.

Bohannan, P.
1957　　Justice and Judgement Among the Tiv. London.

1963　　Social Anthropology. New York.

Broadfoot, J.S.
1886　　Reports on Parts of the Ghilzi Country and on some of the Tribes in the Neighbourhood of Ghazni. Royal Geographical Society, Supplementary Papers, Vol. I, Pt. III, 341-4oo.

Bukhary, M.A.K.
1876　　Histoire de l'Asie Centrale, depuis les derniers années du règne de Nadir Chah (1153), jusqu'en 1233 de l'hégire (174o-1818). Hrsg. und Übers., Ch. Schefer, Paris.

Buxton, J.
1958　　The Mandari of the Southern Sudan. In: TWR: 67-96.

Canfield, R.L.
1973　　Faction and Conversion in a Plural Society: Religious Alignments in the Hindu Kush. Anthropological Papers, Museum of Anthropology, Univ. of Michigan No. 5o, Ann Arbor.

Casimir, M.J. und B. Glatzer
1971　　Šāh-i Mašhad, a Recently Discovered Madrasah of the Ghurid Period in Ġarǧistān (Afghanistan). East and West (Rom), N.S. 21: 53-68.

Caroe, O.
1958　　The Pathans 55o B.C. - A.D. 1957. London.

Census of India 1911
　　　Vol. IV, Baluchistan, by D. Bray, Pt. I Report; Pt. II Tables, Calcutta 1913.

　　　Vol. XIII, North-West Frontier Province, by C. Latimer, Pt. I Report; Pt. II Tables, Peshawar 1912.

Chelhod, J.
1969　　Les structures dualistes de la société Bédouine. L'Homme 9.

Coon, C.S.
1958　　Caravan: the Story of the Middle East. New York.

Cooper, M.C.
　1925　　Grass. New York.

Coulson, N.J.
　1971　　Succession in the Muslim Family. Cambridge.

Cunnison, I.
　1966　　Baggara Arabs. Power and the Lineage in a Sudanese Nomad Tribe. Oxford.

Dalton, G.
　1968　　Economic Theory and Primitive Society. In: EA: 143-167.

Dittmer, K.
　1971　　Die Wirtschaft der Naturvölker. In: H. Trimborn (Hrsg.): Lehrbuch der Völkerkunde. 4. Aufl. Stuttgart: 323-346.

Dobbs, H.R.C.
　1910　　(Schlußabsatz zu Maitland 1910, s.d.).

Dostal, W.
　1958　　Zur Frage der Entwicklung des Beduinentums. AfV 13.
　1974　　Sozio-ökonomische Aspekte der Stammesdemokratie in Nordost-Yemen. Soziologus N.F. 24: 1-15.

Durkheim, E.
　1893　　De la division du travail social. Paris.

Dyson-Hudson, N.
　1966　　Karimojong Politics. Oxford.

Dyson-Hudson, R.
　1972　　Pastoralism: Self Image and Behavioral Reality. JAAS 7: 30-47.

Ekvall, R.B.
　1964　　The Tibetan Nomadic Pastoralist: Structuring of Personality and Consequences. Wenner-Gren Found. for Anthrop. Research, a Burg Wartenstein Symp., 1964 Summer Season, Paper prep. in adv. for participants in symp. no. 24, "Pastoral Nomadism" Juli 15-26, 1964.

Elphinstone, M.
　1839　　An Account of the Kingdom of Caubul. 2 Bde., 3. Aufl. London.

Evans-Pritchard, E.E.
　1940a　The Nuer: A Description of the Modes of Livelihood and Political Institutions of a Nilotic People. Oxford
　1940b　The Nuer of the Southern Sudan. In: APS: 272-296.
　1949　　The Sanusi of Cyrenaica. Oxford.

Ferdinand, K.
　1962　　Nomad Expansion and Commerce in Central Afghanistan. A Sketch of Some Modern Trends. Folk 4: 123-159.
　1963　　Nomadisme. Nogle økologiske betragtninger med eksempler fra Arabien og Afghanistan. Kuml 1963: 108-147.
　1964　　Ethnographical Notes on Chahar Aymaq, Hazara and Moghols. Acta Orientalia 28: 175-203.
　1969a　Ost-Afghanischer Nomadismus - Ein Beitrag zur Anpassungsfähigkeit der Nomaden. In: NaE: 107-130.

1969b   Nomadism in Afghanistan. With an Appendix on Milk Products. In: VuH: 127-16o.

1970   Aspects of the Relations Between Nomads and Settled Populations in Afghanistan. In: Trudy VII meždunarodnogo Kongressa antropologičeskix i etnografičeskix nauk (MKAEN) (Moskau 1964) tom 1o, Moskau: 125-133

Ferrier, J.P.
1857   Caravan Journeys and Wanderings in Persia, Afghanistan, Turkistan and Beloochistan; with Historical Notices of the Countries Lying Between Russia and India. Übers., W. Jesse; Hrsg., H.D. Seymour, 2. Aufl. London.

Firth, R.
1951   Elements of Social Organization. London.
1958   Human Types. New York.

Forde, C.D.
1953   Habitat, Economy and Society. London.

Fortes, M.
1953   The Structure of Unilineal Descent Groups. AA 55: 17-41.

Fortes, M. und E.E. Evans-Pritchard
1940   Introduction. zu: APS: 1-23.

Fox, R.
1967   Kinship and Marriage. Harmondsworth.

Fried, M.H.
1957   The Classification of Corporate Unilineal Descent Groups. JRAI 87: 1-3o.

Garrod, O.
1946   The Nomadic Tribes of Persia Today. Journal of the Royal Cental Asiatic Society 33: 32-46.

Gazetteer of Afghanistan,
    Part III, Herat. Calcutta 1910
    Part V, Kandahar. Calcutta 1908
    (India Office Records: L/P&S/ 2o - B.236)

Gilbert, J.P. und E.A. Hammel
1966   Computer Simulation and Analysis of Problems in Kinship and Social Structure. AA 68: 71-93.

Glatzer, B.
1973   The Madrasah of Shah-i Mashhad in Badghis. Afghanistan, Historical and Cultural Quarterly (Kabul) 25: 46-68.
1974   Madrasah-i Shāh-i Mashhad dar Bādghīs. Āryānā (Kabul) 31: 21-3o.

Gluckman, M.
1965   Politics, Law and Ritual in Tribal Society. Oxford.

Goldberg, H.
1967   FBD Marriage and Demography Among Tripolitanian Jews in Israel. SWJA 23: 177-191.

Goldschmidt, W.
1965   Theory and Strategy in the Study of Cultural Adaptability. AA 67: 4o2-4o7.

Goldschmidt, W.
    1971   Independence as an Element in Pastoral Social Systems. AQ 44: 132-141.

Gray, R.F.
    1968   Sonjo Bride Price and the Question of African "Wife Purchase". In: EA: 259-282.

Gulliver, P.H.
    1955   The Family Herds. A Study of Two Pastoral Tribes in East Africa, The Jie and the Turkana. London.

Haberland, E.
    1963   Die Galla Südäthiopiens. Stuttgart.

Hahn, E.
    1896   Die Haustiere und ihre Beziehungen zur Wirtschaft des Menschen. Leipzig.

Hammel, E.A. und H. Goldberg.
    1971   Parallel Cousin Marriage. Man 6: 488-489.

Henninger, J.
    1959   Das Eigentumsrecht bei den Beduinen Arabiens. Zeitschrift für vergleichende Rechtswissenschaft 61: 6-56.

Herzog, R.
    1963   Seßhaftwerden von Nomaden. Geschichte, gegenwärtiger Stand eines wirtschaftlichen wie sozialen Prozesses und Möglichkeiten der sinnvollen technischen Unterstützung. Forschungsberichte des Landes Nordrhein-Westfalen Nr. 1238, Köln und Opladen.

Hudson, A.E.
    1938   Kasak Social Structure. Yale University Publications in Anthropology No. 2o, New Haven und London.

Hudūd al-ʿĀlam,
    1937   'The Regions of the World'. A Persian Geography, 372 A.H.- 982 A.D. Hrsg. und Übers., V. Minorsky, Vorwort von V.V. Barthold. London 1937.

Hütteroth, W.D.
    1959   Bergnomaden und Yaylabauern im mittleren kurdischen Taurus. Marburger Geogr. Schriften, Heft. 11, Marburg.

Hughes-Buller, R. (s. Baluchistan District Gazetteer 19o7).

Huntington, H.G.
    1972   The Rate of Return from the Basseri's Livestock Investment. Man 7: 476-479.

Ibn al-Athīr
    1851-   Al-kāmil fi'l-taʾrīkh. Hrsg., C.J. Tornberg,
    1876   Leyden, 1851-1876.

Ibn Hauqal
    1965   Kitab Surat al-Ard. Configuration de la Terre. Übersetzung und Einleitung von J.H. Kramers und G.Wiet. 2 Bde. Paris

Irons, W.
    1965   Livestock Raiding Among Pastoralists: An Adaptive Interpretation. Papers of the Michigan Academy of Science, Arts and Letters, Vol. L : 393-414.

Irons, W.
1971 Variation in Political Stratification Among the Yomut Turkmen. AQ 44: 143-156.

1972 Variation in Economic Organization: A Comparison of the Pastoral Yomut and the Basseri. JAAS 7: 88-1o5.

Iṣṭakhrī, Abu Isḥāq Ibr. b.M. al-Karkhī:
1961 Al-masālik wa 'l-mamālik. Hrsg., ʿAbdal-āl al-Hīnī, Kairo.

Janata, A.
1962/ Verlobung und Hochzeit in Kabul.
63a AfV 17-18: 59-72.

1962/ Die Bevölkerung von Ghor. Beitrag zur Ethnographie und
63b Ethnogenese der Chahar Aimaq. AfV 17-18: 73-156.

1971 On tne Origins of the Firuzkuhis in Western Afghanistan. AfV 25: 57-65.

1972 Nomadismus. Grundlagen und Empfehlungen für eine Perspektivplanung zum regionalen Entwicklungsvorhaben Paktia/Afghanistan. Im Auftrag der Bundesstelle für Entwicklungshilfe für den Bundesminister für Wirtschaftliche Zusammenarbeit. Bd. 7, Sozialökonomie, Teil V.

Jentsch, Ch.
1973 Das Nomadentum in Afghanistan. Meisenheim am Glan.

Jettmar, K.
196o Soziale und wirtschaftliche Dynamik bei asiatischen Gebirgsbauern. Sociologus N.F. 1o: 12o-138.

1961 Ethnological Research in Dardistan 1958. Preliminary Report. Proceedings of the American Philosophical Society (Philadelphia), 1o5: 79-97.

1964a Die frühen Steppenvölker. Der eurasiatische Tierstil. Entstehung und sozialer Hintergrund. Kunst der Welt, Baden-Baden.

1964b Changing Military Patterns and the Social Organization of the Pastoral Nomads. Wenner-Gren Foundation for Anthrop. Research, a Burg Wartenstein Symposium, 1964 summer season, paper prepared in advance for participants in symp. no. 24, "Pastoral Nomadism", July 15-July 26, 1964.

1966a Die Entstehung der Reiternomaden. Saeculum 17: 1-11.

1966b Die frühen Nomaden der eurasiatischen Steppen. In: Saeculum Weltgeschichte, Bd. 2: 69-9o.

1969 Organisation des Nomadismus und Möglichkeiten der politischen Integration. In: NaE: 79-91.

1971 Gesellschaftlicher und kultureller Wandel der Gegenwart: Asien. In: H. Trimborn (Hrsg.): Lehrbuch der Völkerkunde. 4. Aufl. Stuttgart: 395-4o8.

Jones, S.
1974 Kalashum Political Organization. In: K. Jettmar (Hrsg.): Cultures of the Hindukush. Selected Papers From the Hindu-Kush Cultural Conference Held at Moesgård 197o. Beiträge zur Südasienforschung, Südasieninstitut, Univ. Heidelberg, Wiesbaden.

Justi, F.
1895 Iranisches Namenbuch. Marburg.

Kabul Times Annual 1970,
    1970   Hrsg. von S. Khalil und S. Rahel, Kabul.

Keiser, R.L.
    1971   Social Structure and Social Control in Two Afghan
            Mountain Societies. (Diss.) Rochester.

Khanikoff, N. de
    1861   Mémoire sur la partie méridionale de l'Asie Centrale. Paris.

Khuri, F.
    1970   Parallel Cousin Marriage Reconsidered: A Middle Eastern
            Practice that Nullifies the Effects of Marriage on the
            Intensity of Family Relationships. Man 5: 597-618.

König, R.
    1958   Herrschaft. In: R. König (Hrsg.), Soziologie. Das
            Fischer Lexikon, Frankfurt: 112-122.

    1971   Die Nan-Bäcker in Afghanistan. Überlegungen zu einem
            Fall isolierter Arbeitsteilung. Kölner Zeitschrift für
            Soziologie und Sozialpsychologie 23: 304-335.

König, W.
    1962   Die Achal-Teke. Veröff. des Museums für Völkerkunde zu
            Leipzig Heft 12, Leipzig.

Krader, L.
    1955   Ecology of Central Asian Pastoralism. SWJA 11: 301-326.

    1963   Social Organization of the Mongol-Turkic Pastoral Nomads.
            Indiana Univ. Publ., Uralic and Altaic Series, Vol. 20,
            The Hague.

Kraus, W. (Hrsg.):
    1972   Afghanistan. Natur, Geschichte und Kultur, Staat, Gesell-
            schaft und Wirtschaft. Tübingen und Basel.

Kroeber, A.L.
    1947   Culture Groupings in Asia. SWJA 3: 322-330.

    1948   Anthropology. New York.

Kuhn, M.
    1970   A Report on Village Society in the Chakhcharan District
            of Afghanistan (Diss.). London.

Kußmaul, F.
    1969   Das Reiternomadentum als historisches Phänomen. In: NaE:
            29-56.

Lambton, A.K.S.
    1953   Landlord and Peasant in Persia. London.

Lattimore, O.
    1962   Nomads and Commissars. Mongolia revisited. New York.

Laum, B.
    1965   Viehgeld und Viehkapital in den asiatisch-afrikanischen
            Hirtenkulturen. Recht und Staat, Heft 308/309, Tübingen.

Leach, E.R.
    1966   Introduction. Zu: B.Malinowski: Soil-Tilling and Agricul-
            tural Rites in the Trobriand Islands. Coral Gardens and
            Their Magic. Vol. I, 2. Aufl. London.

Le Strange, G.
1905   The Lands of the Eastern Caliphate. Cambridge.

Lewis, I.M.
1959   Clanship and Contract in Northern Somaliland. Africa 29: 274-293.

1961a   A Pastoral Democracy: A Study of Pastoralism and Politics Among the Northern Somali of the Horn of Africa. London.

1961b   Force and Fission in Northern Somali Lineage Structure. AA 63: 94-112.

1965   Problems in the Comparative Study of Unilineal Descent. In: M. Banton (Hrsg.), The Relevance of Models for Social Anthropology. A.S.A. Monograph 1, London.

Limberg, W.
1973   Transhumante Wanderhirten in Nepal-Himalaya. In: C. Rathjens, C. Troll und H. Uhlig (Hrsg.), Vergleichende Kulturgeographie der Hochgebirge des Südlichen Asien. Erdwissenschaftliche Forschung, Bd. V, Wiesbaden.

Löffler, R.
1969   Aktuelle ethno-soziologische Probleme des Nomadentums. In: NaE: 67-77.

Lowie, R.H.
1921   Primitive Society. London.

Mair, Lucy
1962   Primitive Government. Harmondsworth.

Maitland, P.J.
1910   Firozkohis. (Artikel in:) Gazetteer of Afghanistan. Part III, Herat. Calcutta 1910: 59-80.

Malamat, A.
1973   Tribal Societies: Biblical Genealogies and African Lineage Systems. Archives Européennes de Sociologie (Paris) 14: 126-136.

Malinowski, B.
1972   Argonauts of the Western Pacific. 8. Aufl. London.

Marquart, J.
1901   Ērānšahr. Nach der Geographie des Ps. Moses Xorenacʻi. Abhandl. der Kgl. Ges. der Wissenschaften zu Göttingen, Phil.-hist. Kl. N.F. Bd. III, 2, Berlin.

Marx, K.
1966   Lohnarbeit und Kapital. In: K. Marx und F. Engels: Ausgewählte Schriften in zwei Bänden. Bd. 1, 15. Aufl., Berlin: 62-97.

1969   Das Kapital. Kritik der politischen Ökonomie. Bd. 1, Marx-Engels-Werke Bd. 24, Berlin.

Middleton, J. und D. Tait.
1958   Introduction. Zu: TWR.

Minhāj ud-Dīn, Abū ʻUmar-i ʻUtmān-i Sarāj ud-Dīn al-Jūzjānī
1881   Ṭabaḳāt-i Nāṣirī. Hrsg. und Übers. von H.G. Raverty, 2 Bde. London.

Monteil, V.
1966   Les tribus du Fârs et la sédentarisation des nomades. Paris.

Moqaddasi, Shams ud-Dīn...
   1906   Descriptio imperii moslemici. Hrsg. von M.J. de Goeje.
            Bibliotheca Geographorum Arabicorum III, 2. Aufl. Leiden.

Mühlmann, W.E.
   1964   Rassen, Ethnien, Kulturen. Neuwied und Berlin.

Murphy, R. und L. Kasdan
   1967   Agnation and Endogamy: Some Further Considerations.
            SWJA 23: 1-14.
   1968   The Structure of Parallel Cousin Marriage. In: P. Bohannan
            und J. Middleton (Hrsg.), Marriage, Family and Residence.
            Amer. Museum Sourcebook in Anthropology, Garden City, New
            York 1968: 185-2o1. Erstabdruck in AA 61 (1959): 17-29.

Musil, A.
   1928   The Manners and Customs of the Rwala Bedouins. American
            Geographical Society, Oriental Explorations and Studies
            No. 6, New York.

Murdock, G.P.
   1949   Social Structure. New York und London.

Nicolaisen, J.
   1963   Ecology and Culture of the Pastoral Tuareg. National-
            museets Skrifter, Etnografisk Raekke, IX, Kopenhagen.
   1969   Nomadism and Stock-Breeding Among the Tuareg. In: VuH:
            161-185.

Ni'matullah ibn Khwājah Habībullah al-Harawī
   1960-   Tārīkh-e Khān Jahāni wa makhzan-e Afghānī. Hrsg. von S.M.
   1962   Imāmuddīn, Asiatic Society of Pakistan, Publication No.
            4, 2 Bde, Dacca.
   1965   History of the Afghans. Übers. von B. Dorn, 2. Aufl.
            (1. Aufl. 1829-1836), London und Santiago de Compostela.

Nuristani, A.Y.
   1973   The Palae of Nuristani. A Type of Cooperative Dairy and
            Cattle Farming. In: C.Rathjens, C. Troll und H. Uhlig
            (Hrsg.), Vergleichende Kulturgeographie der Hochgebirge
            des südlichen Asien. Erdwissenschaftliche Forschung, Bd.
            V, Wiesbaden 1973: 177-181.

Oberg, K.
   1943   A Comparison of Three Systems of Primitive Economic Organi-
            zation. AA 45: 572-587.

Paine, R.
   1972   The Herd Management of Lapp Reindeer Pastoralists.
            JAAS 7: 76-87.

Pastner, S.
   1971   Camels, Sheep and Nomad Social Organization:
            A Comment on Rubel's Model. Man 6: 285-288.

Patai, R.
   1965   The Structure of Endogamous Unilineal Descent Groups.
            SWJA 21: 325-25o.

Pehrson, R.N.
   1964   The Bilaterial Network of Social Relations in Könkämä Lapp
            District. Saminske Samlinger, Bind VII, Oslo.

Pehrson, R.N.
1966 The Social Organization of the Marri Baluch. Viking Fund Publications in Anthropology No. 43, Chicago.

Peters, E.
1960 The Proliferation of Segments in the Lineage of the Bedouin in Cyrenaica. JRAI 9o: 29-53.

1965 Aspects of the Family Among the Cyrenaica Bedouin. In: M.F. Nimkoff (Hrsg.), Comparative Family Systems. Boston 1965: 121-146.

1967 Some Structural Aspects of the Feud Among the Camel-Herding Bedouin of Cyrenaica. Africa 37: 261-282.

Physical and Political Map of Afghanistan 1 : 1 3oo ooo,
1968 (Karte) (Druck und Hrsg.), Afghan Cartographic Institute.

Planhol, X. de
1969 L'évolution du nomadisme en Anatolie et en Iran. Étude comparée. In: VuH: 69-93.

Plessner, M.
1936 Māl. In: Enzyclopaedie des Islām. Geographisches, ethnographisches und biographisches Wörterbuch der Muhammedanischen Völker. Hrsg. von M.Th. Houtsma u.a., Bd. III, Leiden, Leipzig 1936: 199.

Radcliffe-Brown, A.R.
194o Introduction. Zu: APS.

195o Introduction. Zu: A.R. Radcliffe-Brown und D. Forde (Hrsg.), African Systems of Kinship and Marriage. London.

Radloff, W.
1893 Aus Sibirien. Lose Blätter aus meinem Tagebuche. 2 Bde. 2. Aufl., Leipzig.

Randolph, R.R. und A.D. Could
1968 A Computer Analysis of Bedouin Marriage. SWJA 24: 83-99.

Rathjens, C.
1972 Das Klima. (Kapitel in:) W. Kraus (Hrsg.), Afghanistan. Natur, Geschichte und Kultur, Staat, Gesellschaft und Wirtschaft. Tübingen und Basel 1972: 32-41.

Raverty, H.G.
186o A Dictionary of the Pukhto, Pushto, or Language of the Afghāns. London.

Reisner, I.M.
1954 Razvitie feodalizma i obrazovanie gosudarstva u Afgancev. Moskau.

Richthofen, F. von
19o8 Vorlesungen über allgemeine Siedlungs- und Verkehrsgeographie. Hrsg. von O. Schlüter. Berlin

Robinson, J.A.
1935 Notes on Nomad Tribes of Eastern Afghanistan. New Delhi. (India Office Records L/P &S/ 2o B. 3oo).

Routes in Afghanistan
1941 Vol. III, North West, with map, by General Staff, India 19o7, amended to 194o, Lahore 1941. (India Office Records L/P&S/2o B. 223).

Rubel, Paula G.
    1969   Herd Composition and Social Structure: On Building Models of Nomadic Pastoral Societies. Man 4: 268-273.

Rudenko, S.I.
    1969   Studien über das Nomadentum. In: VuH.

Sahlins, M.D.
    1961   The Segmentary Lineage: An Organization of Predatory Expansion. AA 63: 322-345.

Salzman, P.C.
    1967   Political Organization Among Nomadic Peoples. Proceedings of the American Philosophical Society 111: 115-131.

Schakir-Zade, T.
    1931   Grundzüge der Nomadenwirtschaft. Betrachtungen des Wirtschaftslebens der sibirisch-zentralasiatischen Nomadenvölker. Bruchsal.

Schinkel, H.-G.
    1968   Haltung und Pflege des Viehs bei den Nomaden Ost- und Nordostafrikas. Ein Beitrag zur Ökonomie der Wanderhirten in semiariden Gebieten. (Diss., Maschinenschr.) Leipzig.

Schurmann, H.F.
    1962   The Mongols of Afghanistan. s'Gravenhage.

Schusky, E.L.
    1965   Manual for Kinship Analysis. New York.

Schweizer, G.
    1970   Nordost-Azerbaidschan und die Shah Sevan-Nomaden. In: Strukturwandlungen im nomadisch-bäuerlichen Lebensraum des Orients. Geographische Zeitschrift, Erdkundliches Wissen 26, Wiesbaden 1970: 81-148.

Seyf ibn Moḥammad ibn Yaʻqūb al-Harawī
    1944   Tārīkh nāmah-i Harāt. Hrsg. und Einleitung von M.Z. al-Siddīqī, Calcutta.

Sigrist, C.
    1967   Regulierte Anarchie. Untersuchungen zum Fehlen und zur Entstehung politischer Herrschaft in segmentären Gesellschaften Afrikas. Olten und Freiburg.

Singer, A.
    1973   Tribal Migrations on the Iran- Afghan Border. Asian Affairs 60 (N.S. 4): 160-165.

Smith, M.G.
    1968   Political Anthropology: Political Organization. In: International Encyclopaedia of the Social Sciences. New York.

Smith, W.R.
    1907   Lectures on the Religion of the Semites. London.

Snoy, P.
    1972   Die ethnischen Gruppen. In: W.Kraus (Hrsg.), Afghanistan. Natur, Geschichte und Kultur, Staat, Gesellschaft und Wirtschaft. Tübingen und Basel 1972: 165-194.

Southall, A.
1968   A Critique of the Typology of States and Political Systems. In: M. Banton (Hrsg.), Political Systems and the Distribution of Power. A.S.A. Monogr. 2, London.

Spooner, B.
1969   Politics, Kinship and Ecology in Southeast Persia. Ethnology 7: 139-152.

1973   The Cultural Ecology of Pastoral Nomads. An Addison-Wesley Module in Anthropology No. 45, Reading, Mass.

Stagl, J.
1970   Demokratie in geschlossenen Gesellschaften. Acta Ethnologica et Linguistica Nr. 17, Wien.

Stauffer, T.
1965   The Economics of Nomadism in Iran. The Middle East Journal 19: 284-3o2.

Steingass, F.
1947   A Comprehensive Persian-English Dictionary. 3. Aufl. London.

Steul, W.
1973   Eigentumsprobleme innerhalb paschtunischer Gemeinschaften in Paktia/Afghanistan. Ethnologische Aspekte eigentumsrechtlicher Probleme am Beispiel von vier Maßnahmen eines Projekts der deutschen Technischen Hilfe in Paktia/Afghanistan. (unveröff. vervielf.Ms.) Heidelberg.

Stöber, H.
1965   Zu den Eigentumsverhältnissen bei einigen nordostafrikanischen Viehzüchtervölkern. Abhandl. und Berichte des Staatl. Mus. für Völkerkunde Dresden 25: 2o9-223.

Sweet, L.
1965   Camel Raiding of North Arabian Bedouin: A Mechanism of Ecological Adaptation. AA 67: 1132-115o.

Swidler, W.W.
1972   Some Demographic Factors Regulating the Formation of Flocks and Camps Among the Brahui of Baluchistan. JAAS 7: 69-75.

Ṭabaḳāt-i Nāṣirī (s. Minhāj ud-Dīn).

Tapper, N.
1973   The Advent of Pashtūn Māldārs in North Western Afghanistan. Bulletin of the School of Oriental and African Studies, University of London 36: 55-79.

Tapper, R.L.
1971   The Shahsavan of Azarbaijan: A Study of Political and Economic Change in a Middle Eastern Tribal Society. (unveröff. Diss.) London.

Tapper, R.L. und N.S. Tapper
1972   The Role of Pastoral Nomads in a Region of Northern Afghanistan. Social Science Research Council-Research Project, Final Report. (vervielf. Ms.) London.

Tribe, D.E.
1950   Influence of Pregnancy and Social Facilitation on the Behavior of Grazing Sheep. Nature 166.

Uberoi, J.P.S.
   1971   Men, Women and Property in Northern Afghanistan. In: S.T.Lokhandwalla (Hrsg.), India and Contemporary Islam. Proceedings of a Seminar. Transactions of the Indian Institute of Advanced Study, Vol. 6, Simla.

Ullens de Schooten, M.T.
   o.J.   Lords of the Mountains. Persia and the Kashkai Tribe. London.

Vambery, H.
   1864   Travels in Central Asia. London.
   1873   Reise in Mittelasien. Von Teheran durch die Turkmenische Wüste an die Ostküste des Kaspischen Meeres nach Chiwa, Bochara und Samarkand. 2. Aufl. Leipzig.

Vladimirtsov, B.
   1948   Le régime social des Mongols. Le féodalisme nomade. Paris.

Weber, M.
   1956   Wirtschaft und Gesellschaft. Grundriß der verstehenden Soziologie. 2 Bde. Tübingen.

Wehr, H.
   1968   Arabisches Wörterbuch für die Schriftsprache der Gegenwart. 4. Aufl. Wiesbaden.

Wirth, E.
   1969   Der Nomadismus in der modernen Welt des Orients. Wege und Möglichkeiten einer wirtschaftlichen Integration. In: NaE: 93-1o5.

Yāqūt
   1866-   Jacut's geographisches Wörterbuch. (Mu'jam al-Buldān)
   1873   Hrsg. von F. Wüstenfeld, 6 Bde. Leipzig.

Yate, C.E.
   1888   Northern Afghanistan or Letters from the Afghan Boundary Commission, Edinburg und London.
   19oo   Kurasan and Sistan. Edinburg und London.

SUMMARY

The purpose of this work is to describe and analyze some aspects of the economy and social organization of Pushtoon nomads in Northwest Afghanistan, with emphasis on their political organization. The study is based on seven months of fieldwork in 1970 and 1971 in an area formerly named Gharjistān situated between the Band-e Turkestān Range and the Harī Rūd River in the northwestern Afghan provinces of Bādghis and Ghōr.

The nomads with which we are concerned belong to several clans of the Durrānī or "western" branch of the Pushtoons who migrated to the area toward the end of the 19th century.

Nomads are here defined as people:
a) whose economy depends primarily on animal husbandry, i.e., whose subsistence is more than 50% dependant on animal products which are either consumed directly or are sold for other consumer goods;
b) who settle each year in at least two different places far enough apart so that no regular communication between them can take place, these movements being for reasons of animal husbandry; and who during their migrations carry all their mobile property with them and live at least for a part of the year in transportable dwellings;
c) who migrate as whole social groups, or at least as complete family or household units.

The Pushtoon nomads do not form an ethnic group of their own but are an economically distinct part of a greater society which mainly includes agriculturalists, artisans and traders. The fact that economic specialization is the main distinguishing characteristic of these nomads has led to a certain emphasis on economics in this work. However, some of the social features described (for example the patrilineal clan and lineage system and the emic model of a national genealogy) are in principle common to all Pushtoon groups, and, therefore, may not be connected causally to the nomadic economy.

The nomads of Gharjistān raise sheep and a few goats, mainly for sale on the market for cash; they buy grain, textiles and some luxury articles such as radios and weapons. In the winter habitation areas some of the nomads grow some wheat, barley and melons for their own consumption, but in no case do these agricultural products satisfy their needs.

The economy of the Pushtoon nomads has no more than a very moderate rate of growth. This seems to contradict what is known of many other nomads; however, it is questionable whether the literature in each case recognizes all factors of loss in nomadic animal husbandry.

Also in contradiction to some reports on nomadism is the fact that animal husbandry among the western Pushtoon nomads is rather labour intensive; the amount of labour a household can perform sets an upper limit for the accumulation of animal property. In northwestern Afghanistan ten sheep or goats per household member are the minimum for a household to continue nomadic life, and about fifty sheep per member are the maximum for the household's labour capacity. As BARTH (1961) has similarly reported from the Basseri in South Persia, nomads who fall below their existence minimum tend to become landless peasants, while nomads on the upper limit of wealth prefer to invest their surplus in land and then to leave nomadism for landlordship. Thus variation of wealth is limited; and for this reason the use which political pretenders may make of economic resources for gaining power among the nomads is also limited.

Whereas the animals are the private property of the households, pasture land is neither owned privately nor divided by tribes or clans. Pasture r i g h t s in a certain area, however, are held individually by households; in case a household does not have pasture rights by right of birth, it can acquire them by asking those who already have rights and by offering them sheep and clarified butter in payment for the first three years. After that time it gets the same rights as the native households. Alternately if the household can buy farm land in the locality it acquires immediate pasture rights. Pasture rights in the summer areas in Ghōr are more complicated and are rather restricted by the individual ownership of wells or land beside the rivers which blocks access to water.

The most striking feature of the social organization of these nomads is the extreme instability of social groups on the local level. The only social unit which can be considered as stable is the household, which normally consists of a nuclear family or small extended family of an average size of six persons living in one tent. Herding units (flocks are herded jointly), migrating groups and camps are short-lived and are reorganized after each season; consequently, households are frequently apt to rearrange social ties. Even the relatively rigid Pushtoon clan organization which covers the whole of Afghanistan and bordering areas to the east and south, is open to manipulation and rearrangement. This clan system, based on a national genealogy, may be considered an indigenous model and ideology of unity for all Pushtoons throughout their geographically vast and ethnically heterogenous area. For the nomads this system is useful as an ideology of relationship to a population which chiefly consists of sedentary agriculturists. Furthermore, the genealogical clan model serves as a rationale for recruiting solidarity groups, although solidarity groups among the nomads are very shortlived. Thus the importance of the genealogical clan model for creating local and corporate groups is limited.

As in many other Islamic societies there is a clear preference for marrying close agnates, preferably patrilineal parallel cousins. Various earlier explanations of this pattern are discussed and a further explanation is proposed.

The chapter on political organization discusses the way in which group decisions are reached, which political positions and emic conceptions about them are existant, and how the existence of a state affects the political organization of the nomads.

Roughly speaking, the political organization is egalitarian and decentralized. Political decisions are reached by public councils in which every male adult can take part and has equal right of speech, although the arguments of the eloquent and experienced elders ("whitebeards") have more weight in the council than those of others. Decisions of councils are reached by unanimity;. i.e., councils last until there are no objections to a proposal or until it becomes clear to everyone that unanimity cannot be reached. "Egalitarian organization" does not mean that politically strong or influencial persons are absent. Such men are called *khān;* however, every master of a household calls himself *khān*, and anyone who is estimated slightly superior to his neighbours is considered *khān*, no matter whether this superiority stems from superior wealth, superior hospitality or from the ability to hold influence over one's neighbours. There are no institutionalized social positions of political power. A *khān* has to maintain his status by continuous reaffirmation and personal ability. In a social unit there may be one *khān*, several *khāns* or none. Another political position is the *malik*, who does not exercise power but is the elected representative of a group and has to maintain communications between his clients and the outer world, especially as represented by the provincial administration. Today the state only functions for the nomads as protector against outside enemies but does not bother them in their internal affairs.

Concerning political organization the hypothesis is advanced, and attepts made to prove, that nomadic economy with its autonomously and particularistically working households does not favour a centralized political organization. Political independence and the relatively wide freedom of decision gives an opportunity to the single nomadic household for an optimal adaption to a widely changing and unstable ecology and mode of economy. On the other hand, exogenous factors such as the existence of a state, the pressure from the sedentary population or from neighbouring nomads, the political organization of the surrounding sedentary societies or possibly the need for military defence may bring about centralized political organizations among nomads. Of course, it is necessary to discriminate between different levels of social organization when describing and analyzing political patterns of a society and it is not forgotten that the nomads studied are only one level of the much larger Pushtoon and Afghan Society.

Finally, the problem of the notoriously warlike nomads is mentioned and the hypothesis is advanced that regular nomadic economy does not favour warfare, but a breakdown of that economy (because of natural disaster, etc.) can force nomads to resort to war and robbery. The flexibility of their social organization allows them to quickly establish an appropriate, though normally short - lived organization for that purpose.

REGISTER

Abdal, Abdalī, s.Durrānī

Abgaben, s.Pacht

Adoption 111, 123

Ackerbau (s.a. Aymāq; Land=
besitz) 7f, 15f, 26, 30,
32, 38f, 44, 48, 58f,
61, 70f, 75f, 80, 82ff,
93 Anm.1, 95ff, 102f,
125, 176

Ächtung, s.soziale Ä.

Aggression 198f

Ahmad Shāh 114, 162, 178,
185f, 198

akephale Gesellschaft (s.a.
egalitäre G.; politische
Organis.) 125, 176, 181,
185, 196, 203-206

Almosen, s.Religion; Redis=
tribution

Altersklassen 201

Araber, Beduinen 55, 98, 108,
121, 124, 126f, 148f, 151f,
197, 201

in Afghanistan 130 Anm.2

Arbeit,(s.a. Kooperation)
31,33, 37ff, 42f, 56ff,
62-65, 70, 73, 75f, 78,
79-86, 145, 200-203, 205

Arbeitsverträge für Hirten
50-55

Arbeitsteilung 79-86, 205

Atsəkzay, Genealogie der
114f, 123

Aymāq (Čahār A.)(s.a. Tay=
manī; Taymūrī) 13ff, 18,
19-25, 27ff, 40 Anm.3, 41,
43 Anm.2, 44, 46, 48, 57f,
61f, 65f, 68ff, 74f, 79, 84,
87f, 91, 95f, 97-103, 197,
199, 204

Bahima 55

Bakhtiyārī 190, 195

Baluč 35 Anm.3, 119, 190,
200 Anm.1, 201

Basseri, s.Khamseh

Brahui 43

Brennmaterial 75, 76, 80, 83,
91

Butter, Butterschmalz 58, 62ff,
69, 75f,89f, 100

Buttermilch 62ff

Čahār Aymāq, s.Aymāq

Clan (s.a. unilineare Deszen=
denz; Lineage; Sippe; Kon=
föderationen) 26, 28, 44,
46, 60, 101, 103f, 105-132,
148f, 154, 160f, 169, 171f,
178ff, 184-189
Definition: 105f
Clan- bzw. genealogische
Tafeln 108-118
Manipulation im Clansystem 20ff,
123f

Clans und Lineages der Aymāq
(s.a. Konföderationen)
19-23, 28, 98f, 100

Clan, equalitarian c. 121

Clan-Endogamie (s.a. Heirats=
beziehungen) 145-148, 178

Decken der Schafe 56, 76

Demographie 27 Anm.2, 122, 125,
130, 191, 194, 197, 204ff

Deszendenz, s.unilineare D.

Durrānī, Geschichte der D.
15, 178, 191
Genealogie und Clangliede=
rung der D. 110-118, 125,
191

egalitäre Gesellschaft, egali=
täre Ideologie (s.a. akepha=
le Gesellsch.; politische
Organisation) 162, 176, 180-
185, 193, 196, 203-206

Ehebruch 157f, 198

Eigentum, Viehbesitz (s.a.Exis=
tenzminimum; Landbesitz;
Pacht) 32-48, 54f, 57, 61,
77-83, 91, 95-104, 175, 205

Eigentumszeichen 45, 67

Einwanderung paschtun. Nomaden
in NW-Afghanistan 14-29,
190, 197

Endogamie, Exogamie 105, 106,
121, 145-154, 178

Entscheidungen, s.Gruppenent=
scheidungen

Erbteilung 36ff, 149f

228

Erträge (s.a. Wachstums- und Verlustraten) 77-83

Ethnogenese, heterogene der Paschtunen 111f, 128, 139

ethnographische Gliederung von Gharjistān(Karten)23-25

Existenzminimum 38f, 47f, 61, 66, 79, 81, 83, 156, 184, 205

Familie 34-38, 44, 54f, 131-161, 184

Feldforschung 5f

Feste (s.a. Heirat, Hochzeit) 63f, 124, 140-145, 153, 177

Feudalismus 180

Filz 65, 84

Fīrūzkūhī, s. Aymāq

Fission 131, 149, 152ff, 169f

Flurschäden durch Tiere der Nomaden 75

Frauen, Intervention der F. bei Kämpfen 199

Frauenarbeit, s.geschlechts= spezifische Arbeiten

Frauentausch 146f, 155

Freundschaft 60, 70, 99, 153f

Friedensschlüsse 167f

Frühjahr, Frühjahrslager 11, 44, 56,
Arbeiten im Frühjahr 44f, 56-62

Gastfreundschaft 166, 172-174, 177, 182

Gefolgschaft, s.Klientel

Geld 31f, 36, 57, 66, 68ff, 78, 102f

Genealogien, genealogische Schemata und Modelle (s.a. Clan; unilineare Deszendenz) 105-132

genealogische Tafeln 108-118

genealogische Manipulation 123ff, 152
Rigidität genealogischer Modelle 126f

Genealogien, area of ambiguity 121ff
telescoping 125

Geographie 7ff

Geschenke 99, 101, 142f

Geschichte 11-29, 127f, 130, 178f, 180ff, 185-203

geschlechtsspezifische Arbeiten (s.a. Arbeit) 62,65, 73-76, 79-84

Gewalt 163f

Gewichte, s.Maße und Gewichte

Gharjistān 7-14, 17-29

Ghilzay, s.Ostpaschtunen

Ghoriden 12

grawī- System 98, 102f

Grenzkommission, anglo-russisch-afghanische G. 13f

Grenzkordon, nomadischer G. 14-17, 186, 198

Gruppenentscheidungen 163f, 165-172,173f, 179, 186

Gruppensprecher, s.malik; hākim

Gruppenverhalten, Koordination von G. 163ff, 182f

gulābī (=ostpaschtunische Wan= derhändler) 58, 65-68

Handel, s.Markt

Haus, Hausbau 83

Haushalt 32-38,39-48, 53-55, 59-65,70, 77,79-86, 105,131, 156, 158-161, 162-166, 203, 205f
Definition Haushalt 35
Haushaltsgröße 34, 159-161, 205
Haushaltsteilung35-38, 60, 82, 156, 205

Hazārah 46, 84, 119 Anm.1, 138

Heirat, Hochzeit 37f, 76, 81f, 105f, 107, 135, 139-159,177
Brautpreis 37, 48, 140-143, 147, 150f, 155-159,205
interethnische Heiraten 48 146ff,
Heiratsbeziehungen 26, 48, 105f, 145-154

Herbst 75f, 81

Herbstwanderung (s.a. Wanderung) 70-75

Herdengemeinschaften 40-48,49f, 60, 70,91,105,129,131,161, 170,175,177, 205f

Herdengröße 42-48, 193

Herdenhaltung 40-57, 70, 74-85, 90f, 95

Herdenzusammensetzung 40ff

Herrschaft (s.a. indirect rule; Macht; politische Organi=sation) 54, 163ff, 171f, 174, 176f, 187-196, 206, Definition 164

Hirten, Hirtendienst 38, 39, 42, 49-55, 62, 70, 75f, 91f, 145, 157, 166

Hypogamieverbot 146 Anm.1, 147

Hypothesen 4f, 162, 187ff, 193f, 195f, 204

Intervention beim Kampf 199f

Inzestverbot 148, 153

Karrānī 111, 123

Käse 57

Kamele 40ff, 61, 66, 69, 73f, 76, 81, 144, 193, 201

Kamelwolle 42

Kapital, "Viehkapital", Kapita=lismus, Rentenkapitalismus 39f, 55, 81f

Karakul 41

Karawanen 70f, 73ff, 99, 199

Kasakhen 34f, 38, 46, 60, 143 Anm.1

Kataster 96

Khamseh 38, 43, 60, 81f, 86, 104, 162, 176 Anm.1, 190, 192, 194, 203, 206

Kinder 42

Kirgisen (s.a. Kasakhen) 193f, 203

Kleidung 38, 199 Anm.1

Klientel, Gefolgschaft 100ff, 153, 170-184, 204 Anm.2

Klima, s. Ökologie; Naturkata=strophen; Winter

kolonialer Einfluß auf die no=madische politische Orga=nisation 187-190, 196

Konflikte innerhalb sozialer Gruppen (s.a. Ratsver=sammlungen, Raub, Schlichter) 59f, 68, 70, 86, 99-102, 128f, 151f, 154, 165, 167-170, 173ff, 179f, 177, 204f

Konflikte zwischen sozialen Gruppen, Krieg, Militär 16, 22f, 27f, 40, 60, 68, 75, 78, 87, 91-95, 99-102, 129, 162, 171, 184, 186-192, 195, 196-203, 204f

Konföderationen, Clan- oder Stammeskonf. (s.a. Clan) der Aymāq 19-23, 26 der Paschtunen 122ff der Turkmenen 123f anderer 194, 195

konischer Clan (s.a. Clan) 105ff, 121, 125

Konsum, Konsumption, Nahrung 38-41, 63f, 67ff, 69f, 81

Kooperation, Gemeinschafts=arbeit, ashar (s.a. Arbeit; Arbeitsteilung) 44, 58, 65, 75f, 79, 83-86, 169f

Kredit und Geldverleih 68

Lager (s.a. soziale Gruppen) 43, 46ff, 54, 60, 62, 70f, 74f, 83-86, 89, 91, 105, 129ff, 153, 159ff, 168ff, 172, 174, 177, 189, 199, 206, Skizze im Anhang

Landbesitz und Bodenrecht für kultiviertes Land 16f, 26, 28f, 68, 82f, 88, 95-97, 102f, 123, 173, 175f, 197, 204

Lappen 36 Anm. 3

Levirat 146f, 158f

Lineage (s.a. Clan; Genealogien; unilineare Desz.) 44, 60, 103f, 105-108, 119-127, 149, 151ff, 178ff, 184f Definition 105 Anm.1 minimale Lineages 130ff, 153

Lohnarbeit (s.a. Hirten) 39, 49-55

Macht (s.a. Herrschaft; poli=tische Organisation; poli=tische Positionen) 149, 163f, 171ff, 174-184, 193-196 Definition 164

Mais 8

māl, māldār 33, 61 Anm.3

Manipulation im Clansystem 20ff, 123f

Markt, Tausch, Handel, Kauf, Ver=kauf 30ff, 40f, 44, 57f, 61ff, 64, 65-70, 74, 79, 96ff, 175, 204

Markt von Čaghčarān 65f

Markt von Čashma-i Sakina 67f

Maße und Gewichte 51 Anm.2

Milchwirtschaft, Melken (s.a Butter) 45, 57f, <u>62-64</u>, 78-81

Mongolen 45, 192, 201

Monopolisierung wirtschaft=licher Ressourcen 174

Mühlen, Getreide mahlen, Müller 75

Naturkatastrophen, Dürre, Frost, Seuchen etc. 15, 17, 40, 76-79, 83, 92, 197, 200, 201 Anm.4, 203

Nimat Ullah 108-115

Nomadismus-Definition 1-4

Nūristānī, Kafiren 46, 124

Obok 105ff

Ökologie 7-11, 56, 59, 78, 89ff, 100, 162, 202-206

opinion leaders 167ff

Ostpaschtunen 14, 18f, 41 Anm.1, 43 Anm.2, 46, 60, 61 Anm 1, 65-68, 80 Anm.1, 84, 88, 99, 109-120, 123, 126, 129f, 132, 138f, 159 Anm.1, 165, 168, 171f, 179f, 185, 188ff, 191, 198

Pacht, Abgaben (s.a.Weiderecht) 54, 91f, <u>95-97</u>, 99f, 102ff, 173f, 176, <u>183f</u>, 204

Parasiten an Schafen 65, 75f

Partei 167f, 169

pashtunwālī 128, 157f, <u>164f</u>, 166, 178, 181, 184

patrilaterale Parallelcousi=nenheirat 146-154

patrilineare Deszendenz, s.unilineare D.

Pferde, Reiterei 40, 69, 198, 73f, 75, 201

politische Organisation 16f, 28, 44f, 59f, 68, 71, 80, 82, 85f, 89f, 91-95, 99-102, 103f, 115, 124ff, 129f, 153, <u>162-206</u>
Definition 163f
zentralisierte, dezentrali=sierte pol.Org. 162f, 184-197, 203-206

politische Positionen:
hākim (Sprecher) 16
khān 16f, 20-23, 28, 90, 100ff, 103, 115, 170, <u>173-184</u>, 187f, 190f, 194
malik (Sprecher) 28, 44, <u>170-172</u>, 180, 188ff, 193
mīr 68
sarkhēl 45, 48
spīnžīrey ("Weißbart") 166-170, 172

bei anderen Ethnien 68, 86, 104, 190, 192-196

Polygynie 140, 146f, 159

Priester (mullah) 48, 94, 141f, 145, 200

Produktionsmittel 39f, 54, 82

Qashqay 190, 192, 194f, 203

Qays Abdurrashīd Pathān 110f, 120, 122

Ratsversammlungen (majles) 45, 54, 59, 74, 89, 92ff, 129f, <u>165-175</u>, 179, 189f, 205

Raub 13f, 32, 40, 55, 180, 189, <u>196-203</u>

Recht (s.a. Weiderecht) 87-104, 178, 189f, 207ff
koranisches Recht 148ff, 153

Redistribution 64, 157

Reichtum, Armut (s.a. Eigentum) 57, 66, 70f, 81-83, 96f, 147, 157, 171, <u>174-177</u>, 181f, 183f
Nivellierung von Reichtum 78f, 81ff, 157, 157, 205

Reis 8

Religion (s.a.Priester; Recht) 20, 48, 63f, 68, 87, 101, 150, 199f

Rentenkapitalismus 39, 82

Residenz 35, 159

Rinder 40, 46, 58f, 69, 75, 101, 201

Sanktionen 164, 175, 178, 181f, 184

Schafhaltung und -zucht 40-43, 56ff, 62-65, 69f, 74f, 76-86
Lämmer, lammen 44f, 53f, <u>56f</u>, 59, <u>62</u>, 63, 65, 66, 75f, <u>77-80</u>, <u>81</u>, 83
Schafhandel 40f, 61, 65-70

Scheidung 157f

Schlichter 93ff, 167f, 170, 176, 198

Schur, Wolle 40f, 58, 65, 69f, 78, 83ff

Schutz vor Verfolgung 173

Sedentarisation 15ff, 61 Anm.3, 66, 82, 96, 175f, 180, 186, 195, 198, 205

segmentäre Gesellschaft, segmentäre Lineageorganisation 125f, 185, 192f
Definition 185

segmentäre (komplementäre) Opposition 125f, 193

Segmentation (s.a. Fission) 121ff, 130ff, 149, 152f

Seßhaftwerdung, s. Sedentarisation

Shah Sawān 104, 194f, 202

Sippe, sib (s.a. Clan) 105f Anm.3, 131

Sklaven 200 Anm.1, 202

Solidarität (s.a. Konflikte) 128ff, 151, 154, 168, 187, 197, 204 Anm.3

Somali 82 Anm.1, 103, 195

Sommerlager, Sommergebiet 7f 9, 26, 44f, 57f, 61-71, 74f, 95, 100ff, 176, 204

soziale Ächtung 175, 177

soziale Gruppen und Einheiten 34, 43f, 60, 83ff, 95 f, 103-203
Instabilität und Umgruppierung sozialer Einheiten 43ff, 59f, 70f, 85f, 122ff, 125f, 167ff, 180f, 184f, 205f

soziale Ordnung 163f

soziale und politische Stratifizierung 54f, 82f, 162f, 164, 179f, 185, 191ff, 203-206

Staat, staatlicher Einfluß auf die politische Organisation der Nomaden; Beziehungen Nomaden - Staat 4, 15-18, 22f, 27f, 65, 68, 86, 87ff, 92, 95f, 102, 130, 162f, 171f, 176f, 179f, 182, 184, 185-196, 204

Stamm, s. Clan

Steuern 204 Anm.1

Subsistenzwirtschaft 31

Tājik 13, 18, 20f, 24f, 119f, 148 Anm.1

Tausch 69f

Taymanī 46ff, 147f

Taymūrī 20, 46ff, 147f, 169
Verwandtschaftsterminologie der T. 136-139

Temperaturen, s. Ökologie

Teppiche 65, 76, 144

Textilien (s.a. weben, Teppiche) 67f, 69, 76

Transport, s. Verkehr; Wanderung; Kamele; Pferde

Tuareg 196

Turkmenen 13f, 49 Anm.1, 54f, 81f, 86, 98, 108 Anm.2, 123f, 126, 158 Anm.1, 192f, 202

Überstockung 82f, 88

Umschrift IXf

Unfälle 76f

unilineare Deszendenz und unilineare Deszendenzgruppen (s.a. Clan; Lineage) 105-132, 145-154, 178ff
Termini für Deszendenzeinheiten 119f

Verband 181ff, 185, 205

Verkehr und Transport (s.a. Wanderung; Pferde; Kamele) 7ff, 40ff, 59-62, 66

Verwandtschaft 44, 60, 84, 101f, 103f, 105-161, 170, 175, 184
Verwandtschaftsterminologe 48, 105, 132-139

Viehleihe 83

Viehthesaurierung 82f

Viehzucht 7-11, 15f, 30-83, Zuchtwahl 42
Viehmarkt, s. Markt

Vorkaufsrecht 96

Wachstums- und Verlustraten und -faktoren in der nomadischen Wirtschaft 32, 38ff, 54f, 60, 61, 77-83, 200f, 203, 205

Wanderung 30, 58f, 59-62, 68, 70-75, 80, 99, 101f, 170, 176, 189, 194f, 205

232

Wanderweg 71, 74, 99,
   Karte im Anhang

Wanderzeiten 72ff

Wasserversorgung, Wasserstellen,
   und Tränken (s.a. Weiderecht)
   7f, 9, 30f, 45, 49, 61, 69, 71,
   85f, 94, 98-103, 170 , 176,
   184, 204

Weben (s.a. Textilien) 65,76,83

Wegrecht (s.a. Wanderung) 71,89,
   98f, 169f, 191, 204f

Weide, Weiderecht und Weide=
   nutzung (s.a. Wasser...) 15f,
   39, 45, 49, 55, 61, 69, 75,
   87-104, 129f, 173, 176f, 180,
   184, 186, 188f, 190f, 204ff

Weidegemeinschaften, s.Herden=
   gemeinschaften

Weidegesetz, afghanisches W.
   88, 95, 207-209

Weideschonung, Reservierung
   von Weiden 70, 89, 91f, 94f

Winter 49, 76, 78f, 90f, 94f,
   31, 45, 76ff, 81, 90f

Wintergebiet, Winterlager
   8ff, 44

Winterhöhlen 9, 56, 76, 80,
   83, 87, 89, 90f, 95f, 103,
   173, 184

Wirtschaft
   allgemein 30ff
   nomadische Wirtsch. 4, 15ff,
   30-104
   Zusammenhang zwischen no=
   madischer und bäuerlicher
   Wirtsch. 31f, 57f, 128f

Witwen 158f

Wolle, s.Schur

Zelt 34ff, 37, 39, 41f, 48,
   58, 66f, 73-76, 80, 143f,
   200

Ziegenhaar 40f, 58, 69

Ziegenhäute 63

Ziegenhandel 40f

Ziegenzucht 40f, 57 Anm.1

Zinsen 102f

Zufutter 69, 79

Lageskizzen von Pombakār und Qala-i Khambar

Das Sommerlager Pombakār:

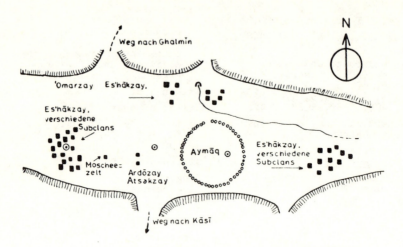

Das Winterlager Qala-i Khambar:

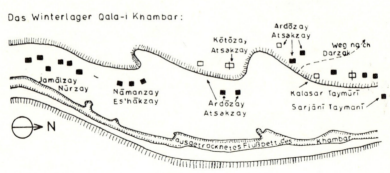

Zeichenerklärung:

- ■ Nomadenzelt
- ☐ Lehmhütte
- ⌗ Lehmhütte mit zwei Haushalten
- o Aymāq-Jurte
- ⌒ Quelle mit Bach
- ⊙ Brunnen

KARTE: GHARJISTĀN

KARTE: GHARJISTĀN

Legende:

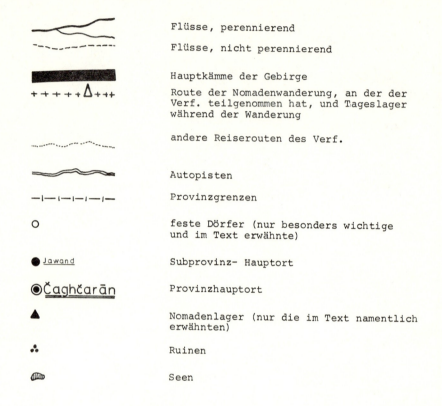

Flüsse, perennierend

Flüsse, nicht perennierend

Hauptkämme der Gebirge

Route der Nomadenwanderung, an der der Verf. teilgenommen hat, und Tageslager während der Wanderung

andere Reiserouten des Verf.

Autopisten

Provinzgrenzen

feste Dörfer (nur besonders wichtige und im Text erwähnte)

Subprovinz- Hauptort

Provinzhauptort

Nomadenlager (nur die im Text namentlich erwähnten)

Ruinen

Seen

Die Karte ist in verkleinertem Maßstab nach der Vorlage des Kartenwerks "Afghanistan 1 : 250 000" gezeichnet, die Provinzgrenzen nach der Karte "Physical and Polical Map of Afghānestān, 1 : 1 300 000", (1968).

BEITRÄGE ZUR SÜDASIENFORSCHUNG

Herausgegeben vom Südasien-Institut der Universität Heidelberg

1 **Cultures of the Hindukush.** Selected Papers from the Hindu-Kush Cultural Conference held at Moesgård 1970. Edited by *Karl Jettmar* in collaboration with *Lennard Edelberg.* 1974. XIV, 146 S., 12 Taf., 1 Faltkte., DM 19,80

2 **Die Holztempel des oberen Kulutales in ihren historischen, religiösen und kunstgeschichtlichen Zusammenhängen.** Von *Gabriele Jettmar.* 1974. XII, 133 S. m. 27 Fig. u. 47 Taf., DM 28,–

3 **Regionalism in Hindi Novels.** By *Indu Prakash Pandey.* 1974. X, 182 S., DM 34,–

4 **Community Health and Health Motivation in South East Asia**
Proceedings of an International Seminar organized by the German Foundation for International Development and the Institute of Tropical Hygiene and Public Health, South Asia Institute, University of Heidelberg, 22 October to 10 November 1973 Berlin. Edited by *Hans Jochen Diesfeld* and *Erich Kröger.* 1974. XII, 199 S., DM 25,–

5 **Die britische Militärpolitik in Indien und ihre Auswirkungen auf den britisch-indischen Finanzhaushalt 1878–1910.** Von *Werner Simon.* 1974. VIII, 296 S., DM 34,–

6 **Die wirtschaftliche Situation Pakistans nach der Sezession Bangladeshs.** Von *Winfried von Urff, Heinz Ahrens, Peter Lutz, Bernhard May, Wolfgang-Peter Zingel.* 1974. XXIV, 453 S., 14 Abb., 102 Tabellen i. Text, Tabellenanhang, DM 48,–

7 **Muslims und Christen in der Republik Indonesia.** Von *Wendelin Wawer.* 1974. VIII, 326 S., DM 42,–

8 **The Muslim Microcosm: Calcutta, 1918 to 1935.** By *Kenneth McPherson.* 1974. VII, 167 S. 3 Ktn., DM 24,–

9 **Adat und Gesellschaft.** Eine sozio-ethnologische Untersuchung zur Darstellung des Geistes- und Kulturlebens der Dajak in Kalimantan. Von *Johannes Enos Garang.* 1974. X, 193 S., DM 28,–

10 **The Indo-English Novel.** The Impact of the West on Literature in a Developing Country. By *Klaus Steinvorth.* 1975. VIII, 149 S., DM 24,–

11 **The Position of Indian Women in the Light of Legal Reform.** A Socio-Legal Study of the Legal Position of Indian Women as interpreted and enforced by the Law Courts compared and related to their Position in the Family and at Work. Edited by *Angeles J. Alemenas-Lipowsky.* 1975. X, 217 S., DM 28,–

12 **Zur Mobilisierung ländlicher Arbeitskräfte im anfänglichen Industrialisierungsprozeß.** Ein Vergleich der Berufsstruktur in ausgewählten industrienahen und industriefernen Gemeinden Nordindiens. Von *Erhard W. Kropp.* 2., unveränd. Aufl. 1975. XVIII, 231 S. m. zahlr. Tabellen, DM 28,50

13 **Die Sozialisation tibetischer Kinder im sozio-kulturellen Wandel,** dargestellt am Beispiel der Exiltibetersiedlung Dhor Patan (Westnapal). Von *Gudrun Ludwar.* 1975. XII, 209 S., 1 Falttaf., DM 24,–

14 **Die Steuerung der Direktinvestitionen im Rahmen einer rationalen Entwicklungspolitik.** Von *Leo Rubinstein.* 1975. XII, 260 S. m. 15 Abb., 18 Tab., DM 32,–

15 **Ein erweitertes Harrod-Domar-Modell für die makroökonomische Programmierung in Entwicklungsländern.** Ein wachstumstheoretischer Beitrag zur Entwicklungsplanung. Von *Axel W. Seiler.* 1975. 230 S. m. 14 Abb., DM 28,–

16 **Islam in Southern Asia.** A Survey of Current Research. Edited by *Dietmar Rothermund.* 1975. VIII, 127 S., DM 24,–

17 **Aspekte sozialer Ungleichheit in Südasien.** Hrsg. von *Heinz Ahrens* und *Kerrin Gräfin Schwerin.* 1975. VII, 215 S., DM 28,–

18 **Probleme interdisziplinärer Forschung.** Organisations- und forschungssoziologische Untersuchung der Erfahrungen mit interdisziplinärer Zusammenarbeit im SFB 16 unter besonderer Betonung des Dhanbad-Projekts. Von *Dieter Blaschke* unter Mitarbeit von *Ingrid Lukatis*. With an English Summary. 1976. XII, 201 S., DM 16,–

19 **Einfluß des Bergbaus auf die Beschäftigungsstruktur in ländlichen Gemeinden** gezeigt am Beispiel des Dhanbad-Distriktes, Bihar, Indien. Von *Erhard W. Kropp*. 1976. XII, 184 S., 6 Tab., 23 Schaubilder, 38 Tab. i. Tabellenanhang, DM 24,–

20 **Drei Jaina-Gedichte in Alt-Gujarātī.** Edition, Übersetzung, Grammatik und Glossar von *George Baumann*. 1975. XVIII, 176 S., 8 Taf., DM 24,–

21 **Eigentumsbeschränkungen in Indien.** Von *Franz-Josef Vollmer*. 1975. VIII, 147 S., DM 18,–

22 **Nomaden von Gharjistān.** Aspekte der wirtschaftlichen, sozialen und politischen Organisation nomadischer Durrānī-Paschtunen in Nordwestafghanistan. Von *Bernt Glatzer*. 1976. Ca. 329 S., 7 Taf., 2 Ktn., ca. DM 42,–

23 **Buddhistische Politik in Thailand** mit besonderer Berücksichtigung des heterodoxen Messianismus. Von *Walter Skrobanek*. 1976. VIII, 315 S., DM 28,–

24 **Lohnpolitik und wirtschaftliche Entwicklung.** Ein Beitrag zur Analyse der Verteilungsproblematik unter besonderer Berücksichtigung Indiens. Von *Gunther Dienemann*. 1976. 270 S., 44 S. Tabellen- und Textanhang, ca. DM 36,–

25 **Der Gleichheitssatz in der Praxis des indischen Zivilverfahrens.** Von *Dierk Helmken*. 1976. XII, 286 S., DM 36,–

26 **Der Einfluß von Produktionstechniken auf die Produktion der Hauptfruchtarten im pakistanischen Punjab.** Methodische Probleme der Erfassung und Quantifizierung. Von *Bernhard May*. 1977. Ca. 400 S., ca. DM 38,–

27 **Tai Khamti Phonology and Vocabulary.** By *Alfons Weidert*. 1977. Ca. 100 S., ca. DM 20,–

28 **Rudras Geburt.** Systematische Untersuchungen zum Inzest in der Mythologie der Brāhmaṇas. Von *Joachim Deppert*. 1977. Ca. 450 S., ca. DM 42,–

29 **Der Reisanbau im unteren Kirindi-Oya-Becken.** Von *Gisela Zaun-Axler*. 1977. Ca. 300 S., ca. DM 36,–

30 **Faktoren des Gesundwerdens in Gruppen und Ethnien.** Verhandlungen des 2. Rundgesprächs "Ethnomedizin" in Heidelberg vom 29. und 30. November 1974. Unter Schirmherrschaft des Südasien-Instituts veranstaltet vom Institut für Tropenhygiene und öffentliches Gesundheitswesen und vom Seminar für Ethnologie. Herausgegeben von *Ekkehard Schröder*. 1977. Ca. 150 S., ca. DM 24,–

In Vorbereitung

Regionale Entwicklung und Abhängigkeit. Zur Theorie des internen Kolonialismus in Entwicklungsländern am Beispiel des Bergbaudistriktes Dhanbad, Bihar in Indien. Von *Gernot W. Ruths*. 1977. Ca. 317 S., 63 Tab., 17 Schaubilder, ca. DM 40,–

Von Armut zu Elend. Kolonialherrschaft und Agrarverfassung in Chota Nagpur 1858–1908. Von *Detlef Graf Schwerin*. 1977. Ca. 576 S., ca. DM 52,–